Georg Richard Kruse

Albert Lortzing

SEVERUS

Kruse, Georg Richard: Albert Lortzing
Hamburg, SEVERUS Verlag 2015

ISBN: 978-3-95801-068-0
Druck: SEVERUS Verlag, Hamburg, 2015
Nachdruck der Originalausgabe von 1899

Der SEVERUS Verlag ist ein Imprint der Diplomica Verlag GmbH.

Bibliografische Information der Deutschen Nationalbibliothek:
Die Deutsche Nationalbibliothek verzeichnet diese Publikation in der Deutschen Nationalbibliografie; detaillierte bibliografische Daten sind im Internet über http://dnb.d-nb.de abrufbar.

Nach dem Gemälde von W. Souchon (im Besitze der Tunnel-Gesellschaft in Leipzig)
photographirt von A. und F. Naumann in Leipzig.

ALBERT LORTZING

VON

GEORG RICHARD KRUSE

VORWORT.

Eine Lortzing-Biographie tritt unter anderen Voraussetzungen als die der übrigen Tondichter vor das Publicum. Während das Leben und Schaffen unserer klassischen und modernen Meister in zahlreichen, zum Theil hochbedeutenden Werken eingehend behandelt ist, war Jeder, der sich oder Andere über Lortzing belehren wollte, auf Düringers Schriftchen vom Jahre 1851 angewiesen, das in warmen, herzlichen Freundesworten ein zwar nicht erschöpfendes aber überaus sympathisches Charakterbild des allzufrüh Dahingegangenen bot. Den Künstler, speciell den Tonkünstler zu zeichnen hat Düringer nicht unternommen und die Musiker von Fach haben zumeist hochmüthig über Lortzing hinweggesehen, so dass die Aufgabe, den Lebensgang und das Entstehen seiner Werke im Zusammenhange zu schildern, seine zahlreichen Beziehungen zur Zeit- und Kunstgeschichte zu berühren und sein gesammtes Schaffen zur Kenntniss zu bringen, seither unerfüllt blieb. Als nun nach einem halben Jahrhundert die heiteren Opern Lortzings, den seine Zeitgenossen nur für einen »Mann der Gegenwart« nahmen, noch immer eine schier unverwüstliche Lebenskraft bewährten und es zweifellos war, dass sie auch noch in die fernere Zukunft hineintönen würden, da machte sich wohl zuweilen das Bedürfniss nach einer ausführlicheren Lebensbeschreibung geltend. Aber Mit- und Nachwelt war so achtlos an der wahrhaft liebenswerthen Erscheinung dieses bescheidenen Mannes vorübergegangen, dass wohl Jeder Anfangs an der Möglichkeit verzweifeln musste, genügendes Material zu einer anschaulichen Schilderung des Meisters unserer komischen Oper zu beschaffen. Nach fünfzehn Jahren eifrigen Sammelns ist es dem Verfasser aber doch gelungen, der Werke Lortzings bis auf wenige Ausnahmen habhaft zu werden und das geistige Bildniss ihres Schöpfers hatte sich so klar vor ihm gestaltet, dass er daran gehen konnte, es wieder zu geben, als ihm die Aufforderung ward, in dem prächtigen Rahmen dieser Sammlung die Resultate seiner Arbeit bekannt zu machen.

Die Veröffentlichung dieses Buches verfolgt ganz bestimmte, praktische Ziele. Die Persönlichkeit Lortzings in hellere Beleuchtung zu rücken, zu zeigen, dass er mehr als ein glücklich begabtes Talent, dass er ein ernst schaffender Künstler und dabei auch ein ganzer Mann war, der schon um seines Charakters, seiner Gesinnungen, seines Deutschthums willen die Verehrung seines Vaterlandes verdient, wurde nicht zuletzt aus dem Grunde versucht, damit die Agitation für ein Lortzing-Denkmal ein besseres Verständniss und die nöthige Theilnahme finde.

Die Aufmerksamkeit auf diejenigen Werke Lortzings zu richten, die sich nicht ständig auf dem Repertoire der Bühnen befinden und doch der Wiederbelebung durchaus werth sind, geschah nicht nur um jener vergessenen Partituren willen, sondern weil noch Kinder und Enkel des Meisters leben, die mit Glücksgütern nicht gesegnet sind und denen aus den freiwilligen Tantièmen für Aufführung seiner Opern eine kleine, recht willkommene Einnahme erwächst.

Und im Allgemeinen sollte die Darstellung von Lortzings Schicksal daran erinnern, wie nothwendig es wäre, wenn man beim schaffenden Künstler, der gewöhnlich kein kaufmännisches Genie ist, zuweilen fragte: wie lebt er und wovon? Ermangelt auch in unserer Zeit die geistige Arbeit nicht mehr des gesetzlichen Schutzes, so ist es doch um die bürgerliche Existenz gar manchen grossen Talentes recht traurig bestellt. Noch heut geschieht es, dass Poeten von hoher Begabung und ernstem Streben der Sorge, der Noth, ja dem Hunger erliegen; noch heut ist es möglich, dass ein als Musiker wie als Schriftsteller reich veranlagter Mann sich gezwungen sieht, als Fabrikarbeiter sich und die Seinen zu ernähren, weil seine Kunst ihm kein Brod giebt.

Solch ernsten Zwecken gegenüber kommt eigentlich die Gestalt des Buches kaum wesentlich in Betracht, um aber manches Auffällige darin zu erklären, muss doch wohl etwas gesagt werden. Dass jede Verhimmelung des schlichten Volkscomponisten vermieden wurde, dass hochtönende Phrasen und tiefsinnige Ausdeutungen ausgeschlossen blieben, wird sich von selbst rechtfertigen. Das häufige Erscheinen des Theaterzettels, der hier ein wichtiges Document wurde, hängt mit dem Berufe Lortzings als Schauspieler und Dramatiker zusammen und liess sich nicht umgehen. Musste doch möglichst Alles, was seither über Lortzing in Erfahrung zu bringen war, in dem Buche Aufnahme finden, damit die Spuren seines Lebens sich nicht noch mehr verwischten. Auch können Namen und Daten alte Erinnerungen auffrischen, aus denen sich später vielleicht noch mancher lebensvolle Zug für das Portrait des Meisters gewinnen lässt.

Es ist nicht möglich, die Vielen einzeln zu nennen, denen der Verfasser im Laufe der Jahre für Nachforschungen, Mittheilungen und Darleihungen von Material Dank schuldig geworden ist, er kann ihn nur an dieser Stelle Allen insgesammt aussprechen. Vielleicht sehen sie mit einiger Befriedigung, dass auch das scheinbar Geringfügigste verwerthet wurde und im Zusammenhange Bedeutung erlangt hat.

So gehe denn das Lortzing-Buch in die Welt, es zeuge für den Meister, von dem in Wahrheit das Dichterwort gilt:

»Ernst ist das Leben, heiter ist die Kunst«.

DER VERFASSER.

DIE FAMILIE.

Lortzings Geburtshaus in Berlin.
Originalzeichnung nach einer Photographie im Besitze der Firma Rudolph Hertzog.

»Vater, Mutter, Schwestern, Brüder —.«

Lortzings Vorfahren stammen aus Thüringen, der sagen- und sangesreichen Heimath Joh. Seb. Bachs, der Wiege unserer neueren Musik. Mit der Kunst freilich hatten die Lortzings bis zum Ausgang des vorigen Jahrhunderts nichts zu schaffen. Der Aelteste des Namens, von dem wir wissen, Hans Lortzing, geboren 1630, versah vielmehr als »Meister Hans« zu Kahla das mit dem Schauer der Romantik umgebene Amt des Nachrichters, das sich auf Sohn und Enkel vererbte. Der Sohn, Johann Heinrich, geboren 1653, wurde früh Wittwer, siedelte nach Ohrdruf über und heirathete dort am 12. November 1678 die Maria Elisabeth Lobenherbst, welche ihm sechs Kinder gebar. Die drei jüngsten von ihnen fielen sammt der Mutter anno 1700 der Europa heimsuchenden asiatischen Cholera zum Opfer; der Vater starb um 1710. Sein Nachfolger im Amte wurde der 1687 geborene Sohn Johann Jakob, der Urgrossvater unseres Componisten; er mag vielleicht mit dem Knaben Johann Sebastian Bach, der 1694 bis 1700 das Lyceum in Ohrdruf besuchte, in Berührung gekommen sein. Am 11. November 1716 heirathete er in Dreissigacker bei Meiningen, wo er seinen Wohnsitz genommen, die Eva Margarethe Kromling aus Suhl und starb daselbst am 10. December 1762. Von seinen sieben Kindern wurde das letzte, der 1738 geborene Sohn, wiederum Johann Heinrich genannt. Dieser zog nach dem Tode des Vaters nach Berlin, war dort zuerst in dienender Stellung, dann als Schreiber, später als Buchhalter beim Weissgerber Lutze beschäftigt, machte sich als Lederhändler selbstständig und wurde Eigenthümer des Hauses Breitestrasse 33. Dieses, heute zum Königlichen Marstall gehörig, scheint er an den Fiscus verkauft zu haben, worauf er 1798 im gegenüber liegenden, den Lessmann'schen Erben gehörigen Hause No. 12, jetzt Eigenthum der Firma Rudolph Hertzog, Laden und Wohnung miethete und zugleich die Functionen eines Vicewirths übernahm. Er zog sich später vom Geschäft zurück und starb 1808.[1]) Aus der Zahl seiner Kinder — reicher

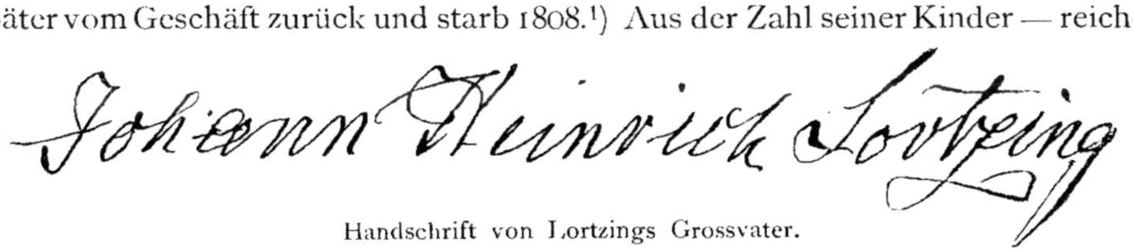

Handschrift von Lortzings Grossvater.

Familiensegen zeichnete, wie es scheint, die Voreltern alle aus — interessiren uns drei. Erstens eine Tochter, vermählt mit dem Sohn des bekannten »patriotischen Kaufmanns«, Gotzkowsky, der durch seine industrielle Thätigkeit, wie durch seine finanzielle Aufopferung während des siebenjährigen Krieges, und den dafür erlittenen Undank, in der Geschichte Berlins eine denkwürdige Rolle spielt. Man ehrte den verdienten Mann, nachdem er in Armuth gestorben, dadurch, dass man einer Strasse seinen Namen beilegte; ein Vorgang, der sich bei Lortzing genau so wiederholte. Sodann der fünfte Sohn, Johann Friedrich Lortzing, geboren den 6. April 1778 zu Berlin, der anscheinend zuerst künstlerische Neigungen bekundete. Die Malerei war es, für die er überraschendes Talent zeigte, und so besuchte er die Zeichnen- und Bau-Academie. Aber die dramatische Kunst zog ihn stärker an, und nach einigen Versuchen auf Liebhaberbühnen fand er 1805 am Hoftheater in Weimar ein dauerndes Engagement. Er trat zuerst in Lauchstädt auf und spielte Rollen wie Saint-Val in »Fanchon«, Rudenz im »Tell«, Karl Baumann in »Reue und Ersatz« u. s. w. Auf Goethes Veranlassung spielte er 1809 den Polonius im »Hamlet« und ging unter der Anleitung des Dichterfürsten nach und nach in das Fach der »fein- und niedrigkomischen Charaktere, gutmüthigen Alten und Intriguants« über, auch komische Partieen in der Oper übernahm er. In Goethes Werken finden wir den Namen »Lorzing« erwähnt, in den Annalen (1812) und in der Besetzung von »Des Epimenides Erwachen« bei der Aufführung in Weimar am 30. Januar 1816. Im Jahre 1825 übernahm Lortzing auch das Amt eines Garderobe-Inspectors und machte sich in diesem Wirkungskreise durch treffliche Zeichnungen zu den erforderlichen Costümen verdient. Er trat nun seltener als Schauspieler auf und beschloss 1831 die theatralische Laufbahn gänzlich mit der Rolle des Wachtmeisters in »Wallensteins Lager«; 1837 trat er in Pension und lebte in Weimar ausschliesslich der Malerei, der er nie ganz untreu wurde. Von seinen Bildern werden genannt: ein Portrait Wielands auf der Grossherzoglichen Bibliothek und ein solches des Kurfürsten Johann Friedrich von Sachsen auf Schloss Dornburg. Er starb, seinen Neffen Albert um 10 Monate überlebend, am 30. November 1851 zu Berlin.

Selbstbildniss Friedrich Lortzings.

Nach dem Originale aufgenommen vom Hofphotographen Louis Held in Weimar.

Die Gattin Friedrich Lortzings, Beate Elsermann, 1787 zu Berlin geboren, wurde 1805 ebenfalls in Weimar engagirt und trat als Natalia in »Die Corsen«

von Kotzebue auf. Als jugendliche Liebhaberin errang sie sich, durch ein gefälliges Aeussere und klangvolles Organ unterstützt, bald den Beifall des Publicums, da sich Goethe ihrer Ausbildung ganz besonders annahm. Als ihre trefflichsten Rollen werden Margarethe (»Die Hagestolzen«), Antonie (»Maske für Maske«), Louise (»Kabale und Liebe«), Recha (»Nathan«), »Toni«, »Hedwig«, »Emilia Galotti« und »Braut von Messina« bezeichnet. Sie starb 1831 in Weimar.

Die Tochter beider, Caroline Lortzing, geboren 29. Juni 1809 in Berlin, gestorben 5. Juni 1871 in Wien, widmete sich ebenfalls der Bühne, debutirte in Weimar und wurde bald eine gefeierte Schauspielerin. Als zu Goethes 80. Geburtstage 1829 die ersten Faust-Aufführungen (nach der Braunschweiger) veranstaltet wurden, spielte Caroline Lortzing unter den Augen des Dichters zuerst das »Gretchen«; mit ihr waren Rosalie Wagner, die Schwester Richard Wagners, in Leipzig und Julie Gley, spätere Rettich, in Dresden die ersten Darstellerinnen der Rolle. 1840 wurde sie die Gattin August Röckels, des bekannten Kunst- und Schicksalsgenossen Wagners in Dresden, und 1842 die Mutter der später ebenfalls rühmlich bekannt gewordenen Hofburgschauspielerin Louisabeth Matthes-Röckel.

Endlich kommen wir zu dem Vater unseres Meisters, Friedrichs älterem Bruder, der am 12. Mai 1775 zu Berlin geboren worden war und den Namen Johann Gottlob Lortzing führte. Wir wissen von seiner Jugend nicht mehr,

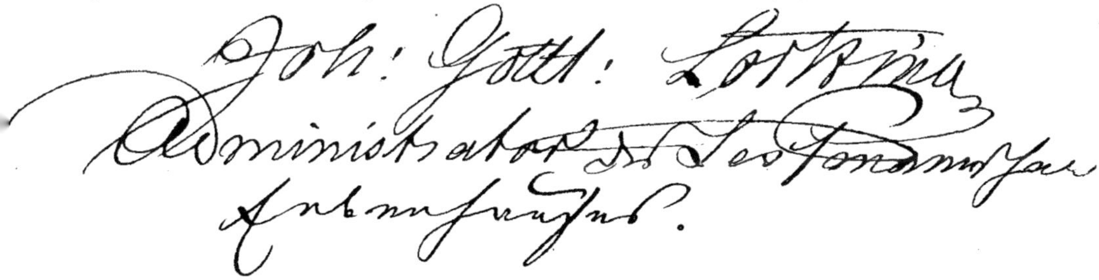

Handschrift von Lortzings Vater.

als dass er die Lederhandlung sowie die Hausadministration vom Vater übernahm und sich anno 1799 mit Charlotte Sophie Seidel, als Abkömmling einer französischen Emigranten-Familie de la Garde geboren am 6. April 1780 zu Berlin, in der Domkirche verheirathete. Dieser überaus glückliche Ehebund wurde zuerst mit einer Tochter Albertine und dann mit dem Sohne Gustav Albert im wahrsten Sinne des Wortes gesegnet.

»Ein rechtschaffener, gutmüthiger Mann — ein braver Mann, der ruhig und liebevoll sein ganzes Leben seiner Pflicht und seiner Familie geweiht, dessen Redlichkeit und Herzensgüte als Muster aufgestellt zu werden verdiente — allgeliebt und allgeschätzt«, so schildert uns Düringer, der vertrauteste Freund und erste Biograph Lortzings, den Vater unseres Meisters. »Voll Frische und Lebendigkeit, gebildeten, aufgeweckten Geistes — dabei von unverwüstlicher Munterkeit und Laune« wird die Mutter genannt; ihr Zusammenleben das »Muster glücklicher Häuslichkeit«. Ein »rechtes Paar«, wie sichs auch »an den Kinden« zeigt; sehen wir doch später im Sohne alle die guten und liebenswürdigen Charaktereigenschaften der Eltern in schönster Harmonie vereinigt. Das Töchterchen starb schon im elften Lebensjahre, und alle Liebe und Sorge der zärtlichen Eltern gehörte nun einzig dem Sohne, für dessen gute Erziehung sie gar manches Opfer brachten. Gutes deutsches Bürgerthum sehen wir im Lortzing'schen Hause repräsentirt und auch der spätere Uebertritt zur Bühnenlaufbahn hat an den patriarchalischen Sitten der Familie nichts geändert: einfach und anspruchslos in der Lebensführung, gewissenhaft und pflichtgetreu im Beruf, von rührender Anhänglichkeit an Verwandte und Freunde, erscheinen die Lortzings als Vertreter jener Gesellschaftsklasse, die gesund und triebkräftig sich erhielt, während »das thöricht entfremdete Wesen der den französischen Einflüssen fortgesetzt unterworfenen höheren Regionen einer gespenstigen Impotenz verfiel.«[2]) Die »gebildete Bürgerschaft« war es denn auch, die an dem Aufschwung deutscher Literatur und Kunst innersten Antheil nahm und durch Lesen und Darstellen der Werke unserer Klassiker sich zu erheben suchte. In Berlin hatte »das Streben nach künstlerischem Genuss und anmuthig belehrender Unterhaltung« eine kleine, geistig strebsame Gesellschaft zusammengeführt, welche vom Lesen mit vertheilten Rollen zu lebendiger Darstellung überging und an Göthes Geburtstag, am 28. August 1792, ihre erste Vorstellung gab und sich den Namen »Urania« beilegte. Mit der künstlerischen Tendenz ging — wenn auch nicht ausgesprochen — eine national-patriotische Hand in Hand, die der Verein zuerst beim Einzug der Königin Louise (1793) und später bei allen wechselnden Schicksalen Preussens und seines Königshauses an den Tag legte.

Zu den darstellenden Mitgliedern des stetig wachsenden Vereins zählten auch die Eltern Lortzings, und der älteste vorhandene Zettel der »Urania«,

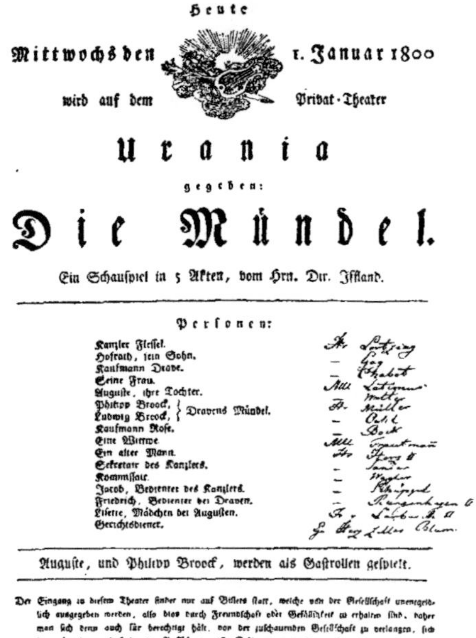
Heute
Mittwochs den 1. Januar 1800
wird auf dem Privat-Theater
Urania
gegeben:
Die Mündel.
Ein Schauspiel in 5 Akten, vom Hrn. Dir. Iffland.

Personen:

Kanzler Flessel.
Hofrath, sein Sohn.
Kaufmann Drave.
Seine Frau.
Auguste, ihre Tochter.
Philipp Brook, } Dravens Mündel.
Ludwig Brook, }
Kaufmann Rose.
Eine Wittwe.
Ein alter Mann.
Sekretair des Kanzlers.
Kommissair.
Jacob, Bedienter des Kanzlers.
Friedrich, Bedienter bei Draven.
Lisette, Mädchen bei Augusten.
Gerichtsdiener.

Auguste, und Philipp Brook, werden als Gastrollen gespielt.

Der Eingang zu diesem Theater findet nur auf Billets statt, welche von der Gesellschaft unentgeldlich ausgegeben werden, also blos durch Freundschaft oder Gefälligkeit zu erhalten sind, daher man sich denn auch für berechtigt hält, von der zuschauenden Gesellschaft zu verlangen, sich so zu betragen, daß bei der Aufführung alle Störung vermieden wird.

Der Eingang wird um halb fünf Uhr geöffnet.

welcher die Namen der Mitwirkenden nennt, weist auch den Papa Lortzings auf. Die Brücke vom bürgerlichen Beruf zur Kunstausübung war also schon geschlagen, als der Sohn das Licht der Welt erblickte.

DIE KINDERJAHRE IN BERLIN.

»O selig, o selig, ein Kind noch zu sein.«

»1801, geboren den 23. October, Nachmittags 5 Uhr, getauft den 29. November 1801 im Hause. Vater: Herr Johann Gottlieb Lortzing, Lederhändler, Mutter: Frau Charlotte Sophie Seideln, Kind: Gustav Albert. Pathen: Madame Lortzing, Herr Friedrich Lortzing, Madame Lortzing, Herr Barbjie, Buchhändler, Madame Lagarde, Herr Ferd. Schmidt, Graveur.« So lautet der Taufeintrag in das Register der St. Petrikirche zu Berlin. Von den Pathen kennen wir bereits den Oheim Friedrich L.; die beiden »Madame Lortzing« sind die Grossmutter und die Tante des Täuflings. Die bürgerliche Familie, der Boden, dem er entstammte und auf dem er erwuchs, hielt Lortzing denn auch sein Lebelang fest; in ihm wurzelte sein Sein und auch sein Schaffen. Und wenn uns in seinen Werken eine gewisse »Hausbackenheit« zuweilen mehr als wünschenswerth erscheint an das bürgerliche Heim erinnert, so wird uns die sittliche Reinheit in ihnen schnell damit versöhnen, denn nur im Schoosse der Familie, bei guter Lehre und tüchtigem Beispiel, konnte sich das reiche Gemüthsleben entwickeln, das den Grundzug in Lortzings Wort- und Tondichtung bildet.

Das Theater wurde bald die kleine Welt des Knaben. Er spielte Kinderrollen in der »Urania«, deren Vorstandsmitglied Vater Lortzing geworden war, und wie heimisch er sich dort fühlte, wie treu er die einzelnen Mitglieder im Gedächtniss behielt, geht aus einem Brief des Jahres 1828 hervor, in dem er den Eltern schreibt: »Von den Alten existiren in Urania keine mehr als Chabot, Bock und Strassburg. Der Färber Herz ist todt, von Schüppel weiss er (ein Berliner Schauspieler, der ihn aufgesucht) gar nichts. Uebrigens ist die Urania von Neuem wieder in Flor. Herr Hansmann dirigirt und studirt die Opern ein.« Wir finden die meisten dieser Namen auf dem Zettel der Urania. Ein anderer noch fesselt unsere Aufmerksamkeit: Rungenhagen II, der Darsteller des Bedienten Friedrich. Der so bescheiden auftretende Künstler ist niemand anders als der später zu hohen Ehren gelangte Componist und Dirigent Friedrich Rungenhagen, geboren den 27. September 1778 zu Berlin, gestorben am 21. December 1851 daselbst. Ursprünglich Maler, wandte er sich bald der Musik zu, in der ihn Concertmeister Heinrich Benda unterrichtete, wurde 1815 Vicedirector, 1833 nach Zelters Tode, in Concurrenz mit Mendelssohn und Grell, Director der Singacademie, Mitglied der Academie der Künste, Professor u. s. w. In der Urania übernahm er bald die musikalische Leitung und führte u. A. auch eigene Opern, so zum 25jährigen Stiftungsfest der Gesellschaft seinen »Eremit auf Formentera« auf. Später wurde die Kirchenmusik sein eigentliches Schaffensgebiet. Der kleine Albert Lortzing, der schon in frühester Jugend Neigung und Anlage zur Musik zeigte, wurde Rungenhagens Schüler und erhielt so eine grundlegende musikalische Ausbildung. Konnte sie auch nicht zu Ende geführt werden, so befähigte sie doch den leicht auffassenden und überaus fleissigen Knaben, sich dann selbst weiter zu bilden, und an der Hand der Praxis die grosse Gewandtheit zu erreichen, welche seine späteren Schöpfungen erkennen lassen. Ausser dem Clavier lernte Lortzing noch die Violine und das Cello beherrschen und die Vorliebe, mit der er letzteres Instrument spielte, zeigt sich vielfach in seinen Compositionen. Es war bisher nicht zu ermitteln, welche Schule Lortzing als Knabe besucht hat, doch verbürgt nicht nur die Fürsorge der Eltern auch nach dieser Richtung hin eine sorgfältige Erziehung, es zeigen auch die Briefe Lortzings, in denen sich häufig lateinische und französische Phrasen finden, und seine ganze, die verschiedenartigsten Gebiete berührende operndichterische Thätigkeit, dass er eine gute Bildung genoss. Gehörten doch beide Eltern der »gebildeten Bürgerschaft« an; die Mutter sprach fertig französisch, und mehr noch als des Vaters geläufige Handschrift deuten ihre festen und kräftigen Schriftzüge auf Erziehung und Charakter.

C. F. Rungenhagen.
Nach dem Bilde von Henning.
Aus der im gleichen Verlage erschienenen Biographie Carl Maria von Webers von H. Gehrmann. (Berühmte Musiker Band V.)

Die Knabenjahre Lortzings fallen in die Zeit von Deutschlands tiefster Erniedrigung und der glorreichen nationalen Erhebung und Wiedergeburt. Napoleon war Kaiser der Franzosen und König von Italien geworden und die Schlachten von Jena und Auerstädt hatten ihn auch zum Herrn von Deutschland gemacht. Berlin wurde von den Franzosen besetzt und erst nach zweijähriger Occupation zogen sie am 3. December 1808 wieder ab. Eine Woche später hielt Ferdinand von Schill an der Spitze seines Husarenregiments seinen Einzug in Berlin und im nächsten Jahre sehen wir ihn, gleichzeitig mit Andreas Hofer, auf eigene Faust den Kampf gegen den corsischen Eroberer aufnehmen und gleich dem Passeyer Sandwirth ein Opfer seines Heldenmuthes werden. Wohl manchmal mag der kleine Lortzing in den Kreisen der patriotischen Urania die Namen der beiden Freiheitskämpfer gehört haben, so dass sie sich fest im jugendlichen Gemüthe einprägten und in den späteren Jahren des Schaffens wieder auftauchten. Wohl mag auch der Knabe mit angesehen haben, wie Preussens Herrscher und die angebetete

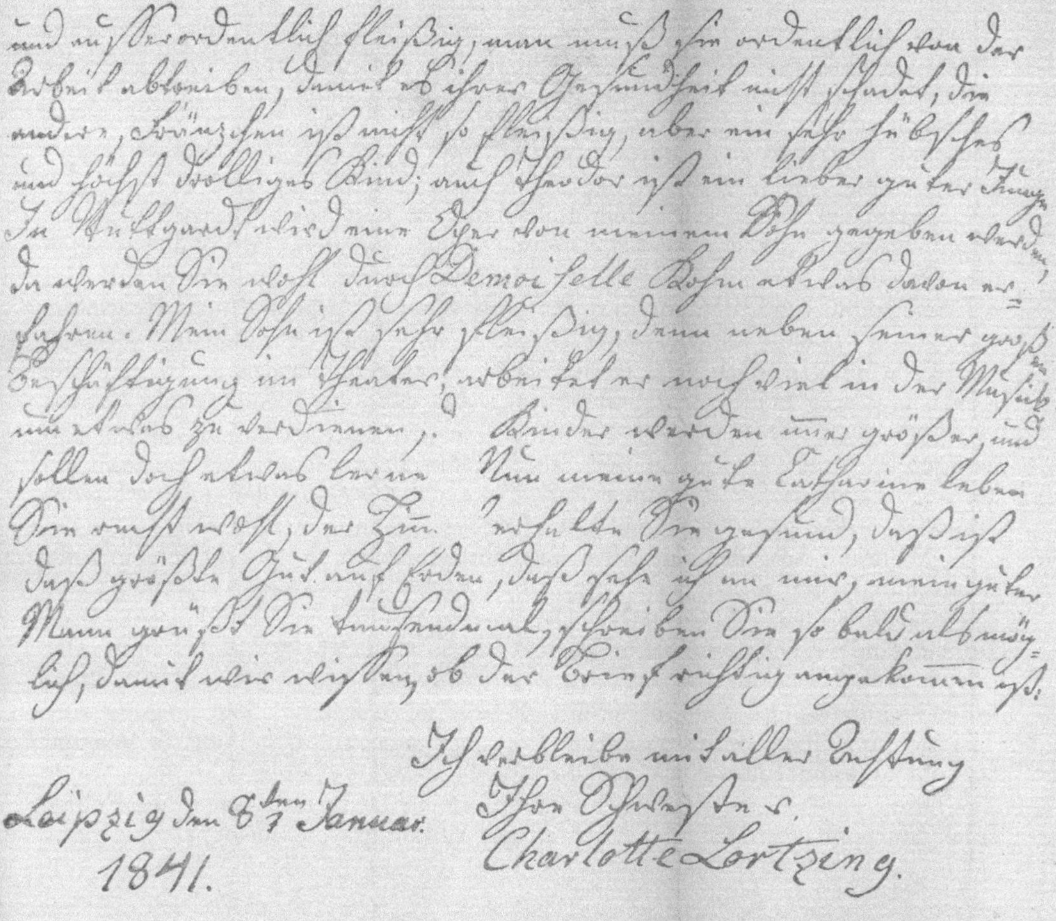
und außerordentlich fleißig, man muß sie ordentlich von der Arbeit abtreiben, damit es ihrer Gesundheit nicht schadet, die andere, Fränzchen ist nicht so fleißig, aber ein sehr hübsches und höchst drolliges Kind; auch Theodor ist ein lieber guter Junge. In Stuttgard wird eine Oper von meinem Mann gegeben werden, da werden Sie wohl durch Demoiselle Rohn etwas davon erfahren. Mein Mann ist sehr fleißig, denn neben seiner großen Beschäftigung im Theater, arbeitet er noch viel in der Musik um etwas zu verdienen, [illegible] Kinder werden immer größer, und sollen doch etwas lernen [illegible] Nun meine gute Cathrine leben Sie nur recht wohl, der Him[illegible] erhalte Sie gesund, das ist das größte Gut auf Erden, das sehe ich an mir, mein guter Mann grüßt Sie tausendmal, schreiben Sie so bald als möglich, damit wir wissen, ob der Brief richtig angekommen ist.

Ich verbleibe mit aller Achtung
Ihre Ergebenste
Charlotte Lortzing.

Leipzig den 8ten Januar.
1841.

LETZTE SEITE EINES BRIEFES VON CHARLOTTE LORTZING.
(Die fehlende Stelle in der Mitte ist im Original zerrissen.)

Königin Luise wieder in ihre Residenz einzogen und auch sein kindliches Herz mag in Trauer geschlagen haben, als der Tod der königlichen Dulderin das ganze Land schmerzlich bewegte. Im gleichen Jahre aber, 1810, rührten sich auch schon die erwachenden Lebenskräfte der Nation. Die neugegründete Berliner Universität zog Lehrer und Lernende nach der preussischen Hauptstadt, welche die Volkserhebung vorbereiten halfen. Fichtes Vorlesungen, Schleiermachers Predigten, Jahns Lehrthätigkeit und sein »Deutsches Volksthum«, Friesens die Jugend begeisternde Reden auf dem Turnplatze schufen die Stimmung für das kommende Befreiungswerk durch Erweckung des Nationalgefühls und Bekämpfung der Ausländerei. Die Berliner Hofbühne stand unter Ifflands künstlerischer Direction und seiner Klugheit und Energie war es zu danken, dass auch in den Zeiten der Fremdherrschaft die deutsche Kunst an dieser Stelle nicht verstummte. Im deutschen Dichterwald begann es zu rauschen. Heinrich von Kleist gab seinen patriotischen Empfindungen feurigen Ausdruck und unter den Stürmen des Franzosenkrieges entstand ein Meisterwerk deutscher Tonkunst, das »Hohelied der Gattenliebe«, Beethovens »Fidelio«, erklangen des jugendlichen Weber romantische Weisen.

Während so Alles auf Erhebung und Aufschwung hinarbeitete und für Deutschland »die grosse Zeit« herannahte, waren für das Haus Lortzing trübe Tage angebrochen. Unter dem Druck der politischen Verhältnisse wurde Handel und Wandel vielfach gestört und dauernd gelähmt; auch das Lortzing'sche Geschäft war ein Opfer der Zeitläufte geworden und die Eltern sahen sich genöthigt, einen anderen Lebensberuf zu wählen. Die Neigung zum Theater, der Gedanke an Friedrich Lortzings gesicherte Stellung in Weimar mag bei diesem Entschlusse wohl mitbestimmend gewesen sein, kurz, Ende des Jahres 1811 sehen wir die Familie Lortzing Berlin verlassen, die Schauspielerlaufbahn ergreifen und einen neuen Wirkungskreis aufsuchen.

WANDERJAHRE.

»O wie köstlich ist das Reisen!«
»Mancherlei man profitirt.«

In Breslau, dessen Stadttheater unter Leitung des Regierungsrath Streit stand, begann Vater Lortzing seine Künstler-Carrière am 4. Januar 1812. Er debutirte mit Beifall als Nachbar in Kotzebue's »Der häusliche Zwist,« Caspar in »Adolph und Clara« und Advocat Eiterborn in »Die Versöhnung«. Nach einigen Jahren ging er in das Fach der »Intriguants, komischen Alten und zärtlichen Väter« über und spielte schliesslich nur noch kleine Rollen, dabei das bescheidene Amt eines Inspicienten bekleidend. Da seine Pflichttreue und Zuverlässigkeit ihn zu einem geschätzten Beamten machte, so übertrug ihm Ringelhardt, bei Uebernahme der Direction in Leipzig, den Posten des Cassirers, den er gewissenhaft und treu bis an sein Ende versehen hat. Frau Charlotte spielte »Soubretten, Französinnen, muntere Rollen im Schau- und Lustspiel« und sang auch, wie es damals üblich war, in der Oper. Sie besass ein sehr anziehendes Aeussere, viel Temperament und stets gute Laune, die sich auf ihre Darstellung übertrug. Des Mütterchens Frohnatur ging, wie es scheint, auf den Sohn über, denn es sind genau die gleichen Eigenschaften, welche die Zeitgenossen auch an ihm rühmend hervorheben. Mama Lortzing gab übrigens schon ziemlich früh das jugendliche Fach auf und spielte Mütter und komische Alte mit nicht minderem Beifall. Sagte doch Schlegel, der Shakespeare-Uebersetzer von ihr, dass er nie eine trefflichere Darstellerin der Amme in »Romeo und Julie« gefunden. Es lag in der Natur der Verhältnisse, dass auch der Sohn im unmittelbaren Verkehr mit der Bühne sozusagen in den Schauspielerberuf hineinwuchs. Gute Beobachtung lenkte seinen Blick schon frühzeitig auf das theatralisch wirksame und das kam ihm nicht nur für seine spätere darstellerische Thätigkeit zu gute, auch der Dramatiker gewann Erfahrungen, denen wir zweifellos den geschickten Aufbau und die wirksame Abrundung seiner Opern zu danken haben. Schon hier in Breslau hatte er Gelegenheit, an ausgezeichneten Vorbildern zu lernen. Ludwig Devrient entfaltete damals die ganze Fülle seiner Genialität in den heterogensten Rollen von König Lear bis zum Rochus Pumpernickel. Als jugendlicher Liebhaber trat, fast gleichzeitig mit Vater Lortzing, Karl Töpfer, später als Lustspieldichter bekannt geworden, in das Ensemble; er wohnte auch bei Lortzings und gab dort im Hause Unterricht auf der Guitarre. An der Spitze der Oper stand als Nachfolger Carl Maria von Webers, G. Bierey, ein damals sehr geschätzter Componist, dessen »Donauweibchen« (III. Theil), eine Fortsetzung der Kauer'schen Volksoper, viel gegeben wurde. Für den Knaben Albert bot sich hier reiche Gelegenheit, seine musikalischen Kenntnisse zu erweitern; er suchte auch stets Umgang und Unterhaltung mit erfahrenen Musikern und liess nicht ab, durch Studium der Werke Albrechtsbergers u. A. sich theoretisch fortzubilden.

Im Nachlass Lortzings fand sich eine Composition vor, welche noch aus der Knabenzeit stammt, Schillers »Bürgschaft«; eine andere »In der Väter Hallen ruhte« —, Romanze von Graf L. F. von Stolberg, fällt wahrscheinlich ebenfalls in diese Periode. Beide sind für eine Singstimme mit Clavierbegleitung gesetzt. Die Manuscripte sind leider seither spurlos verschwunden und so ist es uns nicht vergönnt, einen Einblick in die schöpferische Seele des Knaben zu thun; es sei nur darauf hingewiesen, dass es ein Schiller'sches Gedicht war, das zuerst im Gemüth des jungen Musikers ein eigenes Tonleben erweckte und vielleicht zu der gleichen Zeit, als unser grösster Liedmeister Franz Schubert, nur wenig älter als Lortzing, ebenfalls an Schillerschen Versen sich begeisterte.

E. T. A. Hoffmann.
(Zeichnung von W. Hensel.)
Aus der im gleichen Verlage erschienenen Biographie Carl Maria von Webers von H. Gehrmann. (Berühmte Musiker Band V.)

Das Breslauer Engagement war nur von kurzer Dauer: nach dem 9. Juli 1812 verschwindet der Name Lortzing vom Theaterzettel und Jahre unstäten Wanderns folgten. Zur Zeit da der grosse Befreiungskrieg begann, befand sich die Familie Lortzing in Coburg beim Theaterdirector Hain, genannt Hellwig, und zwar in recht trüben Verhältnissen. Die gutmüthige Hauswirthin, bei der sie wohnte, sagte oft beim Mittagsmahl: Ich darf nicht vergessen, den armen Lortzings etwas hinauf zu bringen, denn da oben ist ja Schmalhans Küchenmeister.[3]) Auch hier war der Aufenthalt nicht von Dauer und als die Völkerschlacht bei Leipzig der Fremdherrschaft ein Ende machte, weilten Lortzings in Bamberg.

Das kleine fränkische Städtchen hatte seit einigen Jahren hohe künstlerische Bedeutung gewonnen als Graf Julius von Soden 1808 die Direction des neuen Theaters übernommen und u. A. auch seinen Freund E. T. A. Hoffmann, den genialen Dichter der Phantasiestücke, späteren Kammergerichtsrath zu Berlin und bekannten Zechgenossen Ludwig Devrients, als Mitglied gewonnen hatte. Franz von Holbein, der spätere Hofburgtheaterdirector, wurde 1810 Sodens Nachfolger und verstand es, eine ganze Schaar junger Künster, deren Namen in der Folge berühmt wurden, in Bamberg zu versammeln. Hoffmann verblieb auch unter seiner Direction und verbrachte hier seine »Lehr- und Marterjahre« hauptsächlich in der Eigenschaft als Musikdirector, dabei auch gelegentlich Decorationen malend, Regie führend, und den Director vertretend. Im Juli 1812 schrieb er an Hitzig in Berlin »In Gedanken componire ich jetzt nichts, wie die Undine, der kräftige, wunderbare, warnende Oheim Kühleborn ist keine üble Basspartie« und kurze Zeit darauf findet sich in seinem Tagebuch der Vermerk: »Fouqué selbst bearbeitet Undine. Künstlerisch-exaltirte Stimmung.«

Es entstand also hier in Bamberg, ein Jahr nach dem Erscheinen des Märchens, die erste Undinen-Oper, welche am 3. August 1816 am Königlichen Theater in Berlin zum ersten Mal gegeben wurde. Der Zettel lautet:

Undine.

Romantische Oper in 3 Akten (nach Fouqué)
von Herrn Kammergerichtsrath Hoffmann.

Personen:

Ritter Huldbrand v. Ringstetten	Herr Blume.
Ein alter Fischer	Herr Gern.
Seine Frau	Mad. Eunike.
Undine, ihre Pflegetochter	Dem. Eunike.
Heilmann, ein Geistlicher	Herr Labes.
Kühleborn, ein Wassergeist	Herr Wauer.
Der Herzog	Herr Eunike.
Die Herzogin	Dem. Willmann.
Bertalda, ihre Pflegetochter	Dem. Leist.

Trotz beifälliger Aufnahme und einer überaus günstigen Beurtheilung aus der Feder Carl Maria von Webers (»das ganze Werk ist eines der geistvollsten, das uns die neuere Zeit geschenkt hat«) fand die Hoffmann'sche »Undine« doch keine weitere Verbreitung. — Ihrem Componisten ging es in Bamberg noch recht übel. Holbein übernahm das Theater in Würzburg und Hoffmann blieb, ohne ein festes Einkommen, auf Musikunterricht angewiesen, zurück. Im November 1812 notirt er: »den alten Rock verkauft, um nur essen zu können« und erst Ende Februar 1813 hatte »aller Kummer ein Ende«, da eine Erbschaft von 485 Thalern aus Königsberg eintrifft. Zwei Tage darauf erhält er von Joseph Seconda die Musikdirectorstelle bei dessen italienischer Operngesellschaft in Dresden angeboten und am 21. April reist er dahin ab. Der Kriegsunruhen wegen war aber Seconda in Leipzig geblieben und dort traf Hoffmann, der Componist der »Undine« und der Dichter des »Kampf der Sänger«, der Stoffquelle des Tannhäuser, am 23. Mai — einen Tag nach der Geburt Richard Wagners — ein.

Das Engagement der Familie Lortzing in Bamberg begann am 24. September 1813. Sie bezog dort eine monatliche Gage von 70 Gulden. Director des Theaters war wiederum ein Aristokrat, Freiherr Carl August von Lichtenstein, geboren 8. September 1767 zu Lahm in Franken, gestorben als pensionirter Regisseur der Königlichen Oper zu Berlin am 10. September 1845, wenige Monate nach der Erstaufführung von Lortzings »Undine«. Lichtenstein war auch Operncomponist, seine »Waldburg« wurde 1822 von Weber in Dresden zur Aufführung gebracht; er war auch Sänger und übernahm selbst die Hauptpartieen in seinen Opern. Der heutigen Generation ist er nur noch als Textübersetzer der »Stummen«, »Jüdin«, des »Schwarzen Domino« und eines »Andreas Hofer« (nach Rossinis »Tell«) bekannt. Seine Direction in Bamberg währte, trotz eines fünfjährigen Vertrages, nur bis zum 5. Juni 1814, da seine Vorliebe für kostspielige Inscenirung grosser Opern ihm grosse Verluste eingetragen. Lichtenstein ging nach Strassburg und Lortzings begleiteten ihn. Hier entstand — und wurde wahrscheinlich aufgeführt — einer der vielen Vorläufer von »Zar und Zimmermann«, die Oper »Frauenwerth«, von deren Aufführung in Bamberg am 26. Mai und 10. Juni 1819 unter der Direction Bode ein Zettel erhalten ist.[4])

Frauenwerth, oder: der Kaiser als Zimmermann.

Grosse Oper in 3 Acten, gedichtet und in Musik gesetzt von Lichtenstein.

Personen:

Peter der Grosse, russischer Kaiser	Raeder.
Iwan	?
Le Fort, erster Minister und Vertrauter des Kaisers . .	Braunhofer.
Menzikoff, Gouverneur von Moskau	Bruno.
Meister Paul, Zimmermann, bei dem sich Peter und Iwan aufhalten, um die Schiffsbaukunst zu erlernen . . .	Bürchl.
Marie, dessen Tochter	Dlle. Fr. Veltheim.
Kathinka, junge Wittwe, die in Meister Pauls Hause lebt	Delle Chr. Veltheim.
Alexis, reicher Pachterssohn	Spindler.
Matthias, dessen Grossonkel, Aeltester im Dorf	Veltheim.
Der Gerichtshalter des Ortes	Frank.
Ein Gardeoffizier	Klühne.
Ein Bauernjunge	Gustav Raeder.

Chor der Zimmerleute. Landleute, Offiziere und Soldaten des Kaisers. Kosaken.

Der Dichter-Componist selbst dirigirte sein Werk. Der Sänger des »Zaren«, der Tenorist C. B. Raeder war der Vater des gleichfalls mitwirkenden Gustav Raeder, des bekannten Komikers und Possenautors (Robert und Bertram), der später in Dresden den Lortzing'schen »van Bett« creirte. Braunhofer wurde Lortzings College in Detmold und Leipzig, Spindler ist der nachmals berühmt gewordene Romanschriftsteller.

In die Strassburger Zeit fällt auch die Bekanntschaft und Jugendfreundschaft Albert Lortzings mit Carl Gollmick, der damals bei Capellmeister Spindler Composition studirte und Organistenadjunct an der Thomaskirche wurde. Gollmick war ebenfalls Schauspielerkind; 19. März 1796 zu Dessau geboren, wirkte er als Musiklehrer, Schriftsteller und — Paukenschläger des Theaterorchesters in Frankfurt a. M. und starb daselbst 3. October 1866. Sein Name erscheint noch heut auf den Theaterzetteln der »Regimentstochter«, u. a. Opern, die er ins Deutsche übertrug.

Nachdem sich Lichtenstein in Strassburg völlig ruinirt hatte, gingen Lortzings zur Direktion Koch und Schäffer nach Freiburg i. Br., welche in dem im Kornhaus am Münsterplatz befindlichen Theater Vorstellungen gab und wahrscheinlich während des Sommers in Baden-Baden spielte. Es wird berichtet, dass Albert Lortzing hier nicht nur in Kinderrollen — meist Kotzebuescher Stücke — aufgetreten sei, sondern auch zwischen einem und dem andern Stück humoristische Gedichte vorgetragen habe, was den Freiburgern ganz besonders gefiel.

Die Eltern versäumten bei allen Wanderfahrten doch nicht, ihren Sohn noch weiter unterrichten zu lassen und legten sich selbst oft die härtesten Entbehrungen auf, um seine Ausbildung möglichst zu vollenden. Der gute Sohn hat es ihnen zeitlebens gedankt und schon in frühester Jugend redlich geholfen, die kärglichen Einnahmen der Eltern zu vermehren. So erzählte Lortzings Vater, der lieber hungerte als Schulden machen wollte, wie die Familie in den Nothjahren 1816 und 17 nicht selten um die Mittagszeit spazieren ging, ihr Stück Brod im Freien zu verzehren, damit die Hausgenossen glauben sollten, sie seien zum Essen eingeladen oder gingen in eine Restauration; wie da eines Tages Albert das für Notenschreiben empfangene Geld nach Hause gebracht und es ihm fröhlich mit den Worten eingehändigt habe: »So, Papachen, heute müsst Ihr wieder einmal etwas Warmes essen.«

Vom Jahre 1817 an finden wir Lortzings bei Director Derossi, der die Theater von Düsseldorf, Aachen und Cöln zugleich leitete, und seit 1819 wirkt dann auch Albert Lortzing, zum jungen Manne gereift, als Schauspieler und Sänger im Fache der jugendlichen Liebhaber und Tenor- und Baritonpartieen in der Oper. »Ohne eigentliche ausgeprägte Stimme«, schildert ihn Düringer,[5]) »war er mit seinen musikalischen Kenntnissen und Talenten stets in der Oper verwendbar, namentlich für Spielpartieen. Sein liebenswürdiges, einnehmendes Aeussere kam ihm auf der Bühne sehr zu statten. Eine schlanke Mittelfigur mit dunkellockigem Haare, freundlich schönem Angesichte; seine hübschen dunkeln Augen waren von gutmüthigem, schelmischem Ausdruck, heiter lebendig; seine ganze Erscheinung, sein ganzes Wesen voll Frohsinn und Laune, gewandt und gefällig, so auf der Bühne wie im Leben, verfehlte da wie dort niemals den angenehmsten Eindruck. Die Comödie war sein angewiesener Wirkungskreis als Schauspieler; während hier sein sprudelnder Humor sich geltend machte, konnte er trotz allen Fleisses in der Tragödie niemals die wahre Wirkung hervorbringen und nicht selten witzelte er selbst über seine ernsten Rollen.«

Wir dürfen dem Aufenthalt in dem wein- und sangesfreudigen Rheinland wohl einigen Einfluss auf die Entwickelung seines lebensfrohen Temperamentes, das sich in den heiteren Chören seiner Opern, den Liedern zum Preise des Weines und fröhlichen Lebensgenusses wiederspiegelt, zuschreiben. Nach Jahren noch erinnert er sich des Cölner Carnevals und macht den Eltern Vorwürfe, dass sie ihm nichts darüber mittheilen. »Hier (in Detmold) wussten wir gar nicht, dass ein Carneval existire; in grossen Residenzen mag das wohl so der Fall sein«, fügte er spöttelnd hinzu. Und im selben Briefe schreibt er: »der edle Rebensaft wird wohl ewig meine schwache Seite bleiben, wie Du von Alters her weisst«. Es bedarf keiner Vertheidigung dieser »schwachen Seite«, der wir soviel Schaffensfreude und anregende Heiterkeit des Componisten verdanken. Von den Compositionen aus jener Zeit ist ein Andante maestoso, datirt aus Cöln vom 9. October 1820, auf uns gekommen, ein Concertstück für das Waldhorn mit Orchesterbegleitung. Das Thema — auf-

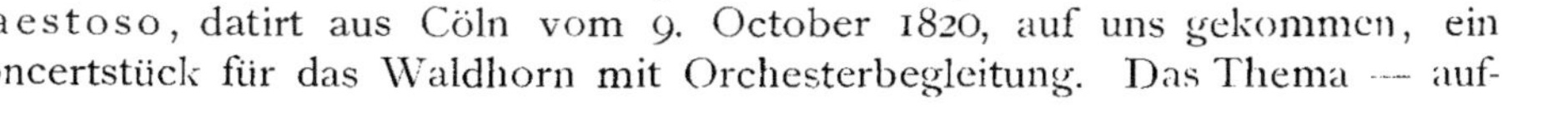

fällig an »Was blasen die Trompeten« erinnernd — ist viermal streng variirt im Mozart'schen Stile, dessen Vorbild auch die concertante Einleitung, die Zwischenspiele, sowie die Instrumentation sogleich erkennen lassen. Aus dem Jahre 1821 stammt eine — leider nicht aufzufindende — Ouverture alla Turca und wohl noch manches andere verlorene Orchesterstück, wie Märsche und Entr'acts; jedenfalls ist der Beginn von Lortzings öffentlicher compositorischer Thätigkeit auf dem Gebiete der Instrumentalmusik zu suchen, und alles spricht für ein längeres Verweilen auf demselben.

Mit dem Schaffensdrang regte sich auch ein anderes Gefühl in Lortzings Brust, und schon in dieser frühen Zeit spielt sich der erste und einzige Liebesroman seines Lebens ab. Eine junge Schwäbin, Rosina Regina Ahles, geboren am 5. December 1800 zu Bietigheim bei Stuttgart, war, nachdem sie auf der heimathlichen Hofbühne mit Glück debutirt hatte, bei Derossi in Düsseldorf als erste Liebhaberin engagirt worden. Eine freundliche Erscheinung und ein wohlklingendes, nur etwas zu weiches Organ wird ihr nachgerühmt und ein mehr als mittelmässiges schauspielerisches Talent. Sie nahm das Herz ihres schmucken Collegen gefangen und wurde Lortzings Braut. Der Wunsch baldiger Vereinigung mochte das Streben nach besserer, gesicherterer Stellung fördern und so gastirte Rosina Ahles im Juni und Juli 1821 am Braunschweiger Hoftheater als Hedwig, die Banditenbraut, Agnes (Der Mann im Feuer), Toni, Elise von Valberg, Röse (Das Gut Sternberg) und Sophie von Hastfeld (Die Schachmaschine). Das Gastspiel führte jedoch zu keinem Engagement, vielmehr nahmen Lortzings und Dlle. Ahles ein solches zu Direktor Ringelhardt an, welcher seit 1820 die Leitung des Cölner Stadttheaters übernommen hatte.[6]) Vor dem Antritt der neuen Stellung vollendete Lortzing noch im Juni 1822 zu Elberfeld die Composition eines geistlichen Werkes, einer Hymne für Soli, Chor und Orchester.

Ein kurzer, feierlich gehaltener Instrumentalsatz von 20 Tacten,

dessen Abschluss in einem chromatischen Terzenlauf an den Uebergang zu Kühleborns »O kehr' zurück« gemahnt, führt unmittelbar auf ein Allo. con brio, in dem der (gemischte) Chor kraftvoll das Lob des Schöpfers anstimmt: »Dich preist, Allmächtiger, der Sterne Jubelklang«. Anfangs gehen die Stimmen zusammen, dann, bei »So weit sich Welten dreh'n«, wird ein Anlauf zu canonischer Behandlung genommen, doch bald kehrt der Componist zur Homophonie zurück. Es folgt eine kleine, melodisch-ansprechende Tenorarie: »Dein Tempel, die Natur«, worauf der Chor unisono, ohne Orchester, zagend anhebt: »Was bin ich, Herr, vor Dir?« und in einem stimmungsvollen F-moll-Satz leise, gewissermassen zu sich selbst sagt: »Es trennt vom Todtenkreuz mich nur ein Spannenraum«. Zu den gehaltenen Accorden des Chores contrastirt wirksam die kurz abgerissene Achtelbegleitung des Orchesters und drei in Pausen wiederkehrende, bis zum ff. anschwellende und wieder abnehmende Grabesrufe von Posaunen, Fagotts und Trompeten tönen schaurig dazwischen. Aber trostvoll erklingt dann in einem schmelzenden Adagio As-dur, vom Soloterzett gesungen: »Wohl dennoch mir! Wer sanft entschläft in Vatersarmen, er darf dem Erweckungswort vertrau'n, es heisst: Erbarmen.« Zu diesem pp. gesungenen Worte erfolgt die Auflösung nach C-dur, in kurzem Uebergang leitet das Orchester zu dem Eingangschore zurück und in vollen Accorden tönt der Lobgesang aus.

Soviel jugendliche Naivität dies erste grössere Werk auch verräth, weist es doch einen starken Empfindungsgehalt und überraschendes Charakterisirungsvermögen auf, auch zeigt die Partitur wesentliche Fortschritte in der Orchestrirung. Die Versuche Lortzings auf dem Gebiet der geistlichen Musik interessiren nicht nur als Zeugnisse seiner künstlerischen Entwickelung, sie sind auch beachtenswerth als Abkömmlinge der Haydn'schen Oratorien, deren kindlich-andachtsvollen, heiter-frommen Geist sie athmen. Wie Haydn, hat auch Lortzing »die Gottheit immer durch Liebe und Güte ausgedrückt« und es ist wohl zu verstehen, dass er gerade in den Tagen seines glücklichen Brautstandes begeisterungsvoll das Lob des Schöpfers sang.

Ein frohes Hochzeitsfest am 30. Januar 1823 vereinte Albert Lortzing, den einundzwanzigjährigen, mit seinem Röschen und das freundliche Familienbild des elterlichen Ehelebens erneut und erweitert sich nun bei dem jungen Paare, das in treuer Liebe an einander hing und bis ans Lebensende Freud und Leid gemeinsam trug. Ein fast überreicher, elffacher Kindersegen — zweimal Zwillinge — der sich einstellte, trug wohl manche Sorge in das bescheidene Haus, aber er band die Herzen fest aneinander und gerade sein häusliches Glück wurde ein Quell lebendiger Töne, der versiegte, wenn Lortzing, wie es in seinen letzten Jahren geschah, sich auf Zeiten von seiner Familie trennen musste. Vereint mit den Seinen trug er Alles leicht und nie erlahmte seine Schaffensfreude; getrennt von ihnen, war er ein trüber Mann, dessen sonst so leicht beschwingte Feder plötzlich stockte. Gattentreue, Eltern- und Kindesliebe, diese schönen Züge im Charakter des Germanen, können nicht rührender geschildert, die Vorurtheile gegen Künstlerehen nicht besser widerlegt werden, als durch das Beispiel der Familie Lortzing. In dem jungen Heim nun entstand das Erstlingswerk Lortzings auf dem ihm eigensten Gebiete, der Oper. Schon an diesem zeigt sich seine, bei Componisten nicht häufige Neigung, aus der Zeit und Stimmung der Gegenwart heraus seine Stoffe zu wählen. Der kühne und grausame Albanesen-Häuptling Ali Pascha, der im griechischen Befreiungskriege wieder viel genannt worden war und im Kampf mit den Vollstreckern des Todesurtheils am 5. Februar 1822 sein Ende fand, wurde der Held von Lortzings erster Oper. Das Sujet deutet unverkennbar auf Mozarts »Entführung« und wie so mancherlei Lebensumstände sich ähneln, so auch die Entstehung beider Opern im Wonnegefühl junger Liebe, die zärtlich aus den Tönen spricht.

Auf den Cölner Theaterzetteln figuriren nun sehr häufig alle vier Lortzings in fröhlicher Gemeinschaft nebeneinander, so in »Romeo und Julia« (am 15. April 1825 zum ersten Male in der Uebersetzung Schlegels) mit Rosina als Julia, Albert als Graf Paris und den Eltern in den Rollen der Amme und des Bruder Marcus. Ein anderer Zettel verzeichnet:

Die Comödie aus dem Stegreif.

Lustspiel in 1 Aufzuge nach Poissons Idee von C. F. Jünger.

Gräfin Braunstädt	Mad. Lortzing d. ä.
Baron Reinthal	Herr Lortzing d. ä.
Baron Reinthal, der jüngere, dessen Neffe . . .	Herr Lortzing d. j.
Hannchen	Mad. Lortzing d. j.

Hierauf:

Der Capellmeister von Venedig.

Wenn wir die 25 Jahre später entstandene, »Opernprobe« betrachten, so erkennen wir in ihr nicht nur eine Bearbeitung der »Comödie« von Jünger, wir sehen auch das zweite Stück hinein verwoben, denn das musikalische Kammermädchen Hannchen ist nichts anderes als ein weiblicher »Capellmeister von Venedig«.

Von Compositionen, welche wahrscheinlich aus dieser Zeit stammen, sei erwähnt ein Lied des Serini aus »Viola«, nach damals häufigem Gebrauch mit Guitarrenbegleitung.

Schuberts Romanze aus »Rosamunde«, an die der Anfang gemahnt, entstand vielleicht gleichzeitig; jedenfalls konnte sie Lortzing nicht bekannt sein. Ferner eine »Jubel-Ouverture« (über den Dessauer Marsch) für grosses Orchester.

Sie zeigt nicht die sonst, auch bei Lortzing, übliche zweisätzige Form, sondern geht nach den ersten 26 Allegrotacten in ein Pastorale $^6/_8$, dann in ein kurzes Moderato religioso $^4/_4$ über, dem eine Fanfare und ein vierstimmiger Hornsatz im $^6/_8$ Takt folgt. Nach der Wiederaufnahme des Eingangsthemas setzt die Melodie des Dessauer Marsches ein, welche mit den vorherigen Motiven in der Durchführung verarbeitet wird. Am Schlusse der Ouverture erinnert das Thema

an den am 5. Juni 1826 verstorbenen Freischütz-Componisten, aus dessen grunddeutschem Wesen auch Lortzings Kunst ihre Nährkraft zog, um echt volksthümlich und national in bescheidener Lieblichkeit zu erblühen. Unter dem Einfluss Webers steht Lortzings Schaffen nicht nur in der Undine, schon die ganzen Jugendwerke athmen den Geist der Romantik und wie Marschner und Wagner, so knüpft auch Lortzing an den Schöpfer des romantischen Styls in der deutschen Musik an. Will man schon classificiren, so gehört Lortzing zu der Gruppe Weber, Spohr, Marschner, Kreutzer, keinesfalls zu Meyerbeer und Flotow, denen ihn Naumann beigesellt.

Ein nicht unwichtiger Schritt für Lortzings Leben vollzog sich im Sommer 1826 durch seinen Eintritt in die Loge. Es war in Aachen, wo er als Mitglied des mit Cöln verbundenen Theaters, in die Loge »Beständigkeit und Eintracht« aufgenommen wurde. Freilich war seines Bleibens hier nur noch kurze Zeit, aber auch in Münster und Osnabrück trat er dem Bruderbunde bei, ebenso in Leipzig, und wenn ihn auch die Berufsgeschäfte hinderten, häufiger an den Arbeiten theilzunehmen, so war und blieb er doch sein Lebelang ein treuer Freimaurer. In Wien, wo es, wie in Oesterreich überhaupt, keine eigentlichen Logen giebt, beschränkte sich der Verkehr wohl auf dort vereinzelt lebende Brüder, Lortzing erwähnt eines geleisteten Vorschusses »des guten Bruder C—«;

von Berlin aus aber schreibt er bald nach seiner Ankunft daselbst, im Jahre 1850, seiner Frau nach Leipzig um Zusendung seiner maurerischen Bekleidung; er sei schon mehrere Male aufgefordert worden. Immatriculirt wurde er dort wohl nicht, denn bis zu seinem Tode wurde er in den Listen der Leipziger Loge »Balduin zur Linde« geführt. Auch die treue Zugehörigkeit zum Freimaurerthum hat er mit dem Sänger der »Zauberflöte« gemeinsam und es entspricht ganz seinem Wesen und Charakter, dass dieser Freundesbund ihn anzog und festhielt.

Den Abschluss der Cölner Epoche schildert ein Schreiben Lortzings an seinen Freund und Collegen Ludwig Schäfer[7]):

Aachen, den 21ten August 1826.

Mein guter Schäfer!

Dein lieber Brief verursachte mir viel Vergnügen, um so mehr, da er mir meldete, dass Du mit Deiner Lage so zufrieden bist und quasi am Ziele Deiner Wünsche stehst. Ich hatte in der That schon einige Lästerungen gegen Dich ausgestossen, Deines langen Stillschweigens halber, jedoch Dir auch schon im Stillen abgebeten, da Dein Zögern, wie ich aus Deinem Briefe ersehen, sehr gerecht war. Dass Du in Figaro's Hochzeit und Joseph mit Glück aufgetreten seyst, sagte mir der Jude Kohen von hier, welcher mir auch einen Gruss von Dir überbrachte. — Das Neueste, was ich Dir melden kann, ist ohnstreitig: dass gestern als Sonntag den 02ten Dieses der gute Philipp zum ersten male mit seiner Lisette ausgerufen worden und binnen drei Wochen Hymens Tempel betreten wird. — Er giebt zu seinem Hochzeit-Benefiz meine Oper, welche ihm glaube ich, des imposanten Namens halber, eine gute Einnahme machen wird. Sollte die Aufführung mit Beifall aufgenommen werden, welches ich Dir unverzüglich melde, so steht Dir meine Oper ebenfalls zu Dienst, falls Du noch kein Stück gewählt hättest. — Die Ubrich ist am 17ten Nachts mit einem gesunden dicken Mädchen niedergekommen. Ferdinand Cortez ist mit vielem Beifall hier aufgenommen worden, auch war es jedes mal gestockt voll und ist schon Dreimal gegeben. Ringehardt hat es sich viel kosten lassen. Marrder gefällt in der Oper noch immer so ziemlich und wird im Schauspiel ausgelacht. Er hat kürzlich Deine Rolle im König Lear mit vielem Beifall??? gespielt. Ueber unser hierbleiben herrscht noch ein Dunkel.

Bald heisst es, wir reisten gleich zu Anfang andern Monaths nach Cölln, bald: wir blieben noch bis Ende Octobers und kämen dann im Winter nicht. Ich korrespondire noch immer, aber bis jetzt noch ohne Erfolg. Es ist gerade so, als ob man gebannt wäre. Vor einigen Tagen ist auch unser neuer Musikdirektor, Nahmens Woywoda aus Francfurth a./M. arrivirt, er soll sehr gut seyn. Die Fräulein von Weber bleibt noch bey uns nämlich bey Theater; wir brauchen sie unter uns gesagt, wie das liebe Brod, da die Paulmann abgeht und die Ubrich noch nicht singen kann. Der alte Weber wird auf seine eigene Faust reisen. Wahrscheinlich Conzerte auf dem Kontrabass geben!! — Du wirst Dich eigentlich beym Lesen dieses Briefes langweilen, aber lieber Bruder, ich wollte Dir doch etwas schreiben, und neues weiss ich nichts, bis nächstens; Ich schliesse daher mit der Versicherung dass ich den lebhaftesten Antheil an Deinem Glücke nehme. Grüsse Deine hübsche junge Braut von mir und sage ihr, dass es mich freuen wird, sie als stattliche Ehefrau wieder zu sehen. Meine Frau und sonstige Familie lassen sich Dir und den Deinigen bestens empfehlen. Grüsse doch die Madame Derossi vielmals von mir und meiner Frau, so wie Eschborns. Gelt? Eschborn ist ein anderer Kerl, wie unser alter Nussknacker? Nun gehab Dich wohl mein guter Junge und nimm Dich in Acht, dass Du nicht bey Deinem hin und her schissen ein zweiter Leander wirst.

Dein aufrichtiger Freund

DETMOLD.

»Heiterkeit und Fröhlichkeit.«

Am Fusse der Grotenburg, von deren waldiger Höhe heut das Hermannsdenkmal als ein Wahrzeichen von Deutschlands Einigung auf die Stätte der Varusschlacht herniederschaut, liegt die freundliche Residenz des Lippe'schen Landes, Detmold. Zwei Dichter von seltener, kühner Eigenart hatten hier, in diesem stillen Poetenwinkel, das Licht der Welt erblickt und während der jüngere von ihnen, Ferdinand Freiligrath, als Kaufmannslehrling in Soest noch ganz heimlich die erste Flüge ins Reich der Phantasie unternahm, hatte Christian Dietrich Grabbe, der in seiner Vaterstadt als Advocat prakticirte, als ein literarisches Kraftgenie durch seinen »Herzog von Gothland« bereits die Aufmerksamkeit auf sich gelenkt und staunende Bewunderung erregt. Ein kunstliebender Fürst, Paul Alexander, hatte ein neues, für damalige Verhältnisse prächtiges Theater erbauen lassen, das am 8. November 1825 mit Mozart's »Titus« unter der Direction von August Pichler eröffnet worden war. Eine vorzügliche Hofkapelle, an deren Spitze Kiel, ein Schüler Spohrs, stand — 1858 wirkte auch Johannes Brahms als Dirigent dort — schuf musikalische Anregung, und so war das kleine Städtchen von einer künstlerischen Atmosphäre durchdrungen, in der ein junges schöpferisches Talent freudig athmen konnte.

Lortzing traf am 3. November 1826 nach dreitägiger Fahrt mit Frau und Kindern (dem Töchterchen Albertine und einer Nichte seiner Frau, Christine Kupfer) in Detmold ein, und überaus komisch schildert er in einem Briefe an die Eltern die ersten Erlebnisse in der Stadt, sowie die Persönlichkeiten, die er kennen gelernt: den Herrn Hofmarschall, von dem er bedauert, dass er nicht Kalb heisst, zu dessen grossen Ohren die Nachricht von einer Wohnungs-Streitigkeit bereits durch den Barbier gedrungen u. s. w. Am 7. November debutirte Madame Lortzing in einem alten Ritterlustspiel »Das Turnier zu Kronstein« von Clauren, am 12. November als Preciosa, während Lortzing selbst am 9. November als Philipp in Kotzebues »Johanna von Montfaucon« am 10. und 14. November aber als Figaro (Barbier) und Don Juan auftrat. Im Laufe der Jahre kamen hier fast alle jene Stücke zur Aufführung, die Lortzing später zu Opernbüchern bearbeitete und so vor dem verdienten

Schicksal der Vergessenheit bewahrte: Der Bürgermeister von Saardam, worin er den Marquis von Chateauneuf spielte; Heinrichs Jugendjahre, wonach »Zum Grossadmiral« bearbeitet wurde; Hans Sachs; Liebhaber und Nebenbuhler in einer Person, mit Lortzing als Graf Liebenau; die beiden Grenadiere, aus denen »die beiden Schützen« wurden, mit ihm in der Rolle des Wilhelm. Das Repertoire, in dem sich Lortzings schauspielerische Thätigkeit bewegte, ist darum wichtig für die Beurtheilung seiner dramatisch-musikalischen Schöpfungen; es erklärt uns die Wahl seiner Opernstoffe und auch die in der Zeit begründete Einseitigkeit derselben. Es sind fast durchweg Verkleidungs- und Verwechslungs-Komödien, die er bearbeitete; Producte einer prosaisch-nüchternen Handwerks-Dramatiker-Zunft, die sich nur allzulange auf der deutschen Bühne behauptete. Dass Lortzing in täglicher Berührung mit Kotzebue-Raupach'schen Geisteskindern einen hohen literarischen Standpunkt nicht gewinnen konnte, ist be-

Das fürstliche Theater in Detmold.
Nach einem Bilde aus Reclams Universum.

greiflich, und um so höher ist anzuschlagen, wie er mit Tact und Geschick seine Libretti wirksam und heiter, komisch, bis zur Ausgelassenheit, gestaltet und doch nirgends die Grenzen anständiger Fröhlichkeit überschreitet.

Die Hoftheatergesellschaft hielt sich in Detmold immer nur während einiger Monate im Winter auf, die übrige Zeit des Jahres spielte sie in Münster, Osnabrück und Bad Pyrmont, Ferien gab es nur ganz kurze Zeit vor Beginn der Sommersaison in Pyrmont. Dies Wanderleben hatte wohl seine grossen Unbequemlich keiten, über die Lortzing zuweilen klagt, es trug jedoch bei seinem Hang zur Geselligkeit auch viel zur Erheiterung seines Daseins bei, denn in jeder Stadt besass er einen Freundeskreis, eine fröhliche Tafelrunde aus der Bürgerschaft, deren gefeierter Liebling er war und die ihn bei jeder Wiederkehr mit neuer Freude begrüsste. Wohl war Lortzing fast in jeder Vorstellung auf der Bühne beschäftigt, und hatte er ja einmal einen freien Abend, so setzte er sich auch noch gelegentlich mit ins Orchester und spielte Cello; die Wiederholung des gleichen und nicht allzu bedeutenden Repertoires in den verschiedenen Orten gewährte aber mehr freie Zeit und geistige Freiheit für geselligen Verkehr, als es heut meist der Fall ist. Mittags nach der Probe pflegte Lortzing die Wachtparade zu begleiten und den Vorträgen der Militärkapelle zuzuhören und bei dieser Gelegenheit seine Kleider, auf die er sehr viel hielt, spazieren zu führen.[8]) Anton Pichler erzählte gern, wie Lortzing in Osnabrück einmal das Glück eines armen Handwerkers gemacht habe: Lortzing pflegte sich höchst elegant und nach der Mode zu kleiden, gewöhnlich sah man ihn in heller Tuchhose, blauem Frack mit blanken Knöpfen, einen weissen Cylinderhut auf dem Kopf. Eines Tages erschien er gar in einem weissen Carbonari-Mantel mit blauem Futter, Kragen und langen Quasten, der einmal schon durch die Farbe auffiel, mehr aber noch durch die geschickte Art, mit der ihn Lortzing über die Schulter und in malerische Falten zu werfen verstand. Befragt, wo er dies Aufsehen erregende Wunderwerk von Mantel habe arbeiten lassen, antwortete er: »in Paris!« um jedoch später den Scherz dahin aufzuklären, dass ein wenig bekannter und in dürftigen Verhältnissen lebender Osnabrücker Schneider der Verfertiger des angestaunten Kunstwerkes sei. Seitdem liess jeder auf Eleganz der Kleidung sehende Bürger bei jenem Schneider arbeiten, der bald zum wohlhabenden Manne wurde.

Portrait Lortzings aus der Detmolder Zeit.
Aus der Privat-Sammlung des früheren Schauspielers, jetzigen Kunsthändlers Gustav Priewe in Seebad Heringsdorf.

Unerschöpflich an heiteren Einfällen, liess er auch auf der Bühne zuweilen seiner frohen Laune die Zügel schiessen, und wenn ihm ein Witz auf der Zunge sass, so musste er ihn anbringen, mochte es selbst Strafe kosten. Namentlich im Zusammenspiel mit der ebenfalls sehr humorvollen Frau Spengler ward manches Wort aus dem Stegreif gesprochen, und wenn es die Rolle mit sich brachte, erhielt sie wohl auch einen derben, herzlichen Kuss auf der Bühne. Stockte einmal der Dialog in einer Scene, so improvisirte Lortzing schnell und ermunterte den Mitspielenden durch ein scherzhaftes »Nun, so schiessen Sie doch los« zum Weitersprechen. Das Publikum war immer von ihm entzückt und nahm ihm nichts übel. Die Kritik freilich zeigte sich etwas spröder; sie hatte gar manche Vorhaltung zu machen, manchen guten Rath zu ertheilen und brachte zuweilen Lortzing gewaltig in Harnisch. »Wenn ihr Euch nicht ärgern wolltet,« schreibt er den Eltern nach Bonn, »so könntet ihr in der Abendzeitung (einem leider sehr gelesenen Blatte) vom April aus, eine Schandschrift lesen, worin wir Alle, ausgenommen Pichler und Braunhofer, ganz nichtswürdig recensirt und wie gemeine Vagabonden behandelt sind. Es ist übrigens von Seiten des Hofes (denn der Fürst ist sehr aufgebracht darüber) an den Redacteur geschrieben worden und es wird dem

Herrn Recensenten übel bekommen. Es ist empörend, von einem Volke, das Gott danken sollte, eine solche Gesellschaft zu besitzen, so behandelt zu werden.«

Seinen ersten Urlaub benutzte Lortzing zu einem Gastspiel am Stadttheater in Hamburg, damals unter der Direction Schmidt-Lebrun stehend; hier trat er am 12. Juli 1827 als Carl von Ruf in »Die Schachmaschine«, später noch als »Don Carlos«, sowie als Graf Werthen in »Die beschämte Eifersucht« auf, ein Engagement kam aber nicht zu Stande.

Das nächste Jahr brachte nun endlich die Erstaufführung von Lortzings Erstlingsoper in Münster. Der Theaterzettel vom 1. Februar 1828, auf dem noch die gewissenhafte Unterscheidung des adeligen »Fräulein« und der bürgerlichen »Demoiselle« zu bemerken, verkündete:

Ali Pascha von Janina,
oder:
Die Franzosen in Albanien.
Türkische Oper in einem Act, nach einer wahren Anekdote,
von A. G. Lortzing, Mitglied des hiesigen Theaters.

Personen:

Ali Bey, Pascha von Janina	Herr Fries
Ibrahim, sein Capi Aga	Herr Gladbach jr.
Bernier, Capitain in französischen Diensten . . .	Herr Strobe
Robert, Lieutenant, sein Freund	Herr Lortzing
Arianna, eine junge Corfiotin	Frl. von Weber
Ylene, ihre Vertraute	Dem. Thorbeck
Euxion, ein junger Grieche	Herr Schmidt.

Die zweisätzige Ouverture, deren selbstständigem Largo

ein aus Themen der Oper zusammengesetztes Allegro folgt, ist innerlich und äusserlich der 20 Jahre später entstandenen Undine-Ouverture nahe verwandt. Ton- und Taktart, Aufbau und Stimmung gleichen sich vollkommen, auch die Melodieen des Allegro weisen eine gewisse Aehnlichkeit auf. Mit Vorliebe verwendet Lortzing eine — auch in Caramo und Hans Sachs wiederkehrende — melodische Phrase, die an Kreutzers »Wie glühen ihre Wangen« erinnert; da aber das »Nachtlager« erst 1834 aufgeführt wurde, so kann von einer Entlehnung nicht die Rede sein.

Die erste Scene versetzt uns an die Küste von Albanien. Eine französische Schaluppe liegt vor Anker; Capitain Bernier, sein Freund, der Lieutenant Robert und französische Soldaten steigen ans Land. Die Introduction (No. 1) bringt im Orchester ein sehr anmuthiges Thema, das vom Chor der Soldaten aufgenommen wird; in weichem Uebergange von G-moll nach B-dur klagt sodann Bernier sein Leid um verlorenes Liebesglück. Robert sowohl, als auch die Soldaten nehmen Antheil an seinem Gram. Es folgt eine Prosascene, in welcher Robert mit keckem Humor seinen Freund über den Verlust der Geliebten trösten will, Bernier erwidert mit einer Arie (No. 2), welche sehr melodiös und stimmungsvoll den festen Glauben an die Treue der zweifellos Geraubten ausspricht. Ali Pascha wird gemeldet und tritt mit seinem Capi Aga Ibrahim (Bass) und der Albanischen Leibgarde unter dem Chor (No. 3) auf. Die Traurigkeit Berniers fällt auch dem Pascha auf und als dieser durch Robert die Ursache derselben erfährt, lädt er den Liebeskranken ein, seinen Harem zu besichtigen und sich »eine Andere auszusuchen.« Unter Wiederholung des Chores gehen Alle ab. Die Scene verwandelt sich in einen Garten bei Alis Landhause. Arianna, eine junge Corfiotin (Sopran) tritt auf und klagt ihr Leid, dass sie in des »entsetzlichen Wütherichs« Hände gefallen sei und noch heut sein Opfer werden solle; sie erbittet von der Vorsehung lieber den schrecklichsten Tod. Ylene, ihre Vertraute, (Sprechrolle) räth ihr, sich in ihr Schicksal zu fügen und erzählt von Alis Grausamkeiten. Arianna berichtet sodann in einer Romanze (No. 4), welche sich durch gewählte Instrumentation auszeichnet, wie sie »an Corcyras reizenden Gestaden«, den Geliebten erwartend, von Seeräubern ergriffen, zu Schiffe fortgeführt und »des Verhassten Sclavin« geworden sei. Ein Eunuch meldet, dass Ali nahe und einem Franzosen seinen Harem zeigen wolle; der Chor der Frauen tritt auf (No. 5, Ensemble), Ali und Bernier erscheinen und der Pascha fragt seinen Gast, ob er nicht glücklich zu nennen sei; Bernier erwidert, dass er sein Glück nicht »in Weibergunst und Schätzen« finden könne. Auf Alis Befehl entschleiern sich die Frauen, Arianna und Bernier erkennen sich mit einem Aufschrei und drücken in einem kurzen Duettsatz ihr Erstauen und Entzücken aus. Dem Pascha entgeht natürlich die Bewegung der Liebenden nicht und er sinnt Rache; er entlässt vorläufig Bernier, ladet ihn jedoch zur Mittagstafel und nach einem effectvollen Ensemble entfernen sich Alle bis auf Ali und Arianna. Der Pascha lockt ihr ein vollständiges Geständniss ab und schwört beide Liebenden zu tödten. In einer etwas grotesken Aria di bravura (No. 6), welche vom Bassisten einen riesigen Stimmumfang verlangt und mit zahlreichen Coloraturen geschmückt ist, giebt er seinen Wuth- und Rachegefühlen Ausdruck. Nach seinem Abgang schleicht Robert herein, ärgerlich, dass er »die weibliche Menagerie des alten Pascha« nicht ebenfalls sehen konnte; er erzählt, dass Bernier geschworen habe, Ariannen zu befreien, und nennt seinen Freund einen Narren, dass er sich um »Eine« so quäle, während es doch »in Dorf und Städtchen, Frauen und Mädchen die Hüll' und Fülle« gäbe. Diese Worte sind schon der muntern Arie (No. 7) entlehnt, welche in ihrer Gefälligkeit, den späteren Wildschütz-Componisten bereits erkennen lässt. Robert verbirgt sich hinter einem Vogelhause, da er den Pascha nahen sieht und wird Zeuge der blutigen Anschläge, die dieser mit seinem vertrauten Ibrahim bespricht. Arianna kommt hinzu und fleht nochmals zu Alis Füssen um das Leben des Geliebten (Quartett No. 8), der Pascha bleibt ungerührt und als gemeldet wird, dass der Franke das Landhaus bereits betreten habe, geht er triumphirend mit Ibrahim ab. Nach einer kurzen Prosascene, in welcher Robert tröstend zu Arianna tritt und ihr Rettung verspricht, folgt ein Ensemble (No. 9), mit einem Duettsatz zwischen beiden beginnend; Robert entfernt sich darauf, als er die Albanische Wache nahen sieht, Arianna richtet ein sehr schön empfundenes Gebet zum Himmel und wird dann vom Chor unter Führung Ibrahims fortgeschleppt. Die Musik geht ununterbrochen in den Männerchor (No. 10) über; inzwischen hat sich die Verwandlung vollzogen und wir sehen Ali und Bernier an reich geschmückter Tafel in einem Saale des Landhauses. Der Pascha fragt Bernier, ob denn nichts die düstern Wolken von seiner Stirn zu scheuchen vermöge? Er habe ihm ein Schauspiel aufbewahrt, das seine Theilnahme gewiss erwecken werde: er wolle ihm seine Geliebte zeigen und so unschuldig wieder geben, als er selbst sie empfangen.

Auf sein Zeichen erhebt sich ein Vorhang, hinter welchem man Arianna auf einem Polster knieen sieht, während Ibrahim mit gezogenem Säbel den Wink Alis erwartet, um sie zu tödten. Die Musik fällt rasch ein (Ensemble No. 11), Bernier will die Geliebte schützen, vermag jedoch nichts gegen die Uebermacht und im Augenblick der höchsten Gefahr, als der Pascha schon Ihrahim zuruft »Hau sie nieder!« erscheint gerade noch rechtzeitig Robert an der Spitze der Franzosen. Ein Schuss streckt Ibrahim zu Boden und Ali wird entwaffnet. Bernier erlässt grossmüthig jede Strafe und nimmt nur seine Geliebte Arianna mit sich. Auch die Sclaven und Weiber bitten ihn (Finale No. 12), sie dem Zorn Alis zu entziehen und folgen ihm nach Frankreich. Ein freudiger Schlusschor (der Ouverture entsprechend in D-dur) schliesst die Oper.

So kindlich das Textbuch, mit seinen zahlreichen Stellen unfreiwilligen Humors, so viel Reife verräth die Partitur, in der Lortzing bereits mit völliger Sicherheit den ganzen musikalischen Apparat handhabt. Die einzelnen Nummern zeigen schon hier eine formsichere Hand und eine technische Gewandtheit, die bei einem zumeist autodidaktisch gebildeten Componisten überraschen muss. Jede Person redet ihre eigene, dem Charakter angemessene Tonsprache, auch locales Colorit ist mit Geschick verwendet. Das Streben nach thematischer Behandlung und origineller Orchestrirung tritt in den Jugendwerken stärker hervor, als in den späteren; so wird die Begleitung der Romanze Ariannas nur durch zwei Hörner, zwei Fagotts, zwei Celli, eine Solo-Geige und eine Solo-Bratsche ausgeführt. Zur Ari Ali Paschas und dem Chor No. 10 sind vier Trompeten verwendet, eine bei Lortzing nie wiederkehrende Erscheinung. Die melodische Erfindung ist nicht immer selbstständig, sie gemahnt oft an Mozart, zuweilen an Beethoven, aber es klingt auch schon der echte Lortzing heraus und namentlich Roberts Arie ist völlig sein Eigenthum. Klangvoll und wirksam ist jede Nummer der Partitur und der geborene Dramatiker kündet sich bereits in seinem Erstlingswerke als solcher an.

Am 21. April d. J. folgte die Aufführung in Osnabrück, am 12. April 1829 eine solche in Detmold; eine spätere Wiederbelebung scheint nie versucht worden zu sein. Ueber die Aufführung berichtet Lortzing selbst den Eltern gelegentlich: »Was meine Oper betrifft, so singe ich darin die Spielpartie, die eigentliche erste Tenorpartie hat der grosse Tenorsänger Strobe geradebrecht. Da ich die Oper schon vor geraumer Zeit schrieb, so liegt mir meine Partie (da ich jetzt lauter Baritonpartieen singe) viel zu hoch und ich quetsche sie so gut heraus als möglich. Wer aber die Oper wahrhaft hebt, das ist Fries, welcher die Partie ausgezeichnet singt.«

Der Briefwechsel mit den Eltern, welcher bis zur Wiedervereinigung in Leipzig regelmässig fortdauert, giebt einen rührenden Einblick in das Herz dieses guten Sohnes. Gleich zu Beginn des Detmolder Engagements macht er alle Anstrengungen, auch die Eltern dorthin zu ziehen; er räth ihnen, 12 Thaler Wochengage zu verlangen und wenn sie der Director auch auf 10 Thaler reduciren sollte, so sei mit 10 Thalern immer ungleich besser in Detmold zu leben, als in Cöln.

Charakteristisch ist, wie er dem Schlosshauptmann die Fächer der Eltern bezeichnet:

»Meine Mutter spielt: hoch- und niedrig-komische Alte, Französinnen und tragische Mütter im Lust-, Schau- und Trauerspiel, in der Oper ist sie in allen Mütterpartieen einstudirt. Mein Vater spielt alte Rollen im Lust-, Schau- und Trauerspiel und hat zugleich bei der Nationalbühne in Cöln, wie auch bei andern Theatern die Directions- und Kassengeschäfte geführt, wesshalb ich ihn seiner bewährten Pünktlichkeit und Reellität halber zu ähnlichen Geschäften mit gutem Gewissen empfehlen kann.«

Dann schreibt er einmal:

»Meine liebe, gute Mutter!

Unsern herzlichen Glückwunsch zu Deinem Geburtstage. Wir wünschen Dir beiderseits dauernde Gesundheit und langes Leben, auf dass ich Dir noch lange für Deine liebevolle Sorge und mütterlichen Lehren danken kann, oder besser gesagt, damit Du noch lange meinen Dank für alles Gute, was Du mir erwiesen und noch immer erweisest, empfangen kannst. Beikommend erhältst Du einen grauseidenen Stoff zu einem Kleide, welches Du Dir schon lange wünschtest, ein Strassenkleid, welches hier sehr Mode ist, und ein paar Pantoffeln, welche die Christine, unter manchem Schlage meines ledernen Hosenträgers gestopft hat.«

Es vergeht kein Festtag, an dem nicht Lortzing den Seinen, seine Frau ihren Verwandten ein, für ihre Verhältnisse reiches Geschenk macht und mit einem ausführlichen, überaus liebevollen und zartfühlenden Brief begleitet. Viele Seiten schreibt er über die Behandlung eines anzurauchenden Pfeifenkopfes, den er seinem lieben »Pappemann« schickt und urkomisch ist die Schilderung der häuslichen Familienscenen, z. B. wie er einmal von einer Gastspielreise zurückkommt und eines seiner Mädchen ihn nicht erkennt. »Ich nahm sie auf den Arm und fragte, kennst Du mich denn nicht?« »Ja.« »Nun wer bin ich denn?« — »Herr Simon«! — Gar nicht zu schildern ist die Komik seiner verzweifelten Empörung, wenn bei erwartetem Kindersegen seine bestimmte Hoffnung auf einen Knaben jedes Mal durch die Geburt eines Mädchens enttäucht wird und als dann endlich sein Wunsch in Erfüllung geht, die Ankunft eines Knaben-Zwillingspaares beinahe ebenso viel Schreck als Freude hervorruft.

In dieser Zeit harmlos fröhlichen Comödiantenlebens entstand diejenige Composition Lortzings, welche seinen ganzen künstlerischen Ernst und Fleiss in Anspruch nahm und von der hohen Auffassung seines musikalischen Berufs ein schönes, ehrenvolles Zeugniss giebt: sein Oratorium.

Dem Datum der Aufführung nach geht voraus:

»Die Hochfeuer oder die Veteranen«

Ein lyrisches Spiel in 1 Act von Doctor Sachs   Musik von Herrn Lortzing

das am 24. März 1828 in Münster in Scene ging, dessen Buch und Musik aber gänzlich verschollen ist.

Im November desselben Jahres las man in Münster:

Concert-Anzeige.

Mit obrigkeitlicher Erlaubniss wird der Unterzeichnete am Samstag, den 15. November im Schauspielhause ein grosses

Vocal- und Instrumental-Concert

zu geben die Ehre haben, wozu er alle Kunstfreunde ergebenst einladet

A. Lortzing.

In diesem Concerte gelangte sein Oratorium zur ersten Aufführung. Eine Wiederholung fand am 11. November 1829 in Osnabrück statt und das Programm dieses Concerts lautete:

I. Theil.

1. Ouverture zu »Aloisia«, von L. Maurer.
2. Gruss an die Schweiz, von Carl Blum. Vorgetragen von Dem. Spitzeder.
3. Die Theilung der Erde. Musik von Capellmeister Roser. Vorgetragen von Herrn Fries.

4. Arie aus Titus, vorgetragen von Dem. Huber.
5. Hymne an die Harmonie. Vocal-Octett von P. Ritter von Seyfried.
Herren: Grapow, Kügler, Kahn, Elzner, Fries, Gladbach, Schellhorn, Lortzing.

II. Theil.

Die Himmelfahrt Jesu Christi.

Grosses Oratorium in zwei Theilen, in Musik gesetzt von Albert Lortzing, ausgeführt vom gesammten Opernpersonale der hiesigen Bühne.

Alle geehrte Kunstfreunde ladet ergebenst ein

Albert Lortzing,
Mitglied der hiesigen Bühne.

Das Werk beginnt ohne Einleitung mit einem Chor der Engel (No. 1),

nach 17 Takten langsamen Tempos in ein Allo. spirituoso übergehend, begeistert das Lob des Herrn singend. Ein kurzes Recitativ des Johannes (Bariton) versetzt uns an den Oelberg, wo die Jünger Christi Gebot zufolge 40 Tage nach seiner Auferstehung sich versammeln und der verheissenen Wunder warten. Gabriel (Sopran) verkündet nun in einer pompösen Arie (No. 3): »Blaset laut zu Zion mit Posaunen«, wie Christus durch den Herrn erhöhet worden. Es fällt hier eine in Mendelssohns »Lieblingsplätzchen« wiederkehrende Stelle auf.

Eloa (Alt), hier allgemein als ein Engel gedacht, erinnert in seinem Recitativ (No. 4) noch einmal an Christi Erdenleben, worauf Gabriel, Eloa, Johannes und Petrus, zum Quartett vereint, seine Leiden schildern. Ein dramatisch bewegtes und tonmalerisch interessantes Recitativ des Johannes (No. 5) beschreibt die Schrecknisse beim Tode Jesu auf Golgatha und ein Duett von wunderbarer Süsse und Innigkeit zwischen Gabriel und Johannes: »Es ist so schwer, es ist so hart, den treuen Freund im Tode zu verlieren«, schliesst sich an. Petrus (Bass) schildert nun in einem sehr markigen und charakteristischen Recitativ (No. 6) die Auferstehung aus dem Grabe unter dem Aufruhr der Elemente und in der folgenden Arie, etwas opernhaft, aber rythmisch und harmonisch reizvoll, mit einem Duodecimensprung in der Gesangsstimme, wie Christus den Frauen und seinen Jüngern sich wieder lebend zeigte. Der Chor der Engel preist darauf den Erstandenen und jauchzt ihm mit Psalmen den Jubel des Dankes zu. Den Schluss des Theiles bildet eine mächtige, in kühnen Zügen durchgeführte vierstimmige Fuge über das Thema:

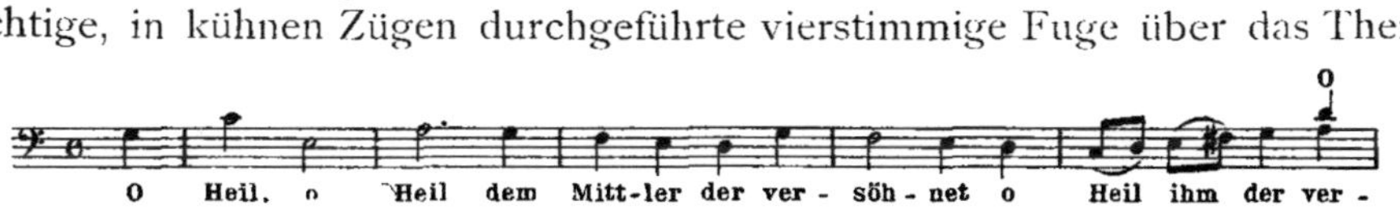

Gegen das Ende hin, durch Engführung zu gewaltiger Steigerung gebracht, tritt auf dem Höhepunkt plötzlich ganz zart die Coda ein, und das mit Trompeten und Posaunen zu höchster Kraftentfaltung gelangte Orchester erklingt jetzt nur leise, die Herrschaft ausschliesslich den Gesangsstimmen überlassend. Noch einmal setzt es machtvoll mit dem Hauptthema ein, schliesst auf der Unterdominante ff. ab, worauf der Chor a capella ausklingt und volle Orchesteraccorde in der Haupttonart den Abschluss bringen.

Den zweiten Theil leitet ein kurzes, weihevolles Vorspiel der Blasinstrumente orgelmässig ein. Christus (Tenor) bietet seinen Jüngern den Friedensgruss und kündet ihnen, dass er zum letzten Male in Menschengestalt erscheine, dass er dahin gehe, um in seines Vaters Hause ihnen die Stätte zu bereiten, und giebt ihnen zum Abschied das Gebot: Liebet einander. Und wahrhaft fromm, voller Milde und Frieden erklingt die nun folgende Arie: »O grosses Heil ist euch beschieden«, ein Tonstück von grosser lyrischer Schönheit, durchaus würdig in der Auffassung der Christusgestalt. Aber die Jünger verstehen ihn nicht und fragen: «Ach, was ist das, was er spricht?« und in rührend einfacher, doch überaus edler Tonsprache bittet erst einer derselben, dann der ganze Chor: »Lass uns nicht verlassen gehn — gieb uns Muth und Kraft, treu vor Dir zu handeln«. In einem Recitativ bittet nun Christus den Vater um die Verklärung, da sein Werk vollendet sei, und mit freudig bewegtem Ausdruck verkündet die triumphirende Arie (No. 9) den Sieg und die Ehre Gottes. Ein sehr frisches, thematisch gut durchgearbeitetes Terzett (Gabriel, Eloa, Christus) preist den Glauben als das höchste Gut, worauf der Chor der Jünger ein »leises Wallen« herniederwehen spürt und den Herrn der Wahrheit von Himmelsklarheit umgeben erblickt. Christus empfiehlt Gott die Jünger und zwar in demselben melodischen Motiv, das in der vorhergehenden Arie die »Gläubigen und Frommen« bezeichnet hat, dann setzen die Jünger mit ihrem Chore wieder ein, um den sich das Soloterzett in freier Figuration bewegt. Durch die ausgehaltenen Schlussaccorde vernimmt man noch Christi Gebet, dass der Glaube sie auf der Prüfung steiler Bahn leiten möge, damit entschwebt er zum Himmel. Das Visionäre dieser Erscheinung vom ersten Einsatz der Jünger: »Leises Wallen wehet nieder« ist vom Componisten sehr schön im Orchester gezeichnet, indem dreifach getheilte Celli, unterstützt von Fagotten und Bässen, die gehaltenen Töne des Chors übernehmen, während die gedämpften Geigen in auf- und absteigenden Triolenfiguren die Melodie umschweben. Er gebietet überhaupt nunmehr über alle Ausdrucksmittel und weiss die erdentrückte Stimmung der Scene so feierlich und ernst zu malen, dass sie geradezu ergreifend wirkt. Es folgt ein kurzes Recitativ des Petrus (No. 11), worin er die Abwesenheit des gleich ihm selbst gefallenen Judas beklagt, an das sich unmittelbar das Finale (No. 12) anschliesst. Es beginnt mit einem freudigen, meist homophon gehaltenen Chor der Engel: »Selig, die Gott berufen«; der charakteristisch ausgeführte Gegensatz: »Doch wehe, wer den Herrn verrathen« mit dem düstern, nur von den Bässen gesungenen Nachklang: »Die ew'ge Noth«, endet mit dem Halbschlusse. Dann wiederholt zart und trostreich das Soloquartett die Seligpreisung, das Chor gesellt sich zu den Solostimmen; erst getrennt, dann im Einklang und mächtig anschwellend schliesst das Ganze nach kurzer Ausweichung nach Es- im triumphirenden D-dur siegreich mit der Verheissung von des Himmels Herrlichkeit ab.

Lortzings Oratorium darf nicht an den erhabenen Werken Händels und Bachs gemessen werden, aber unter der Nachkommenschaft von Mozart-Haydn'scher Oratorien-Musik kann auch »Die Himmelfahrt Jesu Christi« mit Ehren genannt werden. »Innigkeit der Empfindung, melodischer Reichthum und dramatische Lebendigkeit« finden sich, wie bei Schubert, auch hier vereinigt, und im Ausdruck freudig-religiöser Stimmung ist Lortzing überaus glücklich.[9])

Ob nur das Streben nach künstlerischer Bethätigung Lortzing zur Schöpfung des Werkes veranlasste, ob vielleicht auch der frühe Tod zweier Kinder ihn auf das kirchliche Gebiet hinwies, ist nicht bestimmt zu sagen, doch deutet Alles darauf hin, dass die Composition des Oratoriums einem tieferen, inneren Bedürfniss entsprang. Wir dürfen dies um so eher annehmen, als Lortzing bei aller Lustigkeit seines Temperaments und heiteren Lebensauffassung durchaus religiös gesinnt war und die Beschäftigung mit dem Bibelwort recht wohl zu seiner Erziehung und ganzen Lebensführung stimmt. Sein liebewarmes, weiches Gemüth wurde gar oft durch Schmerz erschüttert, wenn der Tod ihm seine Lieben raubte, oder die Sorge um die Existenz drohend an ihn herantrat und vernichtete Hoffnungen ihm sein Leben als ein verfehltes erscheinen liessen: dann athmen seine Briefe eine so fromme Ergebung, ein so gläubiges Gottvertrauen, dass man mit tiefer Rührung auf den Grund dieses kindlich reinen Herzens sieht. Auch von Lortzings Frau besitzen wir ein schönes Zeugniss ihrer Denkart. Sie schreibt ihrer Schwester: »Die Christine geht hier in eine lutherische Schule, wo sie schreiben, lesen und etwas rechnen lernt. Wegen der Religion sei Du nur ohne Sorge, diese besteht ja nicht in auswendig gelernten Gebeten, sondern in den Handlungen der Menschen; sind diese gut und rechtlich, so ist Gott damit gedient und unser Gewissen beruhigt«. Und ihr praktisches Christenthum bewährt sie, wenn sie an anderer Stelle schreibt: »Deinen Rath, dass ich meine Schwiegereltern, wenn sie einmal nicht mehr fähig sein sollten, ihr Brod zu verdienen, nicht zu mir nehmen soll, werde ich nicht beherzigen und kann es auch nicht thun, denn mein Mann, als einziger Sohn, ist und muss einst ihre Stütze sein«. Solchen Worten entsprachen auch die Thaten.

Chr. D. Grabbe.

Das grosse Jahr, das der deutschen Bühne die ersten Aufführungen von Goethes »Faust« brachte, zog auch Lortzing in den Kreis derer, die an der künstlerischen Gestaltung der Faustsage schöpferischen Antheil genommen. Bald nach der Braunschweiger Aufführung der Goethe'schen Dichtung war Grabbes »Don Juan und Faust« erschienen, und überraschend schnell hatte das Detmolder Hoftheater das Werk zur Aufführung angenommen. Lortzings Beziehungen zu Grabbe, der gleichen Alters und noch unverheirathet war, werden als sehr freundschaftliche geschildert. Ausser dem geistigen Band war es übrigens auch die beiderseitige Vorliebe für ein gutes Glas Wein, die sie vereinigte und oft zusammenführte, so dass Lortzing zuweilen direct vom fröhlichen Gelage ins Theater kam und dort durch seine heitere Laune und allerlei lustige Einfälle die Zuschauer ganz besonders electrisirte. Lortzing schrieb die zur Handlung des Stückes gehörige Musik und spielte auf Wunsch des Dichters die Rolle des Don Juan. Der Zettel der denkwürdigen ersten Aufführung am 29. März 1829 lautet:

Don Juan und Faust.

Dramatisches Gedicht in 5 Acten von Grabbe.

Musik von Lortzing, Mitglied des hiesigen Hoftheaters.

Personen:

Der Gouverneur Don Gusmann	Herr Greenberg.
Donna Anna, seine Tochter	Mad. Lortzing.
Don Octavio	Herr Ottinger.
Don Juan, spanischer Grande	Herr Lortzing.
Doctor Faust	Herr Schmidt.
Ein Ritter	Herr Fries.
Signor Rubio, Polizeidirector	Herr Schellhorn.
Signor Negro	Herr Elzner.
Leporello, Diener des Don Juan	Herr Pichler jun.
Gasparo, Diener der Gouverneurs	Herr Gladbach sen.
Lisette, Magd der Donna Anna	Dem. Thorbeck.

Lortzings eigenhändige und niemals copirte Partitur zu Don Juan und Faust enthält die Ouverture und vier Nummern; drei der Letzteren sind eigene Composition, während die vierte ganz entlehnt ist. Die Ouverture ist nur zum kleineren Theil eigene Erfindung, zum grösseren aber aus Mozartschen Don Juan- und Spohrschen Faust-Motiven zusammengesetzt, eine künstliche Verschlingung, die zum Mindesten sehr geschickt genannt werden muss. Die Einleitung bildet ein mysteriös klingendes, nur zweimal durch Fortissimo-Accorde unterbrochenes Largo (G-moll, $^4/_4$) von 13 Takten:

Das Allegro moderato führt uns zunächst in das Reich der Gnomen und Geister (sein Thema ist der grossen Scene Fausts im vierten Act [No. 2] entnommen), nach acht Takten aber bereits mischen sich Motive der Spohr'schen Faust-Ouverture ein und im 13. Takt tritt das Eingangsthema derselben — nur in der Tonart verändert — in Es-dur kräftig auf. Als Gesangsthema ertönt dann die Cantilene der Faust-Arie und nach einem Abschlusse in B hören wir Mozarts Zerlinen-Arie (»Wenn Du fein fromm bist«, Poco Allegretto, Es-dur, $^3/_4$) von den Holzbläsern und dann unmittelbar in gleichem Tempo anschliessend das Thema von Röschens Auftritt im letzten Faust-Finale. Es folgt hierauf die Durchführung des Allegro in derselben melismatischen Weise wie im Hauptsatz und als Coda das Don Juan-Thema aus dem ersten Finale (»Mag der Erdenball erzittern«); unter gleichzeitigem Ertönen dieses und des Faust-Themas schliesst die Ouverture effektvoll ab. Mit No. 1 ist der Entr'act bezeichnet (Andantino amabile, As-dur, $^4/_4$), der zweifellos vor dem zweiten Akt gespielt wurde; es ist ein nur kurzes, aber ansprechendes Tonstück, welches die Liebessehnsucht sehr anmuthig und mit sich steigerndem Ausdruck malt. Zu einem zarten Clarinetten-Solo tritt später in den Bässen eine Leporello-Reminiscenz (»Keine Ruh' bei Tag und Nacht«), der Schluss geht in kurzem crescendo in das rauschende Motiv von Don Juans Champagner-Arie über und die nun folgende Scene führt uns denn auch den in Liebessehnsucht auf Donna Anna harrenden Don Juan sammt Leporello vor, welch Letzterer zum Nachhausegehen und Ausschlafen ermahnt, während sein Herr »die roth und dunkel brennenden Trauben am Gebirg« preist und »das Rauschen des Gewandes der Geliebten« für das schönste Geräusch erklärt. No. 2 der nicht mehr numerirten Stücke ist die zweite Scene des vierten Aktes, in welcher Faust »Zerstreuung in der Erde Tiefen sucht«. Sie ist ganz durchcomponirt. Faust spricht zum Theil unter melodramatischer Begleitung, während die Gnomen nur singend (im dreistimmigen Sopran-Chor) auftreten. Die Scene beginnt mit dem Largo der Ouverture und hier wie dort schliesst sich das Allegro-Thema an; hier jedoch im $^{2}/_{4}$ Takt und ohne Benutzung fremder Motive. Die ganze Composition hat ein sehr charakteristisches Gepräge und interessirt ausserdem als einer der ersten Schritte Lortzings auf dem Boden der Romantik. No. 3 ist die Bühnenmusik bei Don Juans Abendessen (Allegro vivace, Es-dur, $^{4}/_{4}$, für Clarinetten, Fagotte und Hörner) und dem Anfang des zweiten Finales der Oper entnommen (»Fröhlich sei mein Abendessen«). No. 4 Finale (Allegro, $^{4}/_{4}$) setzt bei Don Juans Versinken nach den Worten: »Noch jetzt rufe ich als letztes Wort auf Erden, König und Ruhm, und Vaterland und Liebe« triumphirend in D-dur ein, geht dann nach Moll über und schliesst darin kräftig ab.

Kann man auch einer solchen Gelegenheitsarbeit, die zumeist aus fremden Compositionen zusammengesetzt ist, keine hohe künstlerische Bedeutung beimessen, so ist sie doch nicht ohne Interesse und ein eigenartig fesselndes Bild ist es, die beiden Stiefkinder des Glückes, Grabbe und Lortzing, so grundverschieden in ihrem Charakter, wie in ihrem künstlerischen Schaffen, vereint zu sehen bei der Arbeit an dem grandiosesten aller Tragödienstoffe, vereint in goldenen Jugendtagen, als noch keiner das trübe Ende des Andern ahnte.

Gar frohe Hoffnungen hatte Grabbe auf seine Tragödie, die einzige, die er auf der Bühne sah, gesetzt und in einem Brief an seinen Freund und Verleger Kettembeil in Frankfurt a. M. schreibt er unterm 26. April:

»Ja den Don Juan, den du mir noch stets zu wenig goutirst, überall angekündigt und verschickt — er ist bereits in Lüneburg, wird in Cöln aufgeführt — die Schauspieler reissen sich drum und von Detmold geht Herr Lortzing damit auf Gastrollen, der vielleicht auch dich besucht — Faust und Don Juan ist ein sehr tiefes Stück« — u. s. w. u. s. w.

Auch in Lortzings Briefen finden wir die beabsichtigte Cölner Aufführung erwähnt und er äussert sich darüber in seiner humoristischen Weise:

»Kramer muss bei Gelegenheit des Don Juan und Faust in grosser Verlegenheit sein, denn beide Rollen sind schön. — Ich lasse dem Ringelhardt rathen, die Scenen, wo sie zusammenkommen, wegzustreichen, alsdann kann Kramer beide Rollen zusammenspielen; Ringelhardt versteht es ja gut, Stücke einzurichten. Mit wenigen, jedoch unbedeutenden Auslassungen (wie der Schauspieldirector im »Vielwisser« sagt) wird sich dann das Ganze recht artig machen. Wenn er mir das Stück aufheben wollte, zum Benefiz notabene, soll er meine Musik dazu gratis erhalten.«

Es kam weder eine Aufführung mehr zu Stande, in Detmold selbst wurde die Wiederholung des »Don Juan« verboten, noch erfüllten sich die anderen Hoffnungen des Dichters, der geistig und körperlich zerrüttet, am 12. September 1836 in Detmold starb.[10])

Es sei gleich hier erwähnt, dass Lortzing auch zur Goethe'schen Faust-Dichtung in Beziehung trat und später aus dem zweiten Theil die Chöre der Himmlischen Heerschaar und Lynkeus' Thürmerlied in Musik setzte.

Lortzings Gastspiel in Cöln, das ihn auf kurze Zeit wieder mit den Eltern vereinte, fand vom 22. Mai bis 6. Juni 1829 statt. Aus dem Jahre 1830 sind zwei neue Compositionen zu vermerken: eine Italienische Ariette mit Orchester:

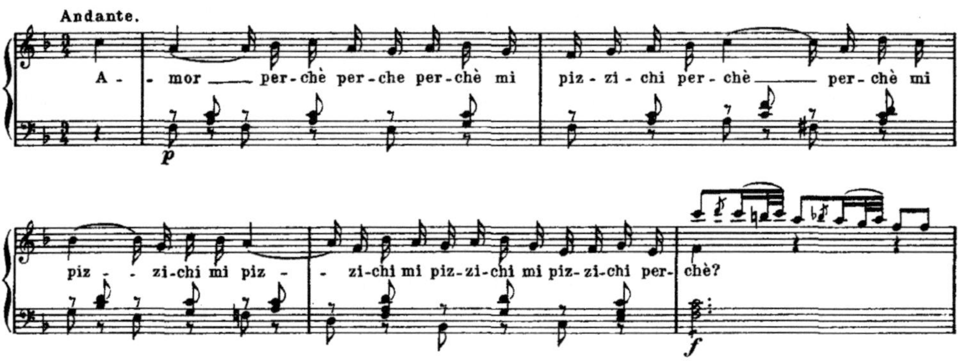

Sie stellt an die Zungengeläufigkeit des Sängers keine geringen Ansprüche und wahrscheinlich hat sie Lortzing für den eigenen Gebrauch geschrieben, denn er parodirte sehr gern italienische Gesangsmanier. Am Schlusse eines Quodlibets, deren er mehrere für sich zusammenstellte, findet sich eine ganze Coloraturstelle, die er, eine Primadonna copirend, in der Fistel sang und in einem Fastnachtsscherz »Romeo und Julia auf eine andere Manier oder die verkehrten Montecchi und Capuletti«, der 1836 auf der Leipziger Bühne wiederholt gegeben wurde, sehen wir Lortzing als Darsteller resp. Sänger der Julia verzeichnet. Auch in seinem letzten Werke der »Opernprobe« giesst er noch einmal all seinen Spott über italienisches Opernwesen aus, und wenn er den Grafen sagen lässt: wenn ich die Stelle höre:

so weiss ich gleich, was kommt, und brauche mir nicht erst den Kopf zu zerbrechen«, trifft er den Nagel auf den Kopf. Bei allem Humor bedeuten aber diese Carricaturen einen sehr ernsthaften Protest gegen die schmachvolle Alleinherrschaft der Rossini's, Bellini's, Donizetti's und des damaligen Verdi auf den deutschen Bühnen, in deren Fahrwasser schliesslich nationale Componisten, wie Marschner, einlenkten.

Dass Lortzing in steter Berührung mit »wälschem Tand« seine deutsche Art bewahrte und in dem Kampf, den die deutsche Kunst im eigenen Vaterlande zu bestehen hatte, treu zu ihr hielt, als Alles sich den ausländischen Götzen zuwandte, das kann ihm nicht hoch genug angerechnet werden und sichert ihm einen Ehrenplatz im Tempel deutscher Musik.

Die nächste Arbeit führte ihn auf den Ursprung der deutschen komischen Oper zurück, durch ein Werk Johann Adam Hillers (1728—1804), der fünfzig Jahre früher mit Chr. Felix Weisse in Leipzig das nationale Singspiel schuf, aus dem die komische Oper Dittersdorfs erwuchs, an das auch Mozarts »Entführung« anknüpft. Es war »Die Jagd«, die Lortzing einer völligen Neubearbeitung unterzog und am 20. November in Osnabrück und 19. December in Detmold zur Aufführung brachte. Der Zettel lautet:

Die Jagd.

Komische Oper in 3 Acten von C. F. Weisse.
Musik von J. A. Hiller.
Neubearbeitet und instrumentirt von A. Lortzing.

Personen:

Der König	Herr Fries.
Michel, ein Dorfrichter	Herr Schellhorn.
Marthe, dessen Frau	Mad. Spengler.
Christel, dessen Sohn	Herr Grapow.
Rose, dessen Tochter	Dem. Kiel.
Töffel, Röschens Liebhaber	Herr Lortzing.
Hannchen, eine Pächterstochter	Mad. Grapow.
Graf von Schmetterling	Herr Heeser.
von Treurath	Herr Gladbach.
Gürge	Herr Weber.
Quaas	Herr Schmidt.
Niklas	Herr Elzner.
I. Wilddieb	Herr A. Pichler.
II. Wilddieb	Herr Preumayer.

Wir vernehmen Lortzings eigenen Bericht aus Detmold. »Am 19. December wurde meine »Jagd« zum ersten Male gegeben und enthusiastisch aufgenommen, was hier ein seltener Fall ist. Doch galt dieser Enthusiasmus nicht sowohl der Aufführung, als hauptsächlich unserm Durchlauchtigsten Fürsten, der vor Lob nicht weiss, wo er hin soll, in der Oper nämlich; die kalten Detmolder thauten aber bei solchen Anzüglichkeiten auf und bewiesen ihrem Landesvater durch lautes Beifallrufen, wie sehr sie ihn verehren. Obgleich mich die Aufnahme meines adoptirten Kindleins sehr erfreute, so machte ich zugleich die Bemerkung, dass die Oper jetzt in Cöln nicht recht angebracht sein dürfte, da die verehrten Rheinländer den König, welcher immer gepriesen wird, eben nicht sehr lieben. Doch was thut das, wenn die Oper nur Geld einbringt. Uebrigens sind die Melodieen alle höchst angenehm und entsprechend nach meiner Reform, und würden gewiss gefallen. — Aber quelle idée, dass Garçin Ringelhardts alte Stimmen durchsehen soll, ob sie zu meiner Partitur passen? — nicht ein Takt, geschweige denn eine ganze Nummer, auch sind viele Gesangsstücke von mir neu hinzu componirt und dafür andere durchaus ungeniessbare weggestrichen.« Lortzing hat auch eine Ouverture und zwei Entr'akts eigener Composition hinzugefügt, von den 39 Nummern des Originals aber nur drei fortgelassen. Die Instrumentirung ist völlig neu, unter Hinzufügung von Clarinetten und Trompeten, die Hiller gar nicht verwendete, wie immer nach Mozart'schem Vorbild gestaltet; die Gesänge sind harmonisch und melodisch vielfach verändert und modernisirt. Die Bearbeitung des Textes beschränkt sich auf Kürzung und Verbesserung der Dialoge, Verlegung einzelner Nummern und Einfügung der Nationalhymne (Heil Dir im Siegerkranz) am Schluss der Oper, zuerst als Vocal-Chor gesungen, dann vom Chor und Orchester repetirt. Der Text lautet:

Jubelnd im Feierchor
Steig unser Dank empor!
Preist das Geschick!
Liebster der Fürsten, nimm
Gnädig die Segnung hin,
Ja deine Vaterhuld
Lohn' ew'ges Glück.

Die Ouverture, nach 50 Einleitungstakten, ernsten Charakters

in ein bewegtes Allegro (D-dur $^6/_8$) übergehend, nimmt am Schlusse (wie Webers Jubel-Ouverture) die Hymne auf und wird so zu einem festlich rauschenden Abschluss gebracht.

In späteren Jahren soll in Leipzig noch einmal eine private Aufführung der Lortzing'schen »Jagd« in Freges Garten (Livia Frege, geb. Gerhard, war früher Sängerin am Stadttheater) stattgefunden haben.

Die eingehende Beschäftigung mit Hillers Meisterwerk war für den künftigen Schöpfer unserer Spieloper nicht ohne Bedeutung und ohne Werth. Das volksthümliche Lied, das bei Lortzing eine so wichtige Rolle spielt, bildet den wesentlichsten Bestandtheil von Hillers Oper und gerade die Kritik, die Lortzing als Bearbeiter üben musste, zeigte ihm für die eigene Gestaltung den rechten Weg.

In das Jahr 1830 fällt noch ein Gastspiel Lortzings am Hoftheater in Mannheim vom 27. Mai bis 7. Juni als Carl von Ruf (»Die Schachmaschine«), Felix (»Der leichtsinnige Lügner«), Uhlen (»Die eifersüchtige Frau«), Germain (»Der Kammerdiener«), Johann (»Der neue Gutsherr«), Dandini (»Aschenbrödel«); ein Engagement kam jedoch wiederum nicht zu Stande, denn es war keine Vacanz für Lortzings Frau vorhanden und die ihm allein gebotene Gage war geringer als die, welche sie in Detmold bezogen und so blieben sie dort. Lortzings Briefe aus diesem und den folgenden Jahren beschäftigen sich nun öfter — in Folge der durch die Pariser Juli-Revolution hervorgerufenen Unruhen — mit Politik; er macht sich, der Eltern wegen, Sorge, dass die Franzosen sich des Rheines wieder bemächtigen würden, dann berichtet er: »Unsere Residenz wimmelt von Soldaten und zwar kampflustigen Lippern! Der Fürst muss 800 Mann stellen, welche nach Luxemburg marschiren sollen, wie es heisst. Diese 800 Helden zu verköstigen und zu kleiden kostet nun allerdings viel und bis nicht Friede publicirt wird, dürfte unser Theater eine grosse Einschränkung zu erleiden haben.« Seinen Neujahrswunsch an die Eltern schliesst er in komischem Predigttone: »Gott erhalte Euch gesund und wohl, wie im verwichenen, er beschatte Ringelhardts Kasse, dass sie wachse und gedeihe und Euch zu Eurem Rückstand verhelfe, und endlich träufle der Herr Tropfen der Sanftmuth und Menschenliebe in alle kriegslustigen Gemüther, auf dass sie Euch lassen in Frieden, Amen! Dies der innigste Wunsch Eures dankbaren Sohnes Albert.« Die Detmolder Theatercontracte wurden sogar in nur halbjährige umgewandelt um, wie er schreibt, »der hiesigen Kammer, die wegen der bedeutenden Summen, welche die Kriegsrüstungen verursachten, ein Geschrei erhoben hatte, das Maul zu stopfen.« Lortzing war auch ein eifriger Zeitungsleser und, von Jugend auf an die Verfolgung der Tagesgeschichte gewöhnt, nahm er auch jetzt an den kriegerischen Ereignissen lebhaften Antheil, der, wenn er auch keine »Stumme von Portici«, keinen »Rienzi« hervorbrachte, sich doch in gleichem Sinne schöpferisch äusserte. Dem Datum der Bühnenaufführung zu Folge erscheint als nächstes Werk Lortzings am 30. Juni 1832 in Pyrmont:

Yelva, oder: Die Stumme.

Schauspiel in 2 Acten nach Scribe von Th. Hell. Musik von A. Lortzing.

Personen:

Die Gräfin von Cesanne	Mad. Lortzing.
Alfred, ihr Sohn	Herr Brüning.
Fürst Tscherikoff, ein vornehmer Russe	Herr Lortzing.
Feodora, seine Cousine	Dem. Pichler.
Yelva, eine junge Waise	Dem. Herzinger.
Gertrud Duteuil, ihre Erzieherin . . .	Mad. Spengler.
Kaluga, ein Kosack	Herr Gladbach.
Diener bei Tscherikoff	Herr Frede.

Wie bekannt hatte schon um 1827 C. G. Reissinger in Dresden eine Musik zu diesem Melodrama geschrieben, welche auch, so lange es aufgeführt wurde, unzertrennlich mit ihm verbunden blieb. Ein äusserer Grund für Lortzings ziemlich umfängliche Composition ist daher nicht recht ersichtlich, sie wurde auch, trotz beifälligster Aufnahme, über seinen damaligen Wirkungskreis hinaus nicht bekannt. Wie in allen seinen Werken aus der Detmolder Periode benutzt Lortzing auch hier fremde Melodieen, die er geschickt zu wählen und zu verknüpfen weiss. Beliebte Gesänge, wie »Ich widme Dir mein ganzes Leben«, »An Alexis send' ich Dich«, das schottische Lied aus der »Weissen Dame«, Stellen aus dem »Wasserträger« und anderen Opern illustriren sehr wirksam die Situation und die Pantomimen der stummen Waise. Nur die Ouverture ist — abgesehen von der Verwendung des Himmel'schen »An Alexis« — Original; sie ist in der üblichen zweisätzigen Form gewandt geschrieben, thematisch gut durchgearbeitet und wirkungsvoll instrumentirt.

Auf dem politischen Theater hatten inzwischen Russen und Polen ein trauriges Stück Weltgeschichte aufgeführt, das mit den Worten Finis Poloniae schloss. Nach blutigem Verzweiflungskampfe gegen die Unterdrücker waren die Polen von dem übermächtigen Feind besiegt worden und mit der Capitulation Warschaus am 7. September 1831 war Polen wirklich verloren. Die Begeisterung für die heldenmüthig erliegende Nation klang allerorten wieder und als die Tausende von Flüchtigen und Verbannten den deutschen Boden betraten, kam man ihnen hilfreich entgegen und pries sie als Märtyrer der Freiheit. Auch die Künste brachten ihnen ihre Huldigungen dar: Platens »Polenlieder« erklangen und ein kleines Liederspiel Holteis »Der alte Feldherr« feierte in dem greisen Kosziucko die Kämpfer für Polens Selbstständigkeit. Von Richard Wagner wissen wir, wie das Schicksal der Polen ihn in Begeisterung und Trauer versetzte und der Anblick der Flüchtlinge ihm die erste Anregung zu seiner Ouverture »Polonia« gab.

Auch auf Lortzings schaffensfreudigen Geist wirkten die Ereignisse befruchtend und am 11. October 1832 gelangte in Osnabrück zur ersten Aufführung:

Der Pole und sein Kind,

oder:

Der Feldwebel vom IV. Regiment.

Liederspiel in einem Act von A Lortzing.

Personen:

Herrmann Redlich, ein reicher Pachter	Herr Schellhorn.
Demoiselle Winkelmann, seine Cousine	Mad. Spengler.
Jacob, sein Vetter	Herr A. Pichler.
Marie	Mad. Lortzing.
Magister Hilarius	Herr Fries.
Förster Kugelauf	Herr Jansen.
Janicky	Herr Lortzing.
Franzischek, sein Kind, ein Knabe von 6 Jahren .	Bertha Lortzing.

Lortzing schildert in dem kleinen, rührenden, aber auch des Humors nicht entbehrenden Stück, wie Janicky, einer der letzten Zehn vom vierten Regiment, mit seinem Knaben von Hof zu Hof durch Deutschland zieht, zur Guitarre Lieder singend und dadurch Nahrung und Obdach sich verdienend, um die nach dem Fall von Praga verschwundene Gattin zu suchen, die zwar todtgesagt, die er aber doch vielleicht bei einer hier lebenden Verwandten wiederzusehen hofft. Er findet sie auch wirklich beim Pächter Redlich und die so lang und schmerzlich Getrennten sind wieder vereinigt. Am Schlusse singt der Pole:

Ja, noch sind wir nicht verloren,
Mich beseelt Vertrau'n,
Auf den Gott, dem wir geschworen,
Lasst uns hoffend bau'n.
Hat er unsern Fuss gelenkt,
Dass wir uns hier wiederfanden,
Führt uns seine Hand
Einst ins Vaterland.

Der Glaube an »Polens Auferstehung« lebt noch kräftig in Aller Herzen. Lortzings anspruchsloses Werkchen interessirt uns nicht nur wegen des politischen Hintergrundes, sondern auch wegen der persönlichen Beziehungen zu seinem Autor. Ein Stück eigener Jugenderinnerung ist wohl in die ziemlich bedeutende Kinderrolle eingeflossen und wenn er Franzischek auf dem Tische stehend seine Declamation beginnen lässt:

»Freue sich, wem heit're Tage blühn auf vaterländ'scher Erde«, mochte er wohl selbst der Zeit des Wanderns gedenken, wo er als Darsteller von Kinderrollen und Declamator vor dem Publikum stand. Das Lob des Weines und die trinkfrohe Stimmung, die in dem eingelegten Liede »Im kühlen Keller sitz' ich hier« Ausdruck findet, erscheint hier zum ersten Mal in Lortzings Werken und wir sehen ihn in seinen Opern mit Vorliebe darauf zurückkommen. Vom »Polen« ab ist nun Lortzing fast immer sein eigener Librettist und nur noch ausnahmsweise schreibt er Musik zu fremden Texten, und durch den

Polen gelangte zuerst Lortzings Name als Autor in die Oeffentlichkeit, denn das kleine Stück machte den Weg über alle Bühnen und hielt sich noch Jahrzehnte auf dem Repertoire, als das Zeitinteresse längst geschwunden war. Anfangs freilich wurde ihm die Laufbahn etwas erschwert, denn gleich in Münster und später auch in Berlin wurde die Aufführung polizeilich verboten, in Münster wurde es aber doch, kurz vor Lortzings Abgang, am 25. October 1833 unter dem Titel: »Der Feldwebel vom vierten Regiment« gegeben.

Den geschäftlichen Vertrieb des Polen besorgte Lortzing, wie bei allen seinen Werken, selbst und ein sorgfältig geführtes Cassabuch, in dem sich zuweilen beim Namen eines Directors die Anmerkung findet »ist ein Lump«, giebt Zeugniss, dass er auch in wirthschaftlichen Dingen von grosser Gewissenhaftigkeit war. Das einzige geschäftliche Organ war damals die 1832 in Leipzig von dem Literaten L. v. Alvensleben gegründete »Allgemeine Theater-Chronik«, in dieser annoncirte Lortzing hinfort regelmässig die erschienenen Werke, die zunächst aber nur durch Abschrift vervielfältigt wurden. Wie delicat Lortzing auch in Geschäftssachen zu Werke ging, zeigt uns eine Briefstelle: »Ich habe an Herrn Ringelhardt geschrieben, dass ich erst nach der Aufnahme von Seiten des Publikums mich über das Honorar mit ihm einigen werde, wogegen er an nichts gebunden ist, wenn es, was ich ja nicht hoffen will, missfällt, ich denke doch, dass das ehrlich ist.« — Die günstige Aufnahme wurde bezeugt durch Zahlung eines Honorars von 3 Friedrichsd'or, welche »recht a propos kamen«. — Ueber die Musik ist nicht viel Worte zu machen, denn die neun Gesangsnummern sind fremden Werken (»Weisse Dame«, »Fra Diavolo«, »Fanchon«, »Schweizerfamilie«) entlehnt oder auf bekannte Melodieen geschrieben. »Das Lied vom vierten Regiment ist eigene Composition und muss mit vielem Gefühl vorgetragen werden — sollte der Mann, der in Ringelhardts Harnische immer Löcher paukte (Kunst), das wohl im Stande sein? — Das Schlusslied ist National-Melodie und ebenfalls höchst rührend; wie gesagt, ich habe noch nie so viel Thränen fliessen sehen, als bei der Aufführung dieses kleinen Dinges.«

Im November schreibt Lortzing seinen Eltern schon wieder von einem neuen Werke, das er vollendet, dem »Andreas Hofer«. Wiederum hatte Lortzing ein unterdrücktes Volk, das gegen den Eroberer aufsteht und für seine Nationalität todesmuthig kämpft, zum Helden eines kleinen Dramas gemacht und wir dürfen daraus schliessen, wie mächtig der Freiheitsdrang der Zeit auch ihn erregte, wenn er gleich einen ziemlich naiven Ausdruck findet. Im »Hofer« wird uns — in der vorliegenden Neubearbeitung — die Situation vorgeführt, wie die Tiroler, durch den Sandwirth zusammenberufen und angefeuert, abermals zur Vertreibung der Franzosen unter General Lefèbvre ausziehen, unter Speckbachers Führung durch einen Verderben drohenden Marsch über den »Teufelsrücken« vor den Feinden an der Mühlbacher Klause ankommen, die Schlacht gewinnen und als Sieger und Befreier zurückkehren. Alle diese Vorgänge sind in den engen Rahmen eines Actes gedrängt, dazu ist seine — ganz unhistorische — Liebesepisode zwischen Speckbacher und Hofers hochgesinnter Tochter eingeflochten, so dass das Ganze nicht sehr glaubwürdig wirken mag und die patriotische Begeisterung über vieles hinweghelfen muss. Das damalige Publikum hatte übrigens gar keine Gelegenheit, Kritik zu üben, denn ein Verbot der Wiener Censur verschloss dem patriotischen Werke den Heimathsboden und so blieb es unaufgeführt, bis es am 14. April 1887 durch E. N. v. Reznicek, den Componisten von »Donna Diana«, neubearbeitet auf der Bühne des Mainzer Stadttheaters erschien. Trotzdem es hier ein dankbares Publikum fand, kam es doch — wegen nahen Schlusses der Theatersaison — zu keiner Wiederholung und auch keine andere Bühne nahm Notiz von dem Tiroler Freiheitshelden; so steht denn der Zettel jener Aufführung als ein Unikum da:

Andreas Hofer.

Singspiel in 1 Act von A. Lortzing.

Dirigent: Herr Capellmeister E. v. Reznicek. Regie: Herr J. Dolany.

Personen:

Andreas Hofer . . . . Herr Halper.
Maria, seine Frau . . . . Frau Pichon.
Else, seine Tochter . . . . . . Frl. Frauendorfer.
Joseph Speckbacher . . . . . . Herr Sanio.
Peter Mayr . . . . Herr Rohrmann.
Peter Kemnater . . . . Herr Conradi.
Joachim Haspinger, Kapuziner . . Herr Connard.
Anderl, Schulmeister. . . . . . Herr Gebrath.
I. Knecht . . . . Herr Lieben.
II. Knecht . . . . Herr Dörner.
III. Knecht . . . . Herr Klein.
I. Magd . . . . Frl. L. Witt.
II. Magd . . . . Frl. Antoff.
III. Magd . . . . Frl. Franzelius.

Die Partitur des Hofer nimmt eine erhöhte Beachtung in Anspruch, da sie fast ganz Lortzings alleiniges geistiges Eigenthum ist. Von den zehn Gesangsnummern ist nur der Chor No. 4 »Hör' uns, Allmächtiger« von Körner gedichtet, von Weber componirt, Lortzing hat ihn nur für Männerquartett und Orchester arrangirt und am Text einiges verändert, ferner ist am Schluss des Werkes die Nationalhymne »Gott erhalte Franz den Kaiser« verwendet. Weber'scher Einfluss ist gerade im »Andreas Hofer« ungemein deutlich erkennbar und namentlich die sehr breit angelegte Ouverture steckt

voll musikalischer Romantik; besonders fällt eine in schönem Bogen geschwungene Clarinetten-Melodie auf, welche das Gesangsthema bildet. Der Chor No. 1, ein Vorbild des Hirtenchores aus dem »Nachtlager«, klingt in einem Vocal-Quintett aus und verwendet sehr geschickt den Effect eines zwiefachen Echos. Hofers Lied (No. 2), mit einem Motiv aus Schuberts Rosamunde-Ouverture beginnend,

überrascht durch seine Instrumentation, die weder Violinen noch Bratschen, sondern nur drei Celli und Contrabass — dazu Clarinetten, Fagotts und Hörner — verwendet und so eine eigenthümliche Klangwirkung erzeugt, gleich wie Ariannas Romanze in »Ali Pascha«, mit der sie leider auch die etwas trivialen Wendungen der Gesangsmelodie theilt. Das marschartige Freiheitsduett zwischen Speckbacher und Hofer (No. 3) giebt seiner Tendenz kräftigen und schwungvollen Ausdruck, während das Quartett No. 5 in seiner gemächlichen Biederkeit an die Canons im »Donauweibchen« etc. erinnert. No. 6, ein Vocalquartett »Selig sind die Todten«, feiert ernst und weihevoll die im Kampfe Gefallenen. Einen heiteren Gegensatz dazu bildet der Chor No. 7 mit dem volksthümlichen tirolerischen Jodler als Refrain. No. 8 ist ein kurzer Orchestersatz, der den Rachechor aus der »Stummen« intonirt, No. 9, ein feuriger Dankchor mit einem kleinen canonischen Solosatz. No. 10 beginnt mit einem einstimmigen Choralsatz ohne Begleitung, später tritt das Orchester hinzu; nach dem Abschluss auf der Dominante setzt das Soloquartett mit der Volkshymne ein, deren Strophen vom Chor jedesmal repetirt werden, und eine schmetternde Coda verkündet, dass diesmal der Sieg den Freiheitskampf gelohnt hat.

Das Jahr sollte nicht zu Ende gehen, ohne abermals eine Lortzing'sche Novität zu bringen, ein Liederspiel, welches, wie er den Eltern schreibt, »den gleichen Erfolg hatte wie der Pole, wenngleich es bei weitem nicht so interessirt, da es blos von launigten Familienscenen handelt.« Es ging am 21. December 1832 in Münster zuerst in Scene und war betitelt:

Der Weihnachtsabend.

Launigte Scene aus dem Familienleben und Vaudeville von A. Lortzing.

Personen:

Herr Käferling, ein bemittelter Privatmann . . . Herr Schellhorn.
Seine Frau . . . . Mad. Spengler.
Suschen Schwalbe, ihre Tochter erster Ehe . . . Dem. Huber.
Gottlieb Finke, sein Neffe . . . . Herr Lortzing.
Vetter Michel . . . . Herr Gladbach jun.
Kasernen-Inspector Sommer . . . . Herr Fries.
Hermann, Sohn Käferlings . . . . Bertha Lortzing.
Drei Kinder des Käferling . . . . Kl. Lortzing.

Auch in dies kleine Familienidyll klingen gelegentlich Andeutungen der Pariser Ereignisse und der Kriegsgefahr hinein, im Ganzen handelt es sich aber wirklich nur um häusliche Scenen, in denen er zum Theil wohl das eigene Familienleben schildert, und die Mitwirkung seiner Kinder erhöht den Eindruck des Actuellen. Das Stückchen, das in drei Bilder zerfällt, spielt am Weihnachtsabend, an dem Frau Käferling ihrem Manne, der für Naturgeschichte schwärmt und fortwährend Blumenbach liest und citirt, durch einen ausgestopften Seebären überraschen will. Vetter Michel benutzt diese Gelegenheit, um Gottlieb, der Suschen liebt, vom Onkel aber wegen muthwilliger Streiche aus dem Hause gejagt wurde, in einem Korbe, anstatt des Bären, wieder einzuschmuggeln und den alten aufschneiderischen, stets in Sprichwörtern sich bewegenden Kasernen-Inspector, der selbst Absichten auf Suschen hat, zu prellen. Onkel und Neffe versöhnen sich, Finke und Schwalbe werden ein Paar, die Kinder freuen sich der Geschenke und die ganze Familie steht beglückt um den strahlenden Weihnachtsbaum.

Man muss Lortzings Hausvatertugenden, die Art, wie Familienfeste — namentlich Weihnachten — bei ihm in Wahrheit festlich gefeiert wurden, kennen, um zu verstehen, dass ein Weihnachtsabend für ihn Gegenstand der dramatischen Gestaltung werden konnte. »Ich bin jetzt wieder beschäftigt, Aepfel und Nüsse zu vergolden«, oder »ich hatte mit eigener kunstfertiger Hand aus den mancherlei Kistchen, worinnen wir von Cöln Sachen erhalten, eine Puppenbettstelle und einen Conditorladen verfasst, die beide ihres Gleichen suchten«, oder »ich habe ein kostbares Theater verfertigt und alle alten Effecten vom vorigen Jahre neu aufgeputzt«, so schreibt er fast jeden Weihnachten nach Hause und schildert die Bescheerung der Kinder und deren Freude gerade wie in jenem kleinen Stückchen. Der musikalische Theil besteht aus der Ouverture

(deren Allegrosatz das fröhliche Studentenlied: »Mein Lebenslauf ist Lieb' und Lust« zu Grunde liegt) und zehn Nummern, die wiederum nur entlehnte Musik enthalten. Dem Charakter entsprechend ist das Orchester auf Streichquintett, Flöten, Oboen, Clarinetten, Fagotts und Hörnern beschränkt, Trompeten und Pauken sind nur zum Schlussgesang verwendet.

Schon im »Weihnachtsabend« fällt auf, dass vorzugsweise Mozart'sche Musik benutzt ist, so Zerlinens C-dur-Arie, wenn die Mutter den Kindern erzählt, was der Weihnachtsmann den Kindern alles bringen wird; Leporellos Register-Arie, wenn Vetter Michel seine Gaben für die Kleinen auspackt; Don Juans Ständchen, das Gottlieb auf dem Dach des Schilderhauses reitend seinem Suschen zusingt, und endlich aus der Zauberflöte: »Es ist das höchste der Gefühle« als Melodram für die Bescheerungsscene. Das nächste Werkchen, von dem wir zu sprechen haben, beschäftigt sich nun ausschliesslich mit dem von Lortzing glühend verehrten »göttlichen« Mozart und es scheint, dass ein äusserer Anlass, wie so oft, die innere Stimme zum Ertönen brachte. Zum letzten Geburtstage Lortzings hatten die Eltern von Leipzig aus ihm zwei Partituren als Geschenk übersandt und in wahrer Verzückung schreibt er ihnen: »Wie soll ich mich ausquetschen, um den Dank auszudrücken, den das diesmalige Geburtstagsgeschenk erheischt; meine Freude darüber war grenzenlos und die schönsten Stoffe wären mir nicht so werth gewesen, als dieses höchst edle Geschenk. Ich will zu meiner Schande gestehen, dass ich, nachdem ich auf dem Briefe gelesen, »einliegend Musikalien«, nun geschwind im Briefe aufsuchte, was es für Werke waren, und dann den Brief wegwarf, um vor allem die theueren Kleinode vom Steueramte zu holen«. Am Schluss giebt er nochmals die Versicherung, dass ihm »blos eines dieser beiden Meisterwerke lieber sei« — das Ende des Briefes fehlt und wir erfahren auch nicht, von welchen Meisterwerken er spricht, aber es ist kaum zweifelhaft, dass es sich um Mozart'sche Partituren handelte, in deren Studium er sich liebevoll versenkte. Erfüllt von ihrem Geiste, mochte er nun die Texte im Weihnachtsabend gleich auf Mozart'sche Melodien geschrieben und ihn selbst zum Helden seiner nächsten Arbeit gewählt haben, die den Abschluss der Detmolder Periode bildet.

Scenen aus Mozarts Leben.

Es ist wiederum ein einactiges Singspiel, das jedoch nicht zur Aufführung kam, von dem nicht einmal das Buch mehr vorhanden ist. Einzig die Partitur giebt uns einigen Aufschluss. Nach ihr erscheinen als singende Personen: Der Componist Salieri, Mozarts Frau Constanze und deren Schwester Aloysia Lange, der Tenorist Adamberger und der Theoretiker Albrechtsberger, mit dessen Werken, wie schon erwähnt, auch Lortzing sich viel beschäftigt hatte. Mozart selbst scheint als Sprechrolle gedacht zu sein und die künstliche Eifersucht Salieris bildete wohl das Motiv der Handlung. Ausser der Ouverture

sind alle neun Nummern Mozarts Werken entlehnt. No. 1, Chor und Solo, benutzt die Tenorarie »Müsst ich auch durch tausend Drachen«, der Chor No. 2 mit den Textworten

> Lasst der welschen Kunst zu Ehren
> Deutschem Uebermuth zu wehren,
> Einigkeit uns Alle schwören

das »Dies irae« aus dem Requiem. Sogar Salieri singt seine grosse Arie »Wohl, trotz allen Ungewittern« mit der ihn charakterisirenden Stelle:

> Ich bin Meister nur der Töne
> Dennoch reichen Erdensöhne
> Deutschen Klängen auch den Kranz.
> — — — — — — — — —
> Mir gebühren nur die Preise
> Die dem Künstler aufbewahrt
> Keiner schreibt in meiner Weise
> Anmuthvoll mit Kraft gepaart,

auf Mozarts Melodieen; das Grave ist dem »Rex tremendae« aus dem Requiem, das Allegro der Claviersonate No. 6 in D-dur entnommen. Auf das »Wiegenlied« singt Constanze eine Schilderung Mozarts in No. 4.

> Liebevoll stets im Gemüth
> Für seine Kunst hoch erglüht
> Einfach mit heiterem Sinn
> Fliessen die Tage ihm hin.

Trüben auch Sorgen den Blick
Bald kehrt sein Frohsinn zurück,
Der nur so selten entweicht,
Jegliche Wolke verscheucht.

Das Andante der C-dur-Sonate No. 10 ist als ein Quartett Constanzes, Aloysias, Adambergers und Albrechtsbergers mit Harmoniebegleitung bearbeitet, ebenso ein Mozart'sches Terzett »Mi lagnerò tacendo« und das bekannte »Bandel-Terzett« für No. 5 und 6. Der Chor No. 7 ist auf den ersten Satz der Claviersonate No. 9 in D-dur geschrieben. No. 8 ist die Bühnenmusik aus Cosi fan tutte und der Schlusschor No. 9 benutzt das »Sanctus« aus dem Requiem (das freilich von Süssmayr componirt sein soll) und den Schlusschor aus »Titus«. Mozart hat offenbar den Sieg davon getragen und wird gefeiert mit den Worten:

Heil Dir, den sich zum Liebling Apoll erkor,
Den die Unsterblichen so verehren
Dass keine Gunst ihm versaget worden.

Mit dieser Huldigung an den »Licht- und Liebesgenius der Musik« schliesst Lortzings erste Schaffensperiode. Lag für die »Scenen aus Mozarts Leben« die Benutzung seiner Melodieen wohl nahe, und lässt sie sich auch im »Don Juan und Faust« mit der Verehrung für Mozart und Spohr begründen, so muss doch die Verwendung fremder Compositionen in allen früheren Lortzing'schen Werken Verwunderung erregen. Man kann sie nur mit der zeitlichen Gewohnheit erklären, der Mode, die durch Holteis und Angelys überall gegebene Liederspiele geschaffen war. Die populären Gesänge gefielen dem Publikum und man kam seiner Bequemlichkeit, sich am Bekannten zu erfreuen, entgegen, wie man ja noch heut in Orchesterconcerten Potpourris aufführt. Glücklicherweise ist der Versuch, das französische Vaudeville auf diese Art als deutsches Liederspiel einzuschmuggeln, nicht auf die Dauer gelungen, und Lortzing selbst wandte sich bald von dieser unkünstlerischen Schaffensweise ab. Dass er Erfindungskraft und Beherrschung der Form in genügendem Grade besass, hatte er ja durch seine Oper und sein Oratorium schon früher bewiesen, auch Bequemlichkeit konnte nicht bei ihm in Frage kommen, denn das Arrangement und die Umarbeitung der fremden Musikstücke war nicht weniger zeitraubend und mühevoll als die eigene Composition.

So hat Lortzing viel künstlerischen Fleiss verschwendet an Werke, die immer nur halb sein eigen sind. Für uns sind diese Uebungsarbeiten aber immerhin von Werth geworden, denn als Lortzing nach einigen Jahren begann, seine grösseren Opern zu schreiben, da hatte er bereits gelernt, ein Textbuch wirksam zu gestalten und Musikstücke jeder Art formgewandt zu construiren. Die sichere Beherrschung alles Technischen, die eben nur durch Uebung zu erlangen ist, gab seinem ersten grösseren Werke die Schlagkraft, die zündend aufs Publikum wirkte. Wer weiss, ob wir ohne den glücklichen Erfolg der »Beiden Schützen« seine übrigen Opern besässen und dass die Schützen gleich den Vogel abschossen, danken wir nicht zuletzt jenen zahlreichen Vorarbeiten, deren letzte Mozart, den Schöpfer des Musterbilds aller komischen Opern, des göttlichen Figaro, verherrlicht.

In Lortzings Leben sollte nun eine bedeutsame Veränderung vor sich gehen, die sich ziemlich langsam schon vorbereitet hatte. Ringelhardt hatte die Cölner Direction aufgegeben und die des Leipziger Stadttheaters übernommen, das er am 15. August 1832 mit »Egmont« eröffnete. Lortzings Eltern waren bei ihm wieder engagirt und nach Leipzig übersiedelt, wo sie in der Burgstrasse Wohnung nahmen. Von Ringelhardt selbst scheint der Wunsch angedeutet worden zu sein, den Sohn ebenfalls nach Leipzig zu ziehen und so gingen seit November 1832 Verhandlungen herüber und hinüber, die endlich im Juli 1833 zu einem Engagementsabschluss führten, wie ihn der Brief vom 17. ankündigt. Die Bedingungen Lortzings waren 1400 Thaler Gage (jährlich, für ihn und seine Frau), ein Monat Urlaub, Erstattung der Reisekosten und — Vorschuss. Bezüglich der Beschäftigung schreibt Lortzing den Eltern: »Ich im Schauspiel, was ich hier spiele, in der Tragödie frägt er an, was ich jetzt spiele, da er vernommen, ich gäbe keine Liebhaber mehr und in der Oper bestimmt er mir zweite Tenor-Spiel- und hin und wieder Bariton-Partieen, da Hauser erster Baritonist sei, ferner würde es ihm lieb sein, wenn ich auch komische Partieen als Dickson, Pedrillo, Paul in der »Schweizerfamilie« sänge. Meiner Frau bestimmt er das Fach der ersten tragischen Mütter und für die Folge macht er ihr Hoffnung zu einem grösseren Wirkungskreise. — — Das ausgedehnte Fach wie hier, kann und werde ich natürlich nicht geniessen und bin auch vernünftiger Weise sehr weit davon entfernt, es verlangen zu wollen. Nur Ruhe! Ruhe! das ist: nicht reisen! — — —. Das Angenehme bei der in Rede stehenden Engagements-Veränderung wäre mir hauptsächlich die Vereinigung mit meinen lieben Eltern, ein Leben in Ruhe und der Umgang, sowie das Wirken in einer Stadt der Wissenschaften, namentlich für Musik.«

Ehe sich noch diese frohen Hoffnungen erfüllen sollten, traf Lortzing ein schwerer Schlag durch den Tod seines Töchterchens Julie und tief ergreifend ist es, wenn der trauernde Vater schreibt:

»Heute Morgen um halb sechs habe ich die irdischen Ueberreste meines Lieblings zur Erde bestattet. Was muss der Mensch alles erleiden und wieviel kann er ertragen. Ich habe früher oft geäussert, wenn mir das Kind stürbe, ich wüsste nicht, was ich anfinge, weil (ich gestehe meine Schwachheit) seine zunehmende Liebenswürdigkeit und Anhänglichkeit mich unwiderstehlich anzog. Jetzt ist der fürchterliche Schlag geschehen; ich hätte in den ersten Augenblicken der Verzweifluug mögen mit dem Kopf wider die Wand rennen und muss wieder an mein Geschäft gehen, muss mich zwingen, den Schmerz zu ertragen und — kann es auch, wenngleich schwer. Dieses ist nun das vierte Kind, das wir verlieren und welch ein Kind! meine ganze Seele ging auf, wenn ich es nur von fern erblickte. Was habe ich wohl in meinem Leben begangen, das eine eine solche Bestrafung verdiente? Ich bin mir nichts bewusst, und doch???«

Die nächsten Briefe handeln nun weitläufig von der bevorstehenden Uebersiedlung. Die Reise seiner Frau und Kinder wird, entgegengesetzt dem früheren Beschlusse, nun doch schon früher bestimmt und am 15. August angetreten, per Wagen natürlich, der vier Tage von Pyrmont nach Leipzig brauchte. Ein Brief voll zärtlicher Besorgniss und Ungeduld wegen der Ankunft seiner Lieben beschliesst nunmehr die Correspondenz mit seinen Eltern. Lortzing, dessen Contract erst am 1. November zu Ende ging, kam noch einmal nach Osnabrück und Münster, wo man sein Scheiden — ebenso wie in Detmold und Pyrmont — wahrhaft betrauerte, »dass Hoch und Gering, ja sogar die Kinder auf der Strasse davon sprachen«. Er trat zuletzt in Münster als Pole, Don Juan, und am 28. October in dem Lustspiele »Der Doppelgänger« auf, dann sagte auch er der Stätte siebenjährigen Wirkens Valet und eilte der »Stadt der Wissenschaften« zu, einer »schönen, ihm lächelnden Zukunft« entgegen.

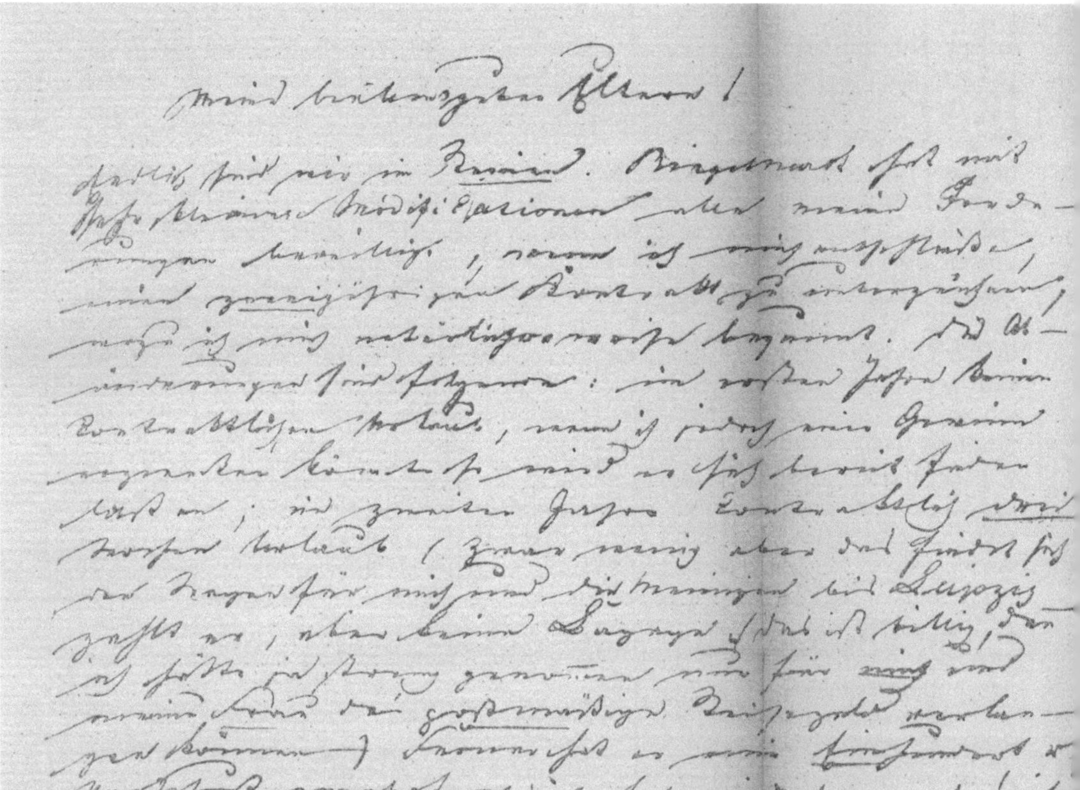

BRIEF LORTZINGS AUS PYRMONT VOM 17. JULI 1833.
(Die Anmerkungen stammen von der Hand seines Sohnes.)

denn doch endlich einmal mit der [illegible])
muss meine Gattin gegen Ende September
noch ein Kind kriegen; sie braucht daher die
übrige Zeit nöthig zu ihrer Erholung. Die
[illegible] wunderbar und unbegreiflich:
[illegible] man in der [illegible] hat, [illegible]
[illegible] — wenn man nicht braucht, giebt sie;
gebe [illegible] der liebe Gott, dass sie mich nie
[illegible] letzten [illegible] nicht in [illegible] ersten [illegible]
[illegible] ist [illegible]; [illegible] zeit mit einem
kleinen [illegible] auf die [illegible] zu [illegible] aber [illegible] selbst
muss ist muss. Ich bitte übrigens von dem
zu [illegible] nichts zu [illegible],
[illegible] R: [illegible]
nicht [illegible] machen, und
[illegible] doch [illegible] bei ihm erscheint, so
kann er [illegible] — [illegible] werde ich
meinen alten [illegible] [illegible], ich wollte, er
[illegible], er wird [illegible],
[illegible] und [illegible]
[illegible], [illegible] ich mir [illegible] (ein
[illegible]) [illegible] alles geheim gehalten habe. —
[illegible] ist [illegible] niedergedrückt. — Von [illegible]
[illegible] habe ich auch gestern einen Brief erhalten
[illegible]: der Pole ist in Berlin
der Kapelle [illegible] von der [illegible] gestrichen
worden; [illegible] doch der [illegible]
[illegible]; hat [illegible] einmal [illegible] gemacht; sie [illegible]

K.B.
Bläser der
Detmolder Hofkapelle

[illegible] Leben,
[illegible]

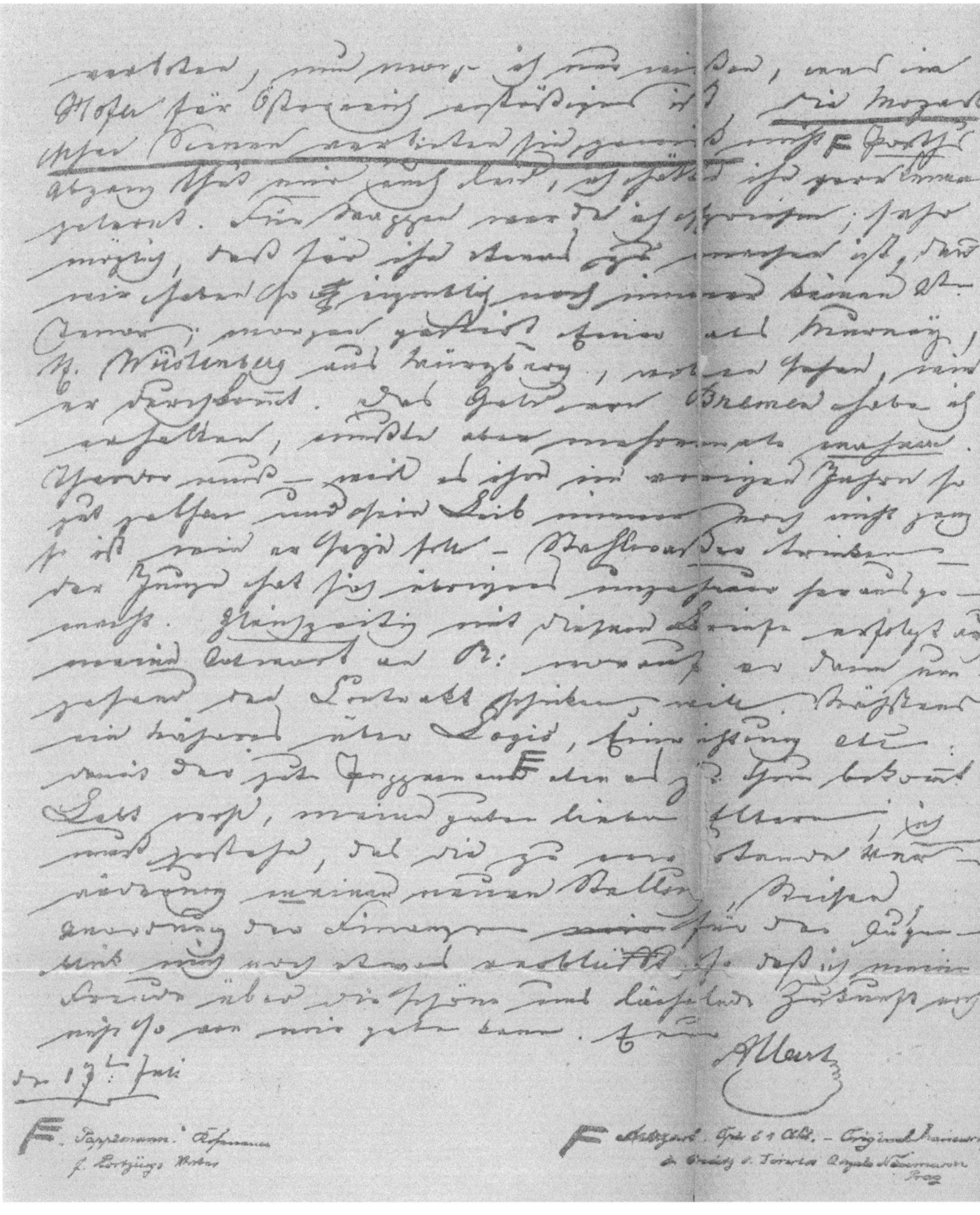
Albert
den 13ten Juli

Das alte Stadttheater in Leipzig.

LEIPZIG.

»Das war eine köstliche Zeit.«

»Leipzig ist ein infames Nest, wo man seines Lebens nicht froh werden kann. — Die Natur, wo finde ich sie hier? Kein Thal, kein Berg, kein Wald, wo ich so recht meinen Gedanken nachhängen könnte —« so klagt Schumann in der ersten Zeit seines Leipziger Aufenthalts. Aehnliche Eindrücke scheinen Lortzings empfangen zu haben, denn Frau Rosine schreibt ihrer Schwester: »Anfangs konnten wir uns hier nicht finden; unser altes, liebes Detmold war uns durch die sieben Jahre, dass wir da waren, gar zu angenehm und heimlich geworden. Und die wunderschöne Gegend dort, welches hier ganz wegfällt, denn Leipzig ist ganz flach und ausser der Promenade um die Stadt her ist hier garnichts. Jetzt gefällt es uns schon besser, nachdem wir etwas bekannter geworden sind. Die Sachsen sind sehr artige, höfliche Leute.« Wohl mochte das Leipzig jener Tage, mit seinen in die Thore der Stadt eingezwängten 45000 Einwohnern, weder freundlich noch imponirend anmuthen; das damals für »schön und geräumig« geltende Theater stand in seinen ganzen Verhältnissen nicht wesentlich über den von Cöln und Detmold her gewohnten, und nur die Annehmlichkeit, nicht reisen zu müssen und mit den Eltern wieder vereint zu sein, wird lebhafter empfunden. Als Lortzing mit Beginn des November sein neues Heim am Ranstädter Steinweg in Leipzig betrat, fand er seine Familie abermals um ein Zwillingspärchen — Charlotte und Franzisca — vermehrt und das häusliche Leben gestaltete sich wieder so freundlich, wie ehedem. Es wurde damals in Leipzig, die Messzeiten ausgenommen, nur viermal wöchentlich gespielt und »jeden Abend, wenn kein Theater ist, kommen Grossvater und Grossmutter zu uns und erfreuen sich der Kinder, die Grossmutter wartet dann eins von den Kleinen«. Am 3. November 1833 trat Lortzing im Theater auf. Gegeben wurde das Lustspiel »Die Schachmaschine«, worin er den Karl von Ruf, seine gewöhnliche Debutrolle »mit dem vollen Beifall des zahlreich versammelten Publikums gab. Herr Lortzing und Herr Baudius wurden gerufen.« Es war das damals noch eine seltene Auszeichnung. Weniger glücklich debutirte am 18. November Rosine Lortzing als Camilla in Houwalds

»Das Bild«. In der Oper werden seine Leistungen öfter beanstandet, so liest man in der Kritik über Maurer und Schlosser mit Lortzing als Roger »für einen Sänger kann er sich nicht ausgeben, eben so wenig wie Madame Lortzing die ältere (Madame Bertrand)«; und nach seinem Moralez in »Ferdinand Cortez« wird gar geschrieben: »Herr Lortzing ist ein sehr brauchbares Mitglied in komischen, aber nicht in heroischen Opern. Auch wird derselbe wohlthun, einmal so recht genau darauf zu achten, wie Herr Eichberger[11]) das Recitativ singt. Bis jetzt scheint Herr Lortzing noch keine Idee zu haben, was eigentlich das Recitativ in der Oper bedeuten soll«. (!!)

Sehr warm ist dagegen die Besprechung über »Der Pole und sein Kind« vom 13. Januar 1834. »Herr Lortzing, den wir freundlich als den Dichter

Theater der Stadt Leipzig

Sonntag, den 3. November, 1833.

Die Schachmaschine.

Lustspiel in 4 Akten, nach dem Englischen, von Beck.

Personen:

Baron Rink.	Herr Köhler.
Die Baronin, seine Gemahlin.	Mad. Lortzing.
Julie von Wangen, seine Nichte.	Dlle. Böhme.
Sophie von Hassfeld, seine Mündel.	Dlle. Wagner.
Baron von Ruf.	Herr Ballmann.
Karl von Ruf, sein Neffe.	* * *
Graf von Balten.	Herr Baudius.
Baron von Wendheim, sein Stiefbruder, vormals Lieutenant in Holländischen Diensten.	Herr Linke.
Assessor von Salden.	Herr Weitgaß.
Frey, Kammerdiener des jüngern Ruf.	Herr Saalbach.
Jakob, Bedienter des Baron Ruf.	Herr Saalbach d. j.
Flucht, Kammerdiener des Grafen.	Herr Elbert.
Erster, Träger.	Herr Schumann.
Zweiter, Träger.	Herr Löwenberg.
Bediente.	

* * * Herr Lortzing, vom Hoftheater zu Detmold, wird den Carl Ruf als erste Debut-Rolle geben.

Hierauf:

Das Concert am Hofe.

Komische Oper in 1 Akt, nach dem Französischen des Scribe und Melesville, von Friederike Ellmenreich.
Musik von Auber.

Personen:

Der Fürst.	Herr Krug.
Victor, ein junger Maler.	Herr Weitgaß.
Adele, eine französische Sängerin.	* * *
Astuccio, Intendant der fürstlichen Kapelle.	Herr Berthold.
Caroline, seine Frau.	Dlle. Mettl.
Hofherren und Hofdamen.	
Musiker. Bediente.	

Die Handlung ist an einem deutschen Hofe.

* * * Adele . . . . Dlle. Beckär.

8. Abonnementsvorstellung.

Gewöhnliche Preise der Plätze.

Anfang um 6 Uhr. Ende um 9 Uhr.
Einlaß um 5 Uhr.

Theater der Stadt Leipzig.

Montag, den 18. November, 1833.

Das Bild.

Trauerspiel in fünf Aufzügen, von Houwald.

Personen:

Marchese di Sorento, jetzt unter dem Namen: Burg.	Herr Köhler.
Camilla, verwittwete Gräfin vom Nord, seine Tochter.	* * *
Leonhard, ihr Sohn.	Dlle. Wagner.
Gotthard, Graf vom Nord, sein Oheim, deutscher Ritter.	Herr Bolzmann.
Julie, Freundin der Camilla.	Dlle. Tell.
Meister Spinarosa, Maler.	Herr Dessoir.
Der Kastellan des Schlosses.	Herr Baudius.
Ein Bote aus Italien.	Herr Saalbach.
Erster Bedienter.	Herr Krug d. j.
Zweiter Bedienter.	Herr Elbert.

* * * Mad. Lortzing die jüngere, vom Hoftheater zu Detmold, wird die Camilla als erste Debut-Rolle geben.

17. Abonnementsvorstellung.

Preise der Plätze:

Parterre: 8 Groschen. Parket 16 Groschen.
Logen des Parterres: Ein einzelner Platz 16 Groschen.
Logen des Ersten Ranges: Ein einzelner Platz 16 Groschen.
Fremdenloge No. 25. 16 Groschen. Ein gesperrter Sitz daselbst 1 Thaler.
Logen des zweiten Ranges: Ein einzelner Platz 12 Groschen.
Erste Gallerie: 12 Groschen. Ein gesperrter Sitz daselbst 16 Groschen.
Zweite Gallerie: 8 Groschen. Ein gesperrter Sitz daselbst 12 Groschen.
Dritte Gallerie: Mittelplatz 6 Groschen; Seitenplatz 4 Groschen.

Billets zu Logen und gesperrten Sitzen, so wie zu den ungesperrten Plätzen der 1ten und 2ten Gallerie sind täglich Vormittags von 9 bis 12 Uhr, und Nachmittags von 3 bis 4 Uhr im Kassenlokal des Schauspielhauses zu bekommen, sind aber nur denselben Tag gültig. Die Billets zum Parterre und der 3ten Gallerie hingegen sind nur am Tage der Vorstellung Abends an der Kasse im Theater zu bekommen. Die Billets, welche ohne Bezahlung im Voraus bestellt werden, müssen am Tage der Vorstellung bis früh um 10 Uhr abgeholt werden, widrigen Falls ist der Besteller derselben verlustig.

Anfang um 6 Uhr. Ende um 9 Uhr.
Einlaß um 5 Uhr.

Originale im Besitze der Musikhistorischen Sammlung des Herrn Fr. Nicolas Manskopf in Frankfurt a. M.

des wohlgelungenen Liederspiels begrüssen, und der gleiches Lob wie als dramatischer Künstler so als dramatischer Dichter verdient, gab den Janicky so ergreifend, so wahrheitsvoll, so zum Herzen sprechend, dass er der Dichter selbst sein musste, um so vorzüglich reproduciren zu können. Besonders was den Vortrag der Lieder betrifft, malte der Künstler ganz meisterhaft das tiefe Gefühl, das dem Sänger fast alle Fassung raubt. Trefflich gelang auch die Scene des Wiedersehens mit Marie, wo auch Madame Lortzing die jüngere recht lobenswerth war. Die Künstlerin beherzige die Rathschläge, die wir ihr früher in diesen Blättern gaben. Herr Lortzing wurde gerufen und dankte im Namen aller seiner Brüder.« Mehr als einmal wird ihm später Unsicherheit in seinen Rollen vorgeworfen und von seinem Karl XII. in Dumas' Trauerspiel »Der Sarazene« heisst es: Herr Lortzing war ein so possirlicher König, dass man nicht wusste, ob man über ihn lachen oder weinen sollte.

Im Allgemeinen wird aber doch constatirt, dass Herr Lortzing »sehr brav und nur zu wünschen, dass er der hiesigen Bühne noch lange erhalten werde.«

Thatsächlich wurde er sehr bald ein Liebling des Publikums, während seine Frau nach zweijähriger Thätigkeit ganz von der Bühne zurücktrat und sich ausschliesslich ihrem häuslichen Berufe widmete.

Unter den Collegen Lortzings nehmen unser Interesse in Anspruch: Rosalie Wagner, das erste Leipziger Gretchen, die Schwester Richard Wagners, welche 1836 die Gattin von Dr. O. Marbach wurde und ein Jahr darauf starb; Franz Hauser, Bariton und Opernregisseur, Capellmeister Stegmayer, beide in Verbindung mit Wagner als Be- und Verurtheiler seiner »Feen« oft genannt; G. L. Berthold, der Schöpfer von Lortzings köstlichen Bassbuffopartieen, und C. M. Ballmann, der Komiker, von Lortzing fast in jeder Oper mit einer

Reger.

Düringer.

komischen Nebenrolle bedacht. Am 9. December 1834 debutirte als Page im Johann von Paris Caroline Günther (später mit Dr. Bachmann verheirathet), welche mit ihrem liebenswürdigen Talent acht Lortzing'sche Opern zum Siege führen half. Philipp Düringer[12]), welcher am 26. Mai 1835 als »Correggio« in Oehlenschlägers Drama auftrat, wurde bald Lortzings vertrautester Freund und 1837, nach Schluss der Immermann'schen Direction in Düsseldorf gesellte sich zu ihnen Philipp Reger[13]), der Dritte in dem »unzertrennlichen Kleeblatt«. Zu den Mitgliedern, welche Ringelhardt von Cöln mitgebracht hatte, zählte auch Robert Blum, der, nachdem er in verschiedenen Berufsarten, zuletzt in einer Laternenfabrik, thätig gewesen, auch schon die ersten schriftstellerischen Versuche gemacht, in der Noth Theaterdiener geworden war und nun in Leipzig die Stellung des Theatersecretairs bekleidete. Auch er wurde Lortzings intimer Freund, wie überhaupt ein schönes Band der Collegialität die Angehörigen des Theaters vereinigte. Die folgende Anekdote, von Franz Wallner erzählt, giebt ein heiteres Bild davon.

Einen Tag vor der Ziehung hatte Lortzing von Reger ein Viertelloos zur Staatslotterie gekauft. In Arbeit vertieft, die Kaffeetasse mit seinem bescheidenen

Frühstück vor sich, sass der wackere Albert Morgens in seiner Stube, als Reger ins Zimmer stürmte, ihm um den Hals fiel und jubelnd ausrief:

»Bravo, mein Junge, Dir gönne ich es! bist ein braver Kerl, ein vielkinderiger Familienvater, ich gönne es Dir von Herzen!« Dabei schlug er dem Erstaunten die Tasse aus der Hand, zerschmetterte zwei Fensterscheiben und eilte jauchzend die Treppe hinab.

Lortzing blieb erstarrt sitzen und glaubte, sein Freund sei plötzlich verrückt geworden. Später erfuhr er, dass sein Viertelloos, welches er von Reger gekauft hatte, mit der Summe von tausend Thalern herausgekommen sei, ein Glücksfall, welcher ihm auf so wunderliche Weise gemeldet wurde.

Die Neu-Aufführung von »Lumpacivagabundus« 1834 gab Veranlassung zu einer kleinen Gesangseinlage, die sich Lortzing für seine Rolle, die des

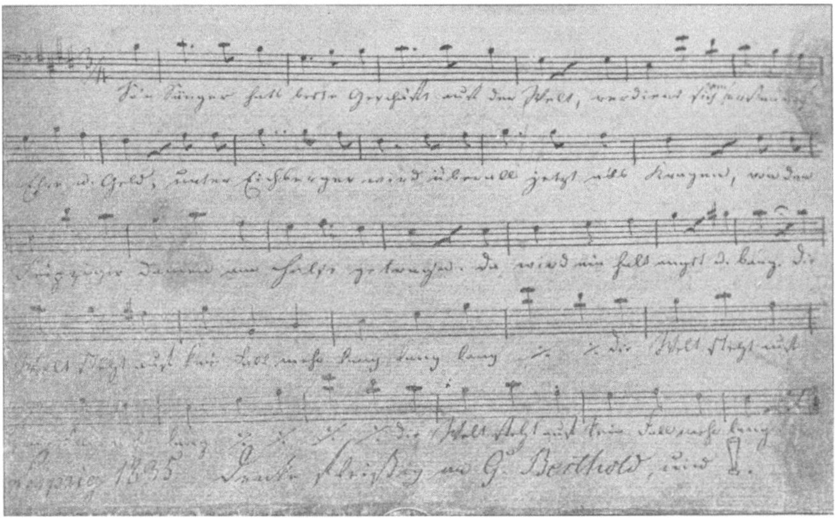

Albumblatt für Josef Eichberger.
(Lied aus »Lumpacivagabundus«.)

Tischlers Leim, schrieb; ein einfaches aber ansprechendes Lied mit charakteristischem, humorvollem Text und Jodler-Refrain. Es erschien in der »Figaro« betitelten Sammlung launiger und scherzhafter Gesänge, herausgegeben von Albert Lortzing, im Verlag von J. Wunder.

Die erste Urlaubszeit im September 1834 führte Lortzing auf Weimars classischen Boden zu »Onkel Fritz«, anlässlich eines dreimaligen Gastspiels am Hoftheater in den bekannten Stücken »Die Schachmaschine«, »Der leichtsinnige Lügner«, »Das Fest der Handwerker« (Hähnchen) und »Der Capellmeister von Venedig« (Peter). Er empfing dafür ein Gesammthonorar von 75 Thalern und die Kritik lobte ihn als »braven Komiker und angenehmen Sänger für sein Fach«. Im Sommer des nächsten Jahres sehen wir Lortzing in seiner Vaterstadt, wo er vom 20. Juni bis 3. Juli ein auf Engagement abzielendes Gastspiel am Königstädtischen Theater absolvirt. Das Repertoire brachte dieselben Stücke, wie in Weimar, zu denen noch zwei andere, »Welcher ist der Bräutigam« und »Nach Sonnenuntergang« kamen, ausserdem trat Lortzing noch als Dickson in der »Weissen Dame« auf, worüber man schrieb, »sein Spiel war gut und sein Gesang nicht störend«. In allen übrigen Rollen fand er ungetheilte Anerkennung: das jugendliche Feuer, die sprudelnde Ausgelassenheit, die staunenswerthe Volubilität der Zunge wird hervorgehoben und auch die Art, wie er trotz der grössten Lebendigkeit in den Grenzen des Angemessenen, Schicklichen bleibt. Ein »überraschend zusammengestelltes« Quodlibet, als Einlage im »Capellmeister von Venedig«, musste er dacapo singen.

Albumblatt für Josef Eichberger.
(Canon von Lortzing.)

Die Carricatur des »Radicati« mochte ihm diesmal besonders gut gelungen sein, da er nach Anhörung der Mercadante'schen Oper »Die Normannen in Paris« sein Herz wieder voll Ingrimm über die Bevorzugung der Italiener war. Die glänzende Honorirung und der ungerechtfertigte Beifall für Antonia Vial, die italienische Bravoursängerin, entlockt ihm den drastischen Ausspruch: meine Landsleute, ihr seid Viehvolk! Sein Brief an die Gattin, die er mit dem Kosenamen »Du lieber tuter Sack« anredet, enthält vollständige Recensionen jeder Vorstellung, die er gesehen, mit scharfen Spitzen gegen Darsteller und Publikum: »Das Leipziger Volk sollte nur hierher kommen und Komödie sehen; ich bin fest überzeugt, dass vieles, was sie hier goutiren, in Leipzig höchst missfallen würde.« Er schildert ihr auch in humoristischer Weise die ganze Verwandtschaft, die er aufgesucht, und schreibt vom elterlichen Hause, das er wenig verändert fand. — Ein Engagement kam nicht zu Stande und Lortzing kehrte nach Leipzig zurück, wo er sich nun mehr und mehr einlebte und den Gedanken, fort zu gehen, völlig aufgab. Zu den Freuden der stabilen Häuslichkeit und einer gemüthlichen Collegialität kamen gesellschaftliche Vergnügungen und

Bekanntschaften ausserhalb des Theaters, denen er eben so viele frohe Stunden verdankte, als er gewohnt war, Andern zu bereiten. »Wenn er sich an einem öffentlichen Orte oder im Kreise näherer Bekannten zeigte, überkam Jeden ein inniges Behagen, als ob der Ausdruck seiner gemüthlichen heitern Züge unwiderstehlich seiner Umgebung sich mittheilte.« So wurde er ein beliebter Gesellschafter und in Riedels Weinstube (später Schramm & Haring) vereinigte sich gar oft die fröhliche Künstergemeinde, in deren Mitte dann Lortzing seine lustigen Schnurren erzählte. »Lospreiset vom Zwang«, lautete ein von ihm selbst gebildetes Sprichwort, das den Zustand glücklicher Ungezwungenheit bezeichnete. Sogenannte »Gesellschaften«, in denen es steif herging, in denen man bei »Heusamenkraut«, so nannte er den Thee, geistreich zu sein sich bemühte, besuchte er nur gezwungen und da war er selbst nichts weniger als unterhaltend. Wurde er aber warm, oder es hatte sich Jemand, vor dem er sich geniren zu müssen glaubte, entfernt, so rief er, tief aufathmend und Weste und Halsbinde lüftend »So! jetzt kanns losgehen, liebes Bruder!« Es war das die übliche, von dem aus Böhmen stammenden Dr. Carl Herlosssohn[14]) herrührende Anrede unter den Freunden. So recht in seinem Element fühlte sich Lortzing in der noch heut bestehenden Tunnel-Gesellschaft, der er Ende 1833 als Mitglied beitrat und als deren officieller musikalischer Leiter er auch in den Mitgliederlisten der Jahre 1843 und 1846 geführt wird. »Der Tunnel über der Pleisse«, mit scherzhafter Beziehung auf den damals Aufsehen erregenden Bau des Tunnels unter der Themse so genannt, war als eine literarisch-artistische Gesellschaft im Charakter unserer heut über die Welt verbreiteten »Schlaraffia« im Jahre 1831 begründet worden. Die Mitglieder »Makulaturen« genannt, kamen einmal wöchentlich mit »Spähnen«, d. i. Vorträgen, wohlbewaffnet zusammen. Aufgerufen wurden sie mit einem »Respect«, einem ihnen verliehenen Namen. So hiess Heinrich Marschner, der Componist, derzeit Vicevorsitzender, »Orpheus der Vampyr«; Herlosssohn, der Schriftsteller und Herausgeber des »Komet«, über ein Jahrzehnt der Ceremonienmeister der Gesellschaft, »Faust der Auerbachshöfling«; Capellmeister Heinrich Dorn »Gluck der Stachliche«; der Schauspieler Wohlbrück, Marschners Schwager und Librettist, »Fleck der Kindesmörder«; Fink, der Redacteur der Allgemeinen Musikal. Zeitung, »Palestrina der Besenbinder«; Musikverleger Hofmeister »Plinius cum notis variorum«. Zu Mitgliedern zählten u. A. Dr. Christ. Schmidt, der spätere Nachfolger Ringelhardts in der Direction des Leipziger Stadttheaters; der Componist Pohlenz, Dirigent der Gewandhaus- und Euterpe-Concerte; der gelehrte Dr. Frege, Gatte der gefeierten Sängerin Livia Gerhard, Lortzings Collegin, in dessen kunstfreundlichem Hause die ganze musikalische Welt, auch Mendelssohn und der jugendliche

Herlosssohn.
Nach einem im Besitze der Verlagsgesellschaft befindlichen Bilde verkleinert.

Hans von Bülow verkehrte, wo auch öfter private Aufführungen von Lortzings Werken stattfanden; Raimund Härtel, Inhaber der Firma Breitkopf & Härtel; Otto Wigand, in dessen Verlage später Düringers Lortzing-Biographie erschien; der Dichter G. Th. Apel, der Freund Richard Wagners; Heinrich Laube, kurz so ziemlich Alles, was am geistigen Leben in Leipzig Antheil nahm. Unter Marschners Werken begegnen wir einem Heft Männerchöre, welche als »Tunnellieder« bezeichnet sind; auch von Lortzing befindet sich ein »Tunnellied« im Besitz der Gesellschaft. Es ist für Tenorsolo mit Männerchor und Orchester geschrieben.

Auch ein Arrangement des Strauss'schen »Elisabethen-Walzers« für Vocal-Sextett mit unterlegtem Text:

> Strauss! Dir tönt unser Lob!
> Könntest Du es hören, wie wir Dich zu ehren,
> Gleich den Jubelchören, Deinen Tönen Worte leih'n u. s. w.

entstand für den Tunnel, vielleicht auch manche andere seiner Chor-Compositionen, welche unter dem Titel »Ernste und heitere Fest-Gesänge« im Druck erschienen sind. Unter diesen sei besonders der humoristische Männerchor: »Die verlorene Rippe« erwähnt, dessen kurzer Text:

> Gott schuf das Weib, weil's ihm an Stoff gebrach,
> Aus eines Mannes Rippe.
> Seht nun wandern wir Armen stets von Einer zur Andern
> Und spüren der verlor'nen Rippe nach.

von Lortzing äusserst komisch ausgebeutet wurde.[15])

Der Leipziger Loge »Balduin zur Linde« trat Lortzing Ende 1834 bei und auch für sie hat er ein Lied componirt, welches mit dem Datum der Entstehung bezeichnet ist, 25. Januar 1846: »Ahnungsvoll, hoffnungsvoll, glaubensvoll« (Adagio maestoso, Es-dur). Ferner fand sich im Nachlass eine »Jubelcantate« zur Säcularfeier der Loge Minerva und drei Palmen in Leipzig.

Neue Anregung fand Lortzing in dem 1840 von Robert Blum gegründeten Schiller-Verein, dem auch Düringer und der ganze Freundeskreis beitrat. Wir wissen, dass Schillers »Bürgschaft« bereits den Knaben Lortzing zur Composition begeistert; nun fand auch der gereifte Mann willkommene Gelegenheit, dem Dichter, der übrigens in jener politisch bewegten Zeit fast mehr noch als Herold der Freiheit, denn als Poet gefeiert wurde, in Tönen zu huldigen. Für die Festlichkeiten des Vereins componirte dann Lortzing gewöhnlich eine Schiller'sche Dichtung, so »Das Mädchen aus der Fremde«:

»Würde der Frauen«:

worin wieder der Effect des zweifachen Echos verwendet ist, ferner »An den Frühling«, datirt vom 4. November 1844, Abends:

Das »Lied an die Freude«, nach der Composition von J. P. A. Schulz, arrangirte er für Chor und Orchester. Mehr als die vorgenannten Vertonungen, welche sich zu Schiller'schem Schwung freilich nicht erheben und uns heut recht altväterisch dünken, interessirt eine »Cantate«, zu der sich einige Chorstimmen von Lortzings Hand erhalten haben. Es liegt nahe, sich Blum als den Dichter, Lortzing als den Componisten derselben zu denken, wenn auch keine ausdrückliche Angabe vorhanden ist, oder vielmehr, weil keine solche — die Lortzing nicht versäumt haben würde, wenn es sich um die Composition eines Anderen handelte — sich vorfindet. Der Text zeigt unverkennbar die politische Tendenz, die Blum den Jahresfesten des Schillervereins aufzuprägen wusste:

Blicke hernieder aus endlosen Fernen,
Sende den Funken hochheiliger Weihe,
Send' ihn von oben in unsere Herzen.

Nach einem Bass-Recitativ geht der Chor weiter:

Schönheit, Wahrheit, Freiheit stähle,
Fülle jede Männerseele.

Ein Soloquartettsatz (F-dur $^3/_4$) folgt:

Wenn alle freien Geister einst verbunden
Das schöne Band, das Deine Hand gewebt,
Wenn sie der Schmach der Knechtschaft sich entwunden
Und kühn erstreben, was Du einst erstrebt.
Wenn Brüder sich die Deutschen alle nennen
Und keine Schranken deutsche Auen trennen,
Dann wölbt Dein Ehrentempel sich zum Dom.

Nach einem zweiten Recitativ schliesst der Chor in feurigem Allegro C-dur:

Bis alle Geister frei, bis Deutschland eines sei,
Vereine dieses Fest uns treu in jedem Jahr
Um diesen heil'gen Weihaltar.
Und feste Willenskraft und Muth zur edlen That
Erfüll' hier uns're Brust.

Wir hören hier schon die Sturmrufe der 48er Revolution, in deren Tagen wir Blum und Lortzing abermals als Rufer im Streit vernehmen werden.

Vorerst aber lachte noch die Sonne des Friedens und des Frohsinns über Lortzings Leben und aus der heiteren Gemüthsstimmung erwuchs auch die Lust am musikalischen Schaffen wieder, die in den ersten Jahren des Leipziger Aufenthalts niedergehalten worden war. Eine neue musikalische Epoche war soeben in ihrer ersten Entwickelung begriffen, als Lortzing aus den engen Verhältnissen Detmolds in die Kreise der damals tonangebenden Musikstadt eintrat. Schumanns erste Claviercompositionen waren erschienen, die »Neue Zeitschrift für Musik« trat mit April 1834 ins Leben und um ihre Fahne mit dem Losungswort »Erhebung deutschen Sinnes durch deutsche Kunst« schaarte sich die musikalische Jugend der neuromantischen Richtung. Der 20jährige Richard Wagner trat mit seinen ersten Orchesterwerken auf: im Theater war seine Ouverture zu »König Enzio«, im Gewandhause seine Symphonie erklungen und man sprach wenigstens schon von seiner Oper, wenn auch noch zwei Jahrzehnte vergehen sollten, ehe er auf der Bühne seiner Vaterstadt als Dramatiker erscheinen durfte. Seit October 1835 war Mendelssohn Dirigent der Gewandhaus-Concerte, und zum ersten Male wurden die Symphonien nicht mehr durch den Concertmeister vom Pult aus, sondern von ihm selbst dirigirt. Das bald hundertjährige Institut hatte durch ihn neuen Glanz gewonnen, er selbst hatte im Sturm alle Herzen erobert und wurde als Felix Meritis in Schumanns »Schwärm-Briefen« verherrlicht.

Lortzing im Jahre 1839.
Nach einem Aquarell von E. Brand, im Besitze des Malers Herrn J. H. Bey in Leipzig.

Auch in der Literatur regte sich das »junge Deutschland«. Heinrich Laube war Redacteur der »Zeitung für die elegante Welt«, Gustav Kühne wurde sein Nachfolger, Mundt und Gutzkow kamen zu längerem Aufenthalt nach Leipzig; gesellschaftliche, politische und künstlerische Probleme wurden mit Heftigkeit erörtert und Alles arbeitete auf die Gestaltung einer neuen Culturepoche hin.

»Warum ist jetzt so lange kein deutscher Operncomponist durchgedrungen? Weil sich keiner die Stimme des Volkes zu verschaffen wusste, — das heisst, weil keiner das wahre, warme Leben packte, wie es ist. Denn ist es nicht eine wahre Verkennung der Gegenwart, wenn Einer jetzt Oratorien schreibt, an deren Gehalt und Form keiner mehr glaubt?« So schrieb Wagner in seinem Artikel über »Die deutsche Oper« und neben ihm selbst war es gerade Lortzing, der in seiner Art die Zeit und das Leben packte und die Stimme des Volkes sich zu verschaffen wusste, die ihm treu geblieben ist bis zu dieser Stunde. Und dieselbe Zunft von philisterhaften »Musikgelehrten«, gegen die Wagner hier mit flammenden Worten den Angriff richtet, war es auch, die Lortzing, den Schauspieler, nicht als Musiker anerkennen wollte und geringschätzig aburtheilte, weil er sich gar keine Mühe gab, gelehrt erscheinen zu wollen, sondern warmes, fröhliches Leben auf die Bühne brachte. Eine Gedächtnissfeier für Joh. Ad. Hiller am 25. December 1835, bei der Scenen aus der »Jagd«, mit Lortzing als Töffel, zur Aufführung kamen, hat in ihm vielleicht den Gedanken gereift, das seither brach liegende Feld der komischen Oper wieder zu bebauen, denn schon im nächsten Jahre entstand das erste Werk jener Gattung, für die im 19. Jahrhundert Lortzing als der typische Vertreter erscheint. Er schrieb jetzt keine Oratorien mehr, das Suchen und Tasten nach dem heimischen Gebiet, wie es das Detmolder Schaffen aufweist, hat aufgehört, die Erkenntniss einer bestimmten Aufgabe ist bei ihm durchgedrungen und mit sicherem Griff gestaltet er sogleich seine erste grössere Oper. Die vierjährige Pause in Lortzings musikalischer Production findet so eine natürliche Erklärung: nicht die übermässige Beschäftigung hielt ihn vom Schreiben ab, denn gerade mit der Vermehrung seiner Berufsarbeit durch Uebernahme der Opernregie an Hausers Stelle begann auch seine compositorische Thätigkeit wieder; eine Zeit der Sammlung, der Aufnahme neuer Ideen, der tieferen Erkenntniss seiner Kunst war es, in der er schwieg. Mit erweitertem Blick sah er auf sein bisheriges Schaffen zurück, entschlossen wandte er sich von der Anlehnung an Andere, von der Entlehnung fremder Compositionen ab und trat nun als ein Eigener vor die Welt. Gilt dies von dem Musiker Lortzing, so scheint es im Widerspruch zu dem Librettisten zu stehen, der gerade von jetzt an dem eigenen Dichten ganz entsagt und sich nur an die Bearbeitung »vorhandener Stoffe« hält. Man weiss nur im Allgemeinen nicht, wieviel des »Eigenen« in diesen Bearbeitungen steckt, wie der ganze dritte Akt des »Zar«, die ganze liebliche Scene Mariens am Schluss des ersten Aktes im »Waffenschmied«, die ganze Sophokles-Schwärmerei im »Wildschütz«, um nur etwas anzuführen, seine alleinige Erfindung ist; wie er Aufbau, Situationen, Personen und Charaktere seiner Vorlagen so völlig anders gestaltete, dass man nur von eigener Neuschöpfung sprechen kann, wenn er auch wiederum in den gesprochenen Dialogen oft wörtlich das Original benutzt. Es findet sich auch in seinen Büchern, ausser der gewandten dramatischen Führung, manch hübscher Vers, manch poetischer Gedanke, manche charakteristische Wendung, welche das Talent Lortzings auf dem Gebiete der Bühnendichtung als gar nicht unbedeutend erweist. Dabei ist er immer sittlich rein und überschreitet nie die Grenzen des künstlerisch Erlaubten.

Einmal mit sich im Reinen, wurde Lortzing das Schaffen, namentlich das musikalische, leicht und in gar nicht langer Zeit entstanden »Die beiden Schützen«, welche am 20. Februar 1837 zuerst auf der Leipziger Bühne erschienen. Dem Text lag, wie schon erwähnt, ein Lustspiel aus dem Französischen, übersetzt von G. Cords, »Die beiden Grenadiere« zu Grunde, in dem Lortzing einst den Wilhelm gespielt hatte. Unter dem Titel: »Die beiden Tornister« wurde die Oper der Direction eingereicht, aber Ringelhardt meinte, »was können so zwei Pelzsäcke für Interesse haben«. Die »Beiden Grenadiere«

fanden wohl keine geeigneten Repräsentanten und da in Leipzig gerade ein Schützenbataillon in Garnison stand, nannte man die Oper einfach »Die beiden Schützen«, trotz Düringers Einwand, dass man hinter diesem Titel etwas ganz anderes suchen werde, als zwei einfache Soldaten. Die Handlung entsteht dadurch, dass die beiden Schützen ihre Tornister vertauschen und in Folge dessen selbst mit einander verwechselt werden. Wilhelm wird vom Gastwirth Busch als der erwartete Sohn Gustav begrüsst und freudig ins Vaterhaus eingeführt; Caroline, des Amtmanns Tochter, soll er als Braut umarmen, er gewinnt aber das Herz Suschens, die als seine Schwester gilt. Der richtige Gustav dagegen wird vom Vater zurückgestossen, als Betrüger in Untersuchungshaft gebracht und nur die Liebe Carolinens, die sie ihm als dem Freunde ihres Bräutigams schenkt, bleibt ihm als Trost. Am Schluss klärt sich alles auf: Wilhelm ist der Sohn des Amtmanns Wall und kann nun Suschen heirathen, die dadurch von ihrem lächerlichen Freier, dem dummen Peter, erlöst wird; Gustav Busch heirathet die ihm bestimmte Caroline, und der Dragoner Schwarzbart, dessen Durst und Hunger eigentlich die ganze Verwirrung angerichtet, kann sich beim Feste der Doppelverlobung gütlich thun. Die Musik weist bereits die Grundelemente von Lortzings Compositionsweise auf, die nunmehr für alle folgenden Werke ziemlich gleich bleibt, wenn auch eine Vervollkommnung im Laufe der Zeit deutlich wahrnehmbar wird; aber schon in den Schützen zeigt sich die leicht quellende melodische Erfindung, natürliche Harmonisirung, ungesuchte und doch klangfrische Instrumentation und die Fähigkeit, der Musik selbst komische Wirkungen abzugewinnen. Hier schon erfreut die formale Abrundung der einzelnen Nummern, unter denen die Ensemblestücke als kleine Meisterwerke hervortreten, wie die Finales (No. 6 und 9), welch letzteres zu den frischesten Ensemblenummern gehört und auch von späteren Tonsätzen Lortzings kaum übertroffen worden ist, sowie das prächtig durchgearbeitete Sextett (No. 14) bezeugen. Unter den 15 Gesangsnummern befinden sich überhaupt nur fünf Arien und Lieder, und dieser Umstand allein widerlegt schon den Vorwurf, der seiner Zeit erhoben wurde, das Werk sei gar keine Oper, sondern nur ein Liederspiel; in dieses wären höchstens die beiden Lieder des Schwarzbart und Peter (No. 5 und 11) zu ver-

Theater der Stadt Leipzig.

Montag, den 20. Februar 1837.

Zum erstenmale:

Die beiden Schützen.

Komische Oper in 3 Akten, nach dem Französischen.

Musik von G. A. Lortzing.

Personen:

Amtmann Wall.	Herr Scheibler.
Caroline, seine Tochter.	* * *
Wilhelm, sein Sohn, Soldat im ersten Schützen Regimente unter dem Namen: Wilhelm Stark.	Herr Richter.
Peter, sein Vetter.	Herr Lortzing.
Busch, ein Gastwirth.	Herr Pögner.
Suschen, seine Tochter.	Dlle. Günther.
Gustav, sein Sohn, Soldat im dritten Schützen-Regimente.	Herr Pfeiffer.
Jungfer Lieblich, Haushälterin.	Mad. Lortzing.
Schwarzbart, ein Dragoner, Wilhelms Freund.	Herr Berthold.
Barsch, Invaliden-Unterofficier.	Herr Ballmann.
Ein Soldat.	Herr Bindemann.
Invaliden. Nachbarn. Landleute.	

Die Handlung geht in einem Landstädtchen vor.

* * * Caroline — Dlle. Limbach.

Der Text der Gesänge ist an der Kasse für 4 Groschen zu haben.

Krank: Dlle. Wolf.

83. Abonnementsvorstellung.

Preise der Plätze:

Parterre: 8 Groschen. Parket 16 Groschen.
Logen des Parterres: Ein einzelner Platz 16 Groschen:
Logen des Ersten Ranges: Ein einzelner Platz 16 Groschen.
Fremdenloge No. 25. 16 Groschen. Ein gesperrter Sitz daselbst 1 Thaler.
Logen des zweiten Ranges: Ein einzelner Platz 12 Groschen.
Erste Gallerie: 12 Groschen. Ein gesperrter Sitz daselbst 16 Groschen.
Zweite Gallerie: 8 Groschen. Ein gesperrter Sitz daselbst 12 Groschen.
Dritte Gallerie: Mittelplatz 6 Groschen: Seitenplatz 4 Groschen.

Anfang um 6 Uhr. Ende halb 9 Uhr.

Einlaß um 5 Uhr.

Original im Besitze der Musikhistorischen Sammlung des Herrn Fr. Nicolas Manskopf in Frankfurt a. M.

weisen. Dass der Polonaisenstil, in dem Carolinens Arie (No. 10) geschrieben ist, auch heut noch angemessene Verwendung in der Oper findet, beweist Philinens beliebte Titania-Arie in Thomas' Mignon, welche übrigens in den ersten beiden Tacten sogar eine directe Aehnlichkeit mit der Lortzing'schen zeigt. Sehr glücklich sind die beiden Schützen selbst durch ihre Arien (No. 3 und 8) charakterisirt, Wilhelm, frisch, kräftig, soldatisch, und Gustav, weicher, empfindungsreicher, aber doch nicht unmännlich, einem Lieblingsgedanken Lortzings Ausdruck gebend, der in den meisten Opern wiederkehrt:

»Nichts Süss'res giebts auf Erden, als Lieb' und Vaterland«.

Eine andere sich wiederholende Erscheinung ist die des Mädchenpaares, im lyrisch-dramatischen und im ausgesprochenen Soubrettencharakter gehalten, als deren Vorbilder Webers Agathe und Aennchen oder Mozarts Constanze und Blondchen zu betrachten sind, nur dass bei Lortzing — abgesehen von der Verschiedenheit der musikalischen Gestaltung — auch der ernster angelegten Natur stets ein Zug liebenswürdiger Schelmerei zu eigen gegeben ist. Das derbkomische Element ist in den »Beiden Schützen« durch den dummen Jungen Peter vertreten, dessen Tanzarie in Text und Musik ein Unicum von ausgelassener Laune ist und, da sie Lortzing für seine persönlichen Eigenschaften schrieb, uns ein Bild seiner Zungenfertigkeit und körperlichen Beweglichkeit giebt. Einer Einlage ist noch Erwähnung zu thun, die Lortzing für das mit einer Solonummer ursprünglich nicht bedachte Suschen schrieb, einer niedlichen Ariette, welche mit humoristischer Schlusswendung der Betrübniss Ausdruck giebt, dass Wilhelm ihr Bruder sein muss.

Zeigt sich Lortzing in späteren Werken reicher an musikalischem Gehalt, gemüthsinniger und weniger derb, so muss seinem Erstlingswerk doch zugestanden werden, dass der Charakter der komischen Oper in ihm am reinsten durchgeführt ist. Erst im »Wildschütz« begegnen wir wieder einer so ungetrübten Lustigkeit, die nirgends der Sentimentalität Raum giebt.

Der Erfolg der ersten Aufführung war ein völlig durchschlagender, und wenn auch die Kritik sich recht geringschätzig über das Werk äusserte, so machte es doch rasch seinen Weg über die Bühnen. Dresden gab die »Schützen« bereits am 6. August desselben Jahres, Prag 1839, Berlin 1839, München 1840 und endlich am 15. Oktober 1889 — 52 Jahre nach dem Entstehen — nahm auch die Wiener Hofoper sie in ihr Repertoire auf. Der erste Clavierauszug erschien in Leipzig bei Friedrich Hofmeister. Eine französische Ausgabe unter dem Titel »Les méprisés« bei Ed. Lauweryns in Brüssel, Rue de Brabant 174, jetzt Schaerbeck.

Unmittelbar nach der Vorstellung, unter den Glückwünschen der Freunde besprach Lortzing den Plan zu einer neuen Oper und entschied sich für das bekannte Lustspiel »Der Bürgermeister von Saardam oder Die zwei Peter«, nach dem Französischen von Duveyrier-Mélesville (dem Dichter des Textbuches zu »Zampa«), Boirie und Merle, deutsch von G. Römer, in dem er früher oft den Marquis von Chateauneuf gespielt hatte. Das Stück genoss damals noch ein gewisses Ansehen und die berühmtesten Komiker und Charakterdarsteller zählten den van Bett zu ihren Paraderollen, so Schmelka, Döring, Görner u. A.

Peter der Grosse als Opernheld war keine neue Erscheinung. Schon 1780 erschien ein fünfactiges musikalisches Drama dieses Namens von Christoph Gottlieb Hempel, Kammermusikus und Violinist der Herzoglichen Gotha'schen Kapelle. Mit besonderer Vorliebe wählten die Librettisten die Zeit, in der Peter in Holland weilte, um bei Mynheer Kalf in Zaandam die Schiffsbaukunst zu erlernen. Man zeigt dort noch heut die angeblich vom Zaren selbst gezimmerte Hütte mit einem von Alexander I. 1814 gestifteten Oelbild, Peter in Zimmermannstracht darstellend. Thatsächlich hielt sich aber der Zar nur 8 Tage in Zaandam auf, da er, von neugierigen Zuschauern belästigt, es vorzog nach Amsterdam zu gehen und dort ungestört auf den Werften der Ostindischen Compagnie zu arbeiten.[16]) Eine Oper von Gretry »Pierre le Grand« behandelt zuerst diese Episode und die Erstaufführung am 13. Januar 1790 gestaltete sich inmitten der Revolutionsstürme zu einer begeisterten Huldigung für Ludwig XVI. und Marie Antoinette, welche Bouilly, der Textdichter, gewissermaassen in Peter und Katharina personificirt hatte.

»Wenn durch Fleiss und Arbeit Peter sein Reich zur Blüthe bringt,
Louis durch seine Tugend Frankreichs Volk zu beten zwingt«.

So wurde der König unter dem Jubel der Royalisten von der Bühne aus angesungen in demselben Paris, das drei Jahre später seinem Tode unter der Guillotine zujauchzte.

Zur Feier Alexander I. von Russland auf dem Wiener Congress entstand, mit Benutzung des Bouilly'schen Textes, Weigls Oper »Die Jugendjahre Peter des Grossen« in der Bearbeitung von F. Treitschke, dem Textverfasser des »Fidelio«, zuerst aufgeführt am 11. December 1814. Die Scene war hier aus Holland nach Russland verlegt, sonst war wenig verändert, nur dass natürlich sich jetzt alle Huldigungen in Wirklichkeit an den Beherrscher aller Reussen wenden.[17])

In demselben Jahre entstand auch die bereits erwähnte Oper Lichtensteins: »Frauenwerth, oder: Der Kaiser als Zimmermann«.

Ein »Pietro il grande« von Vaccai wurde 1824 in Parma, ein anderer von Mercadante 1827 in Lissabon aufgeführt. Ein »Borgomastro di Saardam« von Donizetti erscheint 1827 auf der Bühne in Neapel und während Lortzing an seinem Zar schrieb, am 2. August 1837, in deutscher Sprache am Königstädter Theater zu Berlin in folgender Besetzung:

Zar Peter, unter dem Namen Peter Michailow . .	Herr Höfer.
Peter Fliman	Herr Erl.
van Bett, Bürgermeister von Saardam	Herr Koch.
Charlotte, seine Tochter	Dem. Kniesche.
Marie, sein Mündel	Dem. Hölzel.
General Lefort, unter dem Namen Filibert	Herr Cläpius.
Ali Mahmed, Gesandter der Pforte	Herr Voss.

Auch eine englische Oper von Cooke »Peter the great« (London 1829) und aus nach Lortzing'scher Zeit noch ein italienischer Pietro il grande (London 1852) und Meyerbeers »Nordstern« (Paris, 16. Februar 1854) sei erwähnt. Alle sind bereits der Vergessenheit anheimgefallen, nur Lortzings »Zar und Zimmermann« lebt trotz mehr denn 60jährigen Alters in unverminderter Jugendfrische auf allen Bühnen.

Nicht minder gross ist die Zahl der Lustspiele und Melodramen, die den gleichen Gegenstand behandeln; auf den Pariser Theatern allein erschienen seit dem Jahre 1801 etwa zehn Stücke, von denen das Mélesville'sche 1822 in Bamberg in der Römerschen Uebersetzung herausgegeben wurde. Zur Vergleichung sei hier der Zettel einer Aufführung des Lustspiels am Cölner Stadttheater im Jahre 1829 beigegeben, in der Lortzings Vater als Officier mitwirkte:

Peter, Zar von Russland, unter dem Namen Peter Bass, Zimmergeselle	Herr Kramer.
Peter Flimann, ein junger Russe, Zimmergeselle	Herr Meisinger.
van Bett, Bürgermeister von Saardam	Herr Wohlbrück.
General Lefort, russischer Gesandter bei den Generalstaaten . .	Herr Seidel.
Marquis von Chateauneuf, französischer Gesandter	Herr Reger.
Lord Syndham, englischer Gesandter	Herr Krieg.
Marie, Nichte des Bürgermeisters	Dem. Leissring.
Brown, Zimmermeister zu Saardam	Herr Braun.
Ein holländischer Offizier	Herr Lortzing.
Brown, Sohn, } ein Brautpaar	Herr Wappen.
Charlotte, }	Dem. Hörger.
Ein Courier	Herr Hoffmann.

Wie wir sehen, hat Lortzing ausser einigen Namen (Iwanow statt Flimann, was wieder auf Lichtenstein hindeutet) nichts an den Personen geändert als dass er aus dem Zimmermeister eine Wittwe Brown machte und das Brautpaar nur stumm auftreten liess. Dagegen hat er, wie schon erwähnt, den dritten Act völlig neu gestaltet, in dem sich ursprünglich eine grosse, sehr leidenschaftliche Scene zwischen dem Zaren und Lefort abspielt, und, mit Ausnahme des Zarenliedes, auf eine heitere Wirkung berechnet, die mit der köstlichen Gesangsprobe der sprichwörtlich gewordenen Cantate »Heil sei dem Tag, an welchem Du bei uns erschienen« und dem von liebenswürdigstem Humor getragenen Duett zwischen Iwanow und Marie denn auch aufs glücklichste erreicht wird. Um das Zarenlied hat sich ein ganzer Mythos gebildet: auf der Probe sollte es, als für den Charakter Peters nicht passend, gestrichen, dann wegen Indisposition des Sängers in der Erstaufführung weggelassen worden sein; als Logenlied sollte es Lortzing schon in Münster componirt haben, während Andere ihm die Autorschaft überhaupt absprachen und sie dem Capellmeister Stegmayer zuschrieben. Düringer berichtet: den Text zu dem bekannten Zarenliede, dessen Refrain: »O selig, o selig, ein Kind noch zu sein«, Lortzing selbst vorschrieb, hat Reger gemacht; während Pasqué aus Herlosssohns eigenem Munde wissen will, dass dieser das ganze Lied in seine jetzige Form gebracht und auch den Refrain erfunden habe. Nichts von Allem ist bewiesen und wenn auch Lortzing die gelegentliche Hilfe seiner Freunde bei Abfassung der Texte nicht verschmähte, so ist doch aus allen Schilderungen ersichtlich, dass er auch in diesem Falle einen wesentlichen eigenen Antheil daran hatte. Dass die Musik von ihm herrührt, bedarf keines Nachweises mehr. »Lortzings kindliche Einfachheit, seine wahrheitsliebende

Natur war nicht im Stande, sich mit Bewusstsein mit fremden Federn zu schmücken,« führt Düringer als letzten und recht wohl überzeugenden Grund an, wenn er die Gerüchte von Stegmayers Mithilfe am Zaren als Verleumdung zurückweist. Auch über die Erstaufführung wurde fabulirt, sie habe in Münster stattgefunden, während feststeht, dass in Leipzig am 22. December 1837 »Zar und Zimmermann« zuerst in Scene ging.

Wie in den meisten Lortzing'schen Opern handelt es sich auch hier um Verkleidung und Verwechselung: Zar Peter, unter der Maske eines Schiffszimmermanns, wird von den Gesandten Frankreichs und Englands aufgesucht, um ein Bündniss mit Russland abzuschliessen. Der Franzose erkennt bald seinen Mann, während der Engländer, irre geführt durch den einfältigen Bürgermeister van Bett, einen ebenfalls in Zaandam arbeitenden russischen Deserteur Peter Iwanow für den Zaren hält. Die Gesandten verkleiden sich, um ungestört verhandeln zu können und während der Marquis rasch sein Ziel erreicht, wird der Lord dupirt und verhilft unfreiwillig noch dem echten Zaren zu einem Pass, der ihm die Abreise gestattet. Am Schlusse giebt sich Peter als Kaiser zu erkennen, vereinigt Iwanow mit Marie, der Nichte des Bürgermeisters und unter allgemeinen Segenswünschen tritt er die Rückreise in sein Reich an.

Erhebt sich der Text schon weit über die spiessbürgerliche Atmosphäre der »Beiden Schützen«, so noch mehr die Musik. Vor Allem ist es das Lied, das einen anderen Charakter zeigt, das geläutert und veredelt von nun an zur Eigenart Lortzings wird, die seinen Opern den Stempel des echt volksthümlichen verleiht, ohne dass der Kunstwerth derselben herabgedrückt wird. Mit weiser Oekonomie hat er seine Lieder als Ruhepunkte der lebhaft bewegten Handlung eingestreut und mit richtigem Gefühl das Strophenlied gewählt, das sich allerdings nicht so eng an jede Wendung des Gedichtes anschliesst, wie das durchcomponirte, dafür aber die Grundstimmung, auf die es Lortzing hauptsächlich ankam, treuer festhält. Ganz schmucklos und einfach in Form und Inhalt, aber voll tiefen Gemüthsgehaltes, sprechen die schlichten melodischen Weisen unmittelbar zum Herzen und sind darum Eigenthum des Volkes geworden, wie das Zarenlied am besten beweist, das an Popularität kaum von Webers »Jungfernkranz« und »Einsam bin ich, nicht alleine« oder Mozarts »Reich mir die Hand mein Leben« übertroffen wird. Nicht minder ansprechend stehen die Romanze Chateauneufs »Lebe wohl, mein flandrisch Mädchen« und das russische Brautlied Mariens »Lieblich röthen sich die Wangen« da, denen die nationale Färbung noch einen besonderen Reiz verleiht. Die musikalische Charakteristik der Hauptpersonen ist wiederum in den ausgeführten Arien sehr glücklich gelungen. Die lächerliche Aufgeblasenheit und Schwatzhaftigkeit des hohlköpfigen Bürgermeisters kann nicht treffender wiedergegeben werden als in der Auftrittsarie, die in dem köstlichen — übrigens als Leitmotiv auch später verwendeten — »O, ich bin klug und weise« culminirt. Wieviel Selbstgefälligkeit und eingebildete Würde spricht der Mittelsatz »Diese ausdrucksvollen Züge« aus, in dem sich das Solofagott als secundirende Stimme der Vocalpartie gesellt und zu einem Duett von unendlich komischer Wirkung vereinigt. Einen liebenswürdigen Gegensatz dazu bildet Mariens Ariette von der Eifersucht mit ihrer schelmischen Neckerei, in die wiederum der Ausdruck wahrer Herzlichkeit »mein Herz gehört nur Dir allein« so warm hineintönt. Gar seltsam hat das Schicksal der Arie des Zaren mitgespielt: während dem sentimentalen Liede im dritten Act seit seiner Existenz Widerspruch entgegengestellt worden ist, weil es dem Charakter Peters nicht entspreche[18]), ist dieses gerade zur Hauptnummer der ganzen Oper geworden und die charakteristische grosse Arie des ersten Actes wird heut zumeist weggelassen. Zu rechtfertigen ist dieser Brauch keineswegs, denn der gewaltthätige Selbstherrscher erscheint denn doch gar zu schwächlich gezeichnet, wenn diese Scene, in der Kraft und Leidenschaft einzig zum Durchbruch kommen, gestrichen wird. Auch weist die Arie, kann sie schon von Manier nicht freigesprochen werden, die auf Gefälligkeit gegen den ersten Darsteller, der trefflich Rossini sang, zurückzuführen ist, musikalische Schönheiten ernster Natur auf, die sie der Erhaltung werth machen. Der naiv-fröhliche Peter Iwanow ist in den Duetten mit van Bett und Marie mit schalkhaftem Humor geschildert und auch für den chevaleresken lebhaften Franzosen, wie für den phlegmatischen Engländer sind die Tonfarben glücklich gewählt. Die Chöre sind bei Lortzing gewöhnlich nicht bedeutend, sie klingen frisch und geben froher Stimmung den passenden Ausdruck; in der Anfangsscene des dritten Actes aber hat er auch dem Chor eine wichtige Rolle zuertheilt, die an Dankbarkeit ihres gleichen sucht. Den Höhepunkt seiner Kunst erreicht der Componist in der Gestaltung der Ensembles, welche mit ausserordentlichem Geschick disponirt und durchgeführt sind. So fliessend und abgerundet, immer die Person und die Situation charakterisirend, und dabei so reich an Wohlklang als die beiden ersten Finales und das Männersextett finden sich nicht allzu viele Nummern in der Opernliteratur. Mit Glück verwendet Lortzing auch den a cappella-Satz, einen in neuerer Zeit nur wenig benutzten Effect. So bedeutet im Zaren fast jede Nummer einen Treffer und es erscheint natürlich, dass er als das Meisterwerk Lortzings, als der Typus seines Schaffens gilt und als ein Meisterwerk der komischen Oper überhaupt. Wie bescheiden Lortzing selbst von seinem Werke dachte, geht aus einem Briefe an Gollmick in Frankfurt a. M., den Jugendfreund aus Strassburg, hervor, in dem er schreibt:

Berthold.
Aus der Sammlung des Malers Herrn J. H. Bey in Leipzig.

»Mit meinem Zaren — halten Sie mich nicht für einen arroganten Kerl, weil ich von Mozarts göttlichem Figaro auf mich komme — war es ein eigen Ding. Mag sein, dass das Sujet etwas Pikantes hat, mag sein, dass mir die Musik nicht missglückt ist — die Oper ist auch leicht darzustellen und die letztere Eigenschaft hat nicht wenig dazu beigetragen, sie durch die Welt zu bringen. Nehmen Sie jede Rolle und Sie werden mir Recht geben. Der Bürgermeister ist nicht umzubringen, wie man zu sagen pflegt, Buffos mit und ohne Spiel haben sich daran versucht und alle Glück gemacht. Der Zar kann steifer sein, als man es vom Sänger verlangt, versteht er nur das Lied im dritten Acte gehörig zu säuseln, so hat er gewonnen. Die Marie ist im Gesange nicht bedeutend und daher leicht zu finden. Den Iwanow habe ich damals auf

Theater der Stadt Leipzig.

Freitag, den 22. December 1837.

Zum erstenmale:

Czaar und Zimmermann,

oder:

Die zwei Peter.

Komische Oper in 3 Akten.

Musik von G. A. Lortzing.

Personen:

Peter I., Czaar von Rußland, unter dem Namen: Peter Michaelow, Zimmergeselle.	Herr Richter.
Peter Iwanow, ein junger Russe, Zimmergeselle.	Herr Lortzing.
Van Bett, Bürgermeister in Saardam.	Herr Berthold.
Marie, seine Nichte.	Dlle. Günther.
General Lefort, russischer Gesandter.	Herr Pögner.
Lord Lyndham, englischer Gesandter.	Herr Becker.
Marquis von Chateauneuf, französischer Gesandter.	Herr Swoboda.
Wittwe Browe, Zimmermeisterin.	Mad. Lortzing.
Ein Officier.	Herr Linke.
Ein Gerichtsdiener.	Herr Heinrich.

Zimmerleute.
Braut und Bräutigam. Hochzeitsgäste.
Einwohner von Saardam.
Holländische Soldaten.
Magistratspersonen. Matrosen.

Die Handlung ist in Saardam im Jahre 1698.

Der Text der Gesänge ist an der Kasse für 4 Groschen zu haben.

39. Abonnementsvorstellung.

Preise der Plätze:

Parterre: 8 Groschen. Parket 16 Groschen.
Logen des Parterres: Ein einzelner Platz 16 Groschen.
Logen des Ersten Ranges: Ein einzelner Platz 16 Groschen.
Fremdenloge No. 25. 16 Groschen. Ein gesperrter Sitz daselbst 1 Thaler.
Logen des zweiten Ranges: Ein einzelner Platz 12 Groschen.
Erste Gallerie: 12 Groschen. Ein gesperrter Sitz daselbst 16 Groschen.
Zweite Gallerie: 8 Groschen. Ein gesperrter Sitz daselbst 12 Groschen.
Dritte Gallerie: Mittelplatz 6 Groschen: Seitenplatz 4 Groschen.

Anfang um 6 Uhr. **Ende gegen 9 Uhr.**

Einlaß um 5 Uhr.

THEATER-ZETTEL DER ERSTEN AUFFÜHRUNG.

Nach dem Originale im Besitze des Musikhistorischen Museums des Herrn Fr. Nicolas Manskopf in Frankfurt a. M.

Kruse, Lortzing.

meine umfangreiche Stimme zugeschnitten, er ist also auch leicht durch einen singenden Schauspieler zu repräsentiren. Der Marquis ist ebenfalls nicht bedeutend, ist er gut, desto besser, ist er schlecht, so hat er auf den Totaleffect zu wenig Einfluss.«

So Lortzing anno 1844, als seine Opern schon auf allen Bühnen gegeben wurden. — Im Leipziger Personal fanden sich glücklicherweiser einige Kräfte, die für die Spieloper besonders qualificirt waren, und praktischen Sinnes unterliess es Lortzing auch nicht, die Individualität der Sänger bei Gestaltung ihrer Aufgaben zu berücksichtigen. So wurde der van Bett die beste Rolle Bertholds, der durch seinen Humor und seine Natürlichkeit unwiderstehliche Heiterkeit verbreitete. Caroline Günther, die geistvolle Soubrette, die deutsche Déjazet, wie sie Pasqué nennt, war hinreissend in ihrem lieblichen Gesange, ihrer naiven und doch so pikanten Schelmerei als Marie. Lortzing selbst als Iwanow gab sich wie immer frisch, drollig und liebenswürdig. Lortzings Mutter war wiederum, wenn auch nur in einer kleinen Rolle, in der Oper ihres Sohnes beschäftigt. Richter, dessen fliessende Coloratur in der Arie des ersten Actes Berücksichtigung gefunden, gab den Zaren, Swóboda, den Marquis zufriedenstellend, so dass eine gute Gesammtaufführung zu Stande kam, und dennoch war der Erfolg der ersten Vorstellung zweifelhaft. Die Kritikaster hatten es doch erreicht, den gesunden Sinn des Publikums zu beirren und fuhren fort, Lortzings Schaffen als das eines Dilettanten hinzustellen. Eine Wiederholung der Oper konnte erst am 10. Januar 1838 stattfinden und banger Zweifel mag wohl in Lortzings Herz eingezogen sein, bis die auswärtigen Aufführungen, namentlich der glänzende Erfolg am Berliner Hoftheater, das günstige Schicksal des Zaren entschieden. Aber Lortzings Melodien drangen rasch ins Volk und schon auf der nächsten Messe konnte der Componist seine Lieder aus dem Munde der Harfenmädchen vernehmen. Mit jeder Wiederholung steigerte sich auch in Leipzig der Erfolg und so konnte Lortzing denn mit gutem Gewissen in der Theaterzeitung ankündigen:

Caroline Günther-Bachmann.

Anerbieten!

Den verehrten Bühnen-Directionen Deutschlands biete ich hiermit an:

Czar und Zimmermann.

Komische Oper in 3 Acten. Musik von Albert Lortzing.

Die Oper wurde auf dem hiesigen Stadttheater zu wiederholten Malen mit entschiedenem Beifall gegeben, und ist diese, wie meine dreiactige komische Oper »Die beiden Schützen«, auf rechtmässigem Wege nur durch mich selbst zu beziehen.

Leipzig, den 16. Januar 1838.

Albert Lortzing,
Mitglied und Opernregisseur des h. Stadttheaters.

Die Aufführung am Berliner Opernhause fand beim Publikum wie bei der Presse einmüthigen Beifall; man schrieb: »Die Musik ist von bedeutendem Werthe, man merkt kein ängstliches Vorbereiten, ahnet keine absichtlichen Coups, die oftmals ungeschickt genug verschleiert zu sein pflegen; alles ist frisch und lebendig und macht einen um so günstigeren Eindruck.« Damit war das Glück der Oper gemacht. Sie verbreitete sich jetzt schnell — für damalige Verhältnisse — über alle Bühnen und machte Lortzings Namen bekannt. Der Berliner Intendant, Graf von Redern, ehrte den Componisten noch besonders durch Uebersendung einer werthvollen Vase, Director Neumann in Breslau durch einen schönen Brillantring. Lortzing konnte nicht Copisten genug auftreiben, um die bestellten Partituren abschreiben zu lassen, denn an Vervielfältigung durch den Druck dachte man damals nicht, und er freute sich, wenn er »die armen Leute etwas verdienen lassen konnte«. Nachstehend die Besetzung der wichtigsten Erstaufführungen:

	Berlin, 4. Jan. 1839:	Hamburg, 22. Nov. 1839:	Dresden, 2. Febr. 1840:	München, 23. Juli 1841:	Wien, 22. Oct. 1842:
Zar	Zschiesche,	Hammermeister,	Mitterwurzer,	Krause,	Schober.
Iwanow . . .	Bader,	Nusch,	v. Böhme,	Hoppe,	Erl.
van Bett . .	Carl Blum,	Weiss,	Raeder,	Sigl,	Langenhaun.
Marie . . .	Dem. Grünbaum,	Md. Ussow,	Md. Schubert,	Dem. Hartmann,	Dem. Lutzer.
Chateauneuf .	Mantius,	Wurda,	Schuster,	Dietz,	Pfister.
Syndham . .	Mickler,	Gloy,	Kriete,	Fries,	Koch.
Lefort . . .	Kindermann,	Dumont,	Risse,	Lenz,	Becker.
Wwe. Brown .	Fr. v. Wrochem,	Md. Fischer,	Md. Wächter,	Md. Wühr,	Md. Lach.

Nach Dresden kam Lortzing selbst und petitionirte, seine Oper einmal dirigiren zu dürfen, es konnte dies aber amtlich nicht gestattet werden, da er ja nur Sänger und Schauspieler und nebenbei Componist, aber nicht Dirigent war. In Wien wurde der »Zar«, dem die Censur anfangs Schwierigkeiten bereitete, ehe er an die Hofoper kam, bereits im Josefstädter Theater unter Director Pokorny gegeben. Von dieser Aufführung rühren mehrere Einlagen her: eine Arie der Marie von Heinrich Proch, damals Kapellmeister des Theaters, eine zweite »Ach, die Sprache« vom Tenoristen H. Granfeld, und eine dritte, E-dur $4/4$ Andante, unbekannten Ursprungs.

Vom Kasseler Hoftheater erhielt Lortzing die Oper zurückgesandt, weil sie »für die dortigen Verhältnisse nicht passe«. Man hatte aber, wie sich aus den unverletzten Siegeln ergab, es gar nicht der Mühe werth befunden, die Partitur anzusehen. Düringer berichtet, dass Lortzing später, als der Hof die Oper verlangte, dem Intendanten sehr erschwerende Bedingungen gestellt habe, man einigte sich jedoch auf den Ankauf von drei Opern zum Preise von je 20 Louisd'or ($113\frac{1}{3}$ Thlr.), wovon Lortzing noch $14\frac{1}{2}$ Thlr. für jede Partitur an den Copisten abzugeben hatte. Für dieses einmalige Honorar von noch nicht 100 Thalern gehörte das Aufführungsrecht für *ewige* Zeiten dem Hof-Theater in Kassel.

Sehr bald fand der »Zar« den Weg auf die Bühnen des Auslandes, und abgesehen von den Aufführungen in deutscher Sprache, gab man die Oper auch in das heimische Idiom übersetzt in Stockholm, Christiania, Kopenhagen, Pest, Prag, London, Amsterdam, Antwerpen, Agram u. s. w. Selbst jenseits des Oceans erklangen bald die Weisen Lortzings und machten manch deutsches Herz bei der Erinnerung an die Heimath höher schlagen. In Riga, wo der »Zar«

natürlich nicht auf der Bühne erscheinen durfte, half sich Director Engelken, indem er den Brautzug Kaiser Maximilians nach Gent benutzte. Statt Russland wurde Deutschland, statt Zar Fürst gesagt, die Namen der Gesandten wurden verändert und die Handlung nach Antwerpen verlegt; so war der Censur Genüge gethan und die Oper machte Furore. Nur in Frankreich fand sie auffälligerweise keinen Eingang, trotzdem eine französische Uebertragung von Danglas im Clavierauszuge, der unter dem Titel »Pierre le grand à Saardam« in Paris erschien, vorliegt. Ein chauvinistischer Widerstand gegen die deutsche Kunst hielt allzulange an der Grenze Wacht. Endlich aber öffneten sich doch vor Richard Wagners siegreichem Genius die Schranken und nunmehr wird auch der heitere Lortzing seinen Einzug halten. Auf Anregung des Baritonisten Lasalle soll noch vor Ablauf dieses Jahrhunderts »Zar und Zimmermann« in der Opéra comique zur Aufführung gelangen und auch an dem von Emile Dürer geplanten Théâtre international in Paris stehen Lortzing-Vorstellungen in Aussicht.

Krolop als van Bett.
Nach einer Photographie von J. C. Scharwächter, Hofphotograph S. M., Berlin.

Die Berliner Hofoper, von der aus der »Zar« einst seine siegreiche Laufbahn begann, blieb allezeit die Pflegestätte von Lortzings Meisterwerk. Sie durfte sich auch rühmen, während des letzten Vierteljahrhunderts den hervorragendsten Vertreter Lortzingscher Bassbuffopartieen zu besitzen, Franz Krolop, gestorben 30. Mai 1897, den unvergesslichen humorvollen Darsteller des Baculus, Hans, Stadinger und des klugen und weisen Bürgermeisters van Bett.

»Mein Mann ist sehr fleissig, er muss viel Komödie spielen, denn er ist hier sehr beliebt, und ausser dem Komödiespielen componirt er auch noch sehr fleissig,« so schreibt Frau Rosine ihrer Schwester, und in der That, man kann den Fleiss, den Lortzing entwickelte, nicht genug bewundern. Seinem eigentlichen Beruf, componiren und »Texte zusammenflicken«, wie er es bescheiden nennt, konnte er nur in den Stunden leben, die von Rechtswegen der Erholung hätten gewidmet sein sollen, denn seine schauspielerische Thätigkeit nahm ihn fast täglich in Anspruch, dazu kam noch die Last der Opernregie. Lortzing war für dieses Amt so wenig als möglich geeignet; so gern er spottete und witzelte, war es ihm doch schrecklich, Jemand etwas Unangenehmes sagen zu müssen, aus Furcht, ihm wehe zu thun. Liebenswürdig und gutmüthig über die Maassen, dabei immer zu Scherzworten geneigt und jeder steifen Würde abhold, mag es ihm schwer genug geworden sein, die Autorität aufrecht zu erhalten. Er erkannte das auch selbst und als er einmal bei der Direction die schriftliche Beschwerde eines älteren Mitgliedes fand, das gern an seiner Stelle gewesen wäre, und Düringer empört über die Falschheit des Mannes war, der stets das Gegentheil geäussert und Lortzing gegenüber die Freundlichkeit selbst war, antwortete er ihm: »Ach, liebes Bruder, das musst Du ihm nicht übelnehmen, er meints gewiss nicht böse; er hat Recht, ich tauge nicht für diesen Posten, und dass er auch nicht dazu taugt, das weiss er eben nicht.«

Um so mehr Anerkennung fand er beim Publikum als Schauspieler und an seine Darstellung des »Reisenden Studenten«, in dem Vaudeville von Louis Schneider, knüpft sich nachstehende Anekdote, die in verschiedenen Versionen erzählt wird und nicht unwahrscheinlich klingt.

Lortzing als »Reisender Student«.

Der Theatervorstand Dr. Demuth hatte bestimmt, dass Lortzing aus dem Liede »Ungeheure Heiterkeit ist meines Lebens Regel« den Vers, der erinnert, wie seiner Zeit der Rector magnificus auch ein flotter Student gewesen sei, weglassen solle. Lortzing fand den Vers ganz harmlos, das Verbot unbegründet und sang ihn und obwohl die Worte gar nicht besonders auffielen, wurde er doch zu einer Geldbusse von 20 Thalern oder drei Tagen Arrest verurtheilt, die er auch richtig absass. Im nächsten Lustspiel empfing ihn das Publikum mit stürmischem Beifall. Lortzing dankte und sprach: »Ich weiss nicht, bei diesem liebevollen Empfange überfällt mich eine ungeheure Heiterkeit. Aber mehr zu sagen verbieten mir Demuth und Bescheidenheit.« Endloser Applaus folgte diesen Worten, der gestrenge Dr. Demuth aber verschwand aus seiner Loge.

Mit Feuereifer war Lortzing nach dem Zaren an eine neue Oper gegangen. Aus dem schmucklosen, einsamen Gartenstübchen, des zur »Grossen Funkenburg« gehörigen Hauses, erklangen die herzgewinnenden Melodieen in unerschöpflicher Fülle. »Lortzing producirte leicht; des Morgens früh nach dem Erwachen zeichnete er seine zierlichen Noten aufs Papier. Er componirte fast ohne Beihilfe des Claviers; stockte die Erfindung, dann brachten kleine Rundgänge im Zimmer alles rasch zur Blüthe und Reife«. Früher benutzte er häufiger das Cello, auf dem er den Bass spielte, während er seine Melodien dazu sang. — Die neue Oper sollte keine komische werden, ein romantischer Stoff aus dem fernen Peru war von Robert Blum zum Operntext gestaltet worden und Lortzing componirte ihn. Die litterarische Thätigkeit Blums gehörte, ehe er sich der Politik zuwandte, fast ausschliesslich dem Theater an. Schon 1836 erschien sein Schauspiel »Die Befreiung von Candia«, ausserdem schrieb er »Vaterfluch«, »Das unglaubliche Opfer der Bruderliebe«, »Selico und Nerissa«, die Possen »Der Millionär«, »Cholera morbus«, eine für vier Theaterabende berechnete Tragödie »Kosziusko«; auch gab er im Verein mit Herlosssohn und H. Marggraff ein »Allgemeines Theater-Lexicon« heraus. Seit 1843 redigirte er dann in Gemeinschaft mit Steger das politische Taschenbuch

»Vorwärts« und betheiligte sich an den »Sächsischen Vaterlandsblättern«. Von dem Textbuch, das den Titel »Die Schatzkammer des Inka« führte und das Düringer als ungeeignet bezeichnet, ist ebenso wenig eine Spur aufzufinden als von Lortzings angeblich vollendeter Partitur. Die Oper kam gar nicht ans Tageslicht und scheint von ihm selbst vernichtet zu sein, nur eine Nummer daraus, ein Marsch, ist erhalten geblieben.

Lortzings Wohnhaus (Grosse Funkenburg) in Leipzig.
Nach einer Original-Aufnahme von Eugen Ravenstein, Verlag J. B. Kleins Kunsthandlung in Leipzig.

Ohne sich durch den Fehlgriff verstimmen zu lassen, ging Lortzing an ein anderes Werk, zu dem ihm die in Leipzig alljährlich stattfindende Feier des Fischerstechens die Anregung gab, und am 20. September 1839 wurde zum ersten Male aufgeführt:

Caramo, oder: Das Fischerstechen.

Komische Oper in 3 Acten, nach St. Hilaire und Duport frei bearbeitet.
Musik von G. A. Lortzing.

Personen:

Enrico, Prinz von Forli	Herr Stürmer.
Marquis von Farambolo	Herr Berthold.
Rosaura, seine Tochter	Dlle. Schlegel.
Graf Arnoldo, Vertrauter des Prinzen . . .	Herr Linke.
Graf Carlo, Kammerherr	Herr Saalbach.
Willibaldo, Haushofmeister des Marquis . .	Herr Ballmann.
Caramo, ein junger Fischer	Herr Schmidt.
Angela, seine Braut	Dlle. Günther.

Herren und Damen, Bediente, Jäger, Pagen, Bauern und Bäuerinnen, Fischer, Masken.
Die Handlung geht auf dem alten Schlosse des Marquis von Farambolo vor, in einem kleinen Fürstenthume Italiens im Anfang des 17. Jahrhunderts.

Auf Schloss Farambolo ist in später Nacht Prinz Enrico angekommen, welcher nach dem Willen seines Vaters dort einige Monate verbleiben soll, um den Gefahren der Residenz zu entgehen. Der alte Marquis fasst sogleich den Plan, Schwiegervater des Prinzen zu werden und ihn mit seiner Tochter Rosaura zu verheirathen. Enrico aber entzieht sich dem ihm verhassten Zwange, indem er mit dem Fischer Caramo die Kleider und die Rollen tauscht und während er auf leichtsinnige Abenteuer ausgeht, spielt Caramo die Rolle des Prinzen mit viel komischer Grandezza. Jetzt kommt auch Angela, Caramos Braut, die plötzlich verschwunden war, aufs Schloss zu ihrer früheren Herrin, und Caramo, der sich nicht zu erkennen giebt, erfährt, dass der Prinz es war, der sie entführen liess. Gleichzeitig wird Enrico ihm vorgeführt, den man des Diebstahls seiner kostbaren Börse bezichtigt; um den Verlegenheiten ein Ende zu machen, bekennt er sich als Prinz, aber Niemand glaubt ihm, da Caramo aus Rache seine Rolle fortspielt und den Prinzen in Arrest schickt. Im dritten Act endlich wird Enrico während des Fischerstechens, an dem theilzunehmen er gezwungen ist, durch Graf Carlo, der des Vaters Verzeihung überbringt, recognoscirt und die Verwirrung löst sich. Rosaura wird mit dem von ihr geliebten Carlo, Angela mit Caramo vereinigt, Enrico kehrt nach der Residenz zurück und

> »Heiter nun der Zukunft Bild erscheint,
> Liebe alles froh vereint.«

Das von Lortzing sehr witzig bearbeitete Sujet mit den prächtigen humoristischen Figuren und den höchst komischen Situationen hat leider durch die Zuspitzung auf den äusserlichen Effect der Darstellung des Fischerstechens den wirksamen dramatischen Abschluss eingebüsst, auch war damit eine scenische Schwierigkeit geschaffen, die den Weg auf auswärtige Bühnen so erschwerte, dass die Oper auf Leipzig beschränkt blieb, und auch hier wurde sie bald durch neue Werke Lortzings vom Repertoire verdrängt. Die Musik zählte er selbst zu seinen besten Schöpfungen und jedenfalls hat sie das Schicksal völliger Vergessenheit nicht verdient. Sie weist vielmehr alle Vorzüge von Lortzings Compositionsweise auf und fesselt besonders durch den zum ersten Male angeschlagenen feineren Conversationston und das Localcolorit einzelner Nummern, wie des Fischerliedes Caramos, der Bravourarie Rosauras, des Chores No. 9. Auf seine eigentliche Domaine, das Strophenlied, verzichtet der Componist diesmal ganz zu Gunsten der ausgeführten Arie, die sich jedoch durchweg im heiteren Charakter bewegt. Ein kleines Cabinetsstück ist diejenige Caramos (No. 3), in der er den Verlust Angelas beklagt, die er für eine Verrätherin hält; er will die Treulose vergessen und sich mit anderen Schönen trösten, er stimmt ein heiteres Lied an und verfällt immer wieder in die Klage um sie und trotz des munteren Rythmus seines Lalala klingt doch eine komische Wehmuth von eigenartigster Wirkung heraus. Etwas conventionell erscheint die zweite (No. 6), die aber durch ein munteres Rondo zu freundlichem Abschluss gebracht wird. Wenig hervorragend ist auch Angelas Romanze (No. 8) und der Mangel an dankbaren Solo-Nummern trägt wahrscheinlich mit Schuld am schwachen Erfolg der Oper. Sehr hübsch sind die Duette zwischen dem Marquis und Rosaura (No. 2) und Caramo und Angela (No. 13), das vornehme und das volksthümliche Paar glücklich charakterisirend; auch No. 4 (Prinz und Caramo) mit dem durch die ganze Oper sich ziehenden Fischerlied und dem gleichfalls wiederkehrenden Refrain: »In verhängnissvollen Lagen hilft uns Schlauheit und Genie.« Vortrefflich gearbeitet ist wieder das Quartett No. 7 mit seinen melodischen Themen, während No. 12, weniger kunstvoll und auch nicht so gesanglich, komischer wirkt und in einem gleichzeitigen flotten Parlando der vier Betheiligten den Schlusseffect findet. Der ahnenstolze Marquis, die am feinsten gezeichnete Buffopartie, die Lortzing geschrieben, tritt solistisch am meisten in den Introductionsscenen des ersten und drittes Actes (No. 1 und No. 11) hervor und namentlich die letztere, den Familienrath darstellend, der die Heirath Rosauras mit dem Prinzen beschliesst und bei dem blossen Worte »Mésalliance« in corpore in Ohnmacht fällt, ist äusserst amüsant. Das erste Finale (No. 5), in dem der Chor sehr witzig, aus lauter Alten bestehend, eingeführt wird, culminirt in der im italienischen Geschmack geschriebenen Bravour-Arie Rosauras, welche vom Bühnen-Orchester begleitet wird; eine gesanglich prächtige Nummer, deren Stil vortrefflich zum Bühnenbild — Concert in vornehmer Rococo-Gesellschaft — passt. Eine lebhaftere dramatische Wirkung wird freilich durch das zweite Finale (No. 10) erzielt, dessen fortdrängende Handlung in der Musik glücklichsten Ausdruck findet. Das Schlussfinale wird durch den Chor (No. 14), Marsch, Festzug, Tanz und die Scene des Fischerstechens (No. 15), sowie den angehängten kurzen Schlussgesang (No. 16) gebildet, leider nicht zum Vortheil der Oper, die durch den Mangel eines festgefügten dramatisch-musikalischen Abschlusses in ihrem Eindruck wesentlich beeinträchtigt wird. Ouverture und Balletmusik erheben sich nicht über das Durchschnittsmaass Lortzing'scher Orchesterstücke. Von besonderem Interesse ist »Caramo« dadurch, dass sich gewisse kleine Tonbilder daraus in späteren Opern wiederfinden. Nicht nur, dass Lortzing selbst melodische Phrasen theils verändert, theils unverändert im »Wildschütz«, »Waffenschmied«, in »Undine« und der »Opernprobe« benutzt, wir sehen Wendungen, wie bei a) in Thomas' »Mignon«, bei b) in Flotows »Martha« notengetreu wiederkehren:

und noch auffälliger sind die Stellen, welche sich genau so in Wagners, ein Lustrum später componirtem »Tannhäuser« und dem »Lohengrin« finden:

Der Gedanke einer Entlehnung ist natürlich aus innern und äussern Gründen völlig ausgeschlossen.

Von den Darstellern der Oper ist Heinrich Stürmer, Ehrenmitglied des Leipziger Stadttheaters und Frau Louise Köster-Schlegel, Kammersängerin und Ehrenmitglied des Berliner Königlichen Opernhauses noch am Leben und Beide erinnern sich mit Wehmuth des liebenswürdigen Meisters.

Der Zusammenhang von Lortzings Production mit den Zeitereignissen, den wir schon in seinen Jugendwerken beobachtet, ist auch fast bei allen späteren wahrzunehmen. So war auch die nächste Oper sozusagen eine Gelegenheitsarbeit, welche zur Verherrlichung der vierten Säcularfeier der Erfindung der Buchdruckerkunst entstand, für die Mendelssohn seine Gutenberg-Cantate und den »Lobgesang« schrieb resp. vollendete.

Wir besitzen über die Erstaufführung, 23. Juni 1840, einen Bericht Robert Schumanns, leider die einzige Aeusserung über Lortzing in seinen gesammelten Schriften. »Zur Vorfeier hatte Herr Albert Lortzing eine neue komische Oper »Hans Sachs« geschrieben, die die früheren desselben Componisten an Frische, Leichtigkeit und Lieblichkeit noch übertreffen soll. Ich selbst konnte der Vorstellung nicht beiwohnen. Die Aufführung soll aber höchst erfreulich gewesen sein und hat dem Componisten reichen Lohn gebracht. Mehrere Nummern wurden da capo verlangt und Beifall durch Kränzewerfen und Hervorruf blieben nicht aus. Es steht uns in den nächsten Tagen eine zweite Aufführung bevor.« Das Deinhardstein'sche dramatische Gedicht, dessen Erstaufführung am Berliner Hoftheater, 13. Februar 1828, Goethe mit einem Prolog einleitete, war Lortzing in demselben Jahre schon in Detmold bekannt geworden; er schrieb damals seinen Eltern, dass dem Schauspieler Jacobi, dem Darsteller des Sachs in Hamburg, als Anerkennung von der dortigen Schuhmacherzunft ein Diplom ertheilt worden sei, welches ihm und seinen Kindern und Kindeskindern, so lange sie leben, frei Schuh und Stiefel zusichere. Und weiter berichtete er: »Hans Sachs hat hier ausserordentlich gefallen, es ist eine der besten Productionen, welche die Neuzeit hervorgebracht hat«. Die Wahl des Stoffes zur Festoper lag also nahe und Freund Reger fertigte mit Hülfe Düringers, der das Strophenlied »der Liebe Glück, das Vaterland« und das letzte Finale beisteuerte, sowie Lortzings selbst, der die komischen Piècen einfügte, das Textbuch an, welches Ringelhardt, der alte Practicus, nach der Lectüre dem Componisten mit der Bemerkung zurückgab: »Hier, Herr Lortzing, haben Sie den »Hans Sachs«, komische Oper in drei Acten — hm — ist gerade nicht sehr komisch«.

Hans Sachs.

Fest-Oper mit Tanz in 3 Acten, nach Deinhardtsteins Drama bearbeitet von Philipp Reger.
Musik von A. Lortzing.

Personen:

Kaiser Maximilian der Erste	Herr Wollrabe.
Meister Steffen, Goldschmidt	Herr Stürmer.
Kunigunde, seine Tochter	Frl. von Baja.
Kordula, seine Nichte	Dlle. Günther.
Hans Sachs, Schuster und Meistersänger	Herr Kindermann.
Görg, dessen Lehrbursche	Herr Schmidt.
Eoban Hesse, Rathsherr von Augsburg	Herr Berthold.
Meister Stott, erster Merker	Herr Ballmann.
Erster Rathsherr	Herr Linke.
Zweiter Rathsherr	Herr Hofmann.
Erster Bogenschütz	Herr Saalbach.
Zweiter Bogenschütz	Herr Elbert.
Frau Saberl, eine Zeltwirthin	Dlle. Krauss.

In der Bearbeitung fällt zunächst auf, dass das Personal um zwei Personen bereichert ist: Kordula, die junge Anverwandte, das Aennchen-Pendant zu Kunigunde-Agathe und Görg, der Lehrbube, ein Vorläufer des Wagner'schen David, gleich wie dieser der »Schuhmacherei und Poeterei« beflissen und verliebt in die Genossin der Goldschmiedstochter, die heitere Kordula, die jedenfalls besser zu ihm passt, als die gealterte Amme in den Meistersingern. Von den Vertretern der Sängerzunft ist sodann der »erste Merker« ein singender Stotterer, der auch neuerdings in Smetanas »Verkaufte Braut« wirksam verwerthet worden ist, sehr komisch gestaltet. Der Titelheld spielt hier etwa die Rolle des Walther Stolzing, der von der Zunft verworfen wird, schliesslich aber doch den Preis und damit zugleich die Geliebte erringt; Eoban Hesse, der Plagiator und geprellte Freier, entspricht ungefähr dem Beckmesser und auch Kunigunde weist eine gewisse Verwandtschaft mit Evchen Pogner auf. Von einer Vergleichung der »gemüthlichen Schusterkomödie«, wie Lortzing selbst den »Hans Sachs« bezeichnet, mit Wagners unsterblichen »Meistersingern« kann natürlich nicht die Rede sein, man kann aber auf die Heranziehung derselben bei der Gleichartigkeit des Stoffes einmal nicht verzichten. Musikalisch bewegt sich Lortzing hier auf dem ihm heimischen Boden des deutschen Bürgerthums, dem später auch sein »Waffenschmied« entsprosste, und wäre ein weniger sentimentales und besser abgerundetes Textbuch ihm zu Hilfe gekommen, lebte der »Sachs« wahrscheinlich heut noch auf den Bühnen, denn an künstlerischem Werth steht die Musik entschieden höher, als die des »Waffenschmied«.

Kindermann.

Es ist natürlich, dass uns ein Hans Sachs im Charakter eines jugendlichen Liebhabers, noch von allem »Wahn« befangen, heut nicht mehr zusagen will; diese Auffassung aber einmal zugestanden, wird man das hübsche lyrische Tongewand, in das er gekleidet, nicht tadeln können. Es spricht so viel Treuherzigkeit und Innigkeit aus seinen Gesängen, dass man sich auch diesen Sachs als glaubhaft vorstellen kann, namentlich zu einer Zeit, wo noch keine Vergleichung das Urtheil beeinflussen konnte und ein Sänger, wie der jugendliche Kindermann, mit all seinen schönen Mitteln ihn sympathisch verkörperte. Am glücklichsten ist er in der Scene und Arie (No. 2) gezeichnet: bald träumend und dichtend, bald die Schusterarbeit ergreifend, und hier ist Lortzing eine äusserst stimmungsvolle musikalische Situationsmalerei gelungen. Weniger hoch steht das Lied (No. 8), es verfehlt aber mit seinem aus dem trüben Moll in das helle und zuversichtliche Dur übergehenden Refrain, seine Wirkung nicht. Auch Kunigunde führt sich in ihrer melodiösen Cavatine (No. 4) etwas stark schwärmerisch ein, ihr Bild wird jedoch durch Züge von Festigkeit und Humor immer lebensvoller. Der munteren Kordula ist in ihrer Kartenleger-Arie mit anschliessendem Duett (No. 14) eine überaus originelle, von liebenswürdigster Laune erhellte Nummer zuertheilt. Mit seinen frischen, volksmässigen

Liedern (No. 1 und 11) ist Görg ein prächtiges Seitenstück zu dem Knappen Veit in der »Undine«, auch Eoban Hesse ist eine gelungene komische Figur, während der grosssprecherische, zum Bürgermeister erwählte Steffen sowohl des rechten Humors als des Gemüths ermangelt. Die Ensembles (No. 3, 5 und 16) wie die Finales (No. 6 und 13) zeigen wieder den geschickten Aufbau und verrathen Lortzings kunstfertige Hand. Sehr wirksam sind auch hier grössere a capella-Sätze eingefügt und eine Individualisirung der Einzelstimmen ist oft mit gutem Gelingen erstrebt. Auch gut ineinander gefügten Doppelchören begegnen wir hier (No. 7) und mehrfachen Ansätzen zu polyphoner Arbeit und canonischem Satz. Am auffälligsten erscheint die leitmotivische Verwendung einzelner Themen, so des innigen »das Herz will ich bewahren dem Lieb im Heimathland« aus Görgs Schusterlied, den Sachs'schen Refrain: »Der Liebe Glück, das Vaterland« und des oft wiederkehrenden »Es hat der Kaiser mein gedacht«, welch letzterer in dem kleinen Entr'act (No. 13) mit Kordulas »Sehnsuchtsvoll mit süssem Bangen harre ich, Geliebter, Dein« combinirt ist und die Situation musikalisch vorbereitet. Auch tonmalerische Effecte fehlen nicht bei Lortzing und wie in Caramo die steifen Verbeugungen, so ist hier im Sachs das Ziehen des Pechdrahtes, das Mischen der Karten, das Herablaufen von der Treppe musikalisch deutlich wahrnehmbar gezeichnet. Alles in Allem zeigt die Musik viel feine Züge und sorglichen Fleiss in der Ausarbeitung; ein Colorit, das Zeit und Ort unverkennbar veranschaulicht und ein grunddeutsches Gepräge. Wenn trotz so vieler Vorzüge die Oper sich nicht auf dem Repertoire erhielt, so trägt wiederum nicht geringe Schuld der matte Abschluss derselben, der uns statt eines vollen Ausklingens in einem ausgeführten Finale, wie in Caramo eine unbedeutende Balletscene bringt, auf die, nach einer prosaischen Lösung des leicht geschürzten Knotens, ein nicht mehr interessirender Schlusschor zum Lobe des als deus ex machina waltenden Kaiser Maximilian, folgt. Obwohl vereinzelte Bühnenaufführungen bis in die neueste Zeit zu verzeichnen sind, hat der Lortzing'sche Sachs naturgemäss den Meistersingern für immer das Feld räumen müssen; er ist aber eine beliebte Gesangsvereins-Oper geworden und hat somit bei den Erben der Meistersingerschaft eine nicht unwürdige Heimstätte gefunden. Ein seltsamer Zufall will es übrigens, dass sich auch in dieser Oper etwas Wagner'sches findet, und zwar das höchst charakteristische David-Motiv, das vollkommen übereinstimmend bei Lortzing lautet:

Eine tiefere Bedeutung gewinnt der Sachs noch, wenn man ihn mit Lortzings Leben in Verbindung bringt. Er selbst erscheint uns da als der schlichte Handwerksmeister, dessen Dichten und Trachten durch die Berufspflicht allzu oft gestört wird. Er selbst ist der von der »Zunft« missachtete volksthümliche Poet, dem die Meister der Tabulatur höhnend zurufen:

»Als deutscher Minnesänger zieht durchs Land,
Den Wanderstab in Eurer Dichterhand!«

Und wenn auch nicht im Leben, so hat sich doch im Tode bewahrheitet, was in der Oper so oft begeistert wiedertönt:

»Es hat der Kaiser mein gedacht!«

Der »deutsche Kaiser«, den jene Zeit herbeisehnte, den Lortzing in schweren Kampfestagen prophetisch besang, dessen Herrlichkeit er aber nicht mehr schauen sollte, er hat in den anspruchslosen Schöpfungen der Lortzingschen Muse eine gesunde geistige Nahrung für das deutsche Volk erkannt und sie aufs Neue zu Ehren gebracht.

Es ist eine bemerkenswerthe Thatsache, dass neuerdings bei festlichen Anlässen, z. B. an Kaisers Geburtstag und bei Parade-Vorstellungen an der Berliner Hofoper (wo früher nur Meyerbeer und Spontini zu Worte kamen), mit Vorliebe Lortzing'sche Opern zur Aufführung gewählt wurden, und hierdurch dem heimgegangenen Meister eine späte Auszeichnung zu Theil geworden ist, von der er sich bei seinen Lebzeiten gewiss nichts träumen liess.

Während Lortzing ein neues heiteres Bühnenwerk vollendete, traf ihn bitteres Herzeleid: sein innig geliebter Vater starb plötzlich am 2. December 1841 und wir, die wir die rührende Zärtlichkeit kennen, mit der Lortzing an den Seinen hing, können auch seinen Schmerz ermessen. Charakteristisch ist für ihn, wie er selbst bei den traurigsten Veranlassungen seinem Gefühle in Worten Luft machen musste, die meist scherzhaft klangen, wenn ihm selbst auch das weiche Herz dabei brechen wollte. So erzählt Düringer: Als Lortzing im höchsten Jammer den letzten Abschied von der Leiche seines Vaters nahm und das Leichentuch hinweggezogen wurde, hatte sich die kleine Perrücke, die der Alte im Leben zu tragen pflegte, auffallend verschoben. Indem er dem todten Vater die letzten heissen Küsse auf das Antlitz drückte, setzte er ihm die Tour zurecht und stammelte unter tausend Thränen: »So so, mein Alterchen — Dein Atzelchen hübsch gerade setzen — warst ja sonst immer so ordentlich«.

Die Leichenrede hielt ebenfalls Düringer und er wandte sich in dieser an den Sohn mit folgenden Worten: »Fasse Muth, mein theurer Freund, stärke dich durch das Bewusstsein, dass du ihn nie betrübtest, dass du die Freude deines guten Vaters warst, der nicht allein beseligt auf die Kränze deines Künstlerruhmes blickte, nein auch an deinem edlen Selbst, an deinem Biedersinn, an deiner Redlichkeit, der schönen Frucht seiner Erziehung, seines Beispiels, sich erfreute«. Und zu dem Todten gewandt: »Schlafe sanft, braver Mann! Wir konnten deiner bescheidenen Anspruchslosigkeit im Leben selten beweisen, wie hoch wir dich achten, nimm diesen letzten schmerzlichen Beweis der Liebe und Hochachtung — unsere Thränen auf dein Grab«. — Einige Monate später begrub Lortzing ein kleines Töchterchen, Marie, das am 23. Februar 1841 zur Welt gekommen war. Die Geburt des Kindes hätte Lortzing beinahe selbst das Leben gekostet, denn als er in grosser Besorgniss fortlief, um einen Accoucheur zu holen, erkältete er sich derart, dass er schwer krank wurde und in ernster Gefahr schwebte.

Unter so wechselndem Leid und Freud entstand und wurde am 31. December 1841 zum ersten Male aufgeführt:

Casanova.

Komische Oper in 3 Acten. Nach einem französischen Vaudeville frei bearbeitet. Musik von Albert Lortzing.

Personen:

Johann Jacob Casanova de Seingalt, Officier	Herr Schmidt.
Busoni, Commandant des Forts St. André	Herr Stürmer.
Rosaura, seine Nichte . . . , ...	Dem. Kreuzer.
Gambetto, ein reicher Venetianer, Busonis Vetter . . .	Herr Lortzing.
Rocco, Kerkermeister im Fort, Invalide	Herr Berthold.
Bettina, seine Tochter	Dem. Günther.
Peppo, Schliesser, Bettinas Bräutigam	Herr Linke.
Fabio, Gastwirth, ein ehemaliger Diener von Casanovas Vater	Herr Hofmann.

Lortzing hielt es für nöthig, dem Textbuch folgende Anmerkung beizufügen:

»Casanovas Charakter ist feurig, ritterlich, zugleich ein Gemisch von Keckheit, Leichtsinn und Muthwillen. Sein Gang ist fein, edel und rasch, so auch seine Sprache. Er wird nie sentimental, nur dann und wann ernst, doch gewinnt sein Muthwille gleich wieder die Oberhand. Den respectiven Darstellern dieser Rolle ist vor allem Feuer und Leichtigkeit im Spiele zu empfehlen«.

Diese Anforderungen an deutsche Tenoristen erklären leicht das geringe Bühnenglück auch dieser Oper, welche mit dem Darsteller der Titelrolle steht und fällt. Deutschland war nie im Besitz eines Institutes, das die Spieloper systematisch gepflegt hätte, wie es die Opéra comique in Paris mit so glänzendem Erfolge seit dem Entstehen der Gattung gethan; es bildeten sich keine Sänger für dieselbe aus und es fand sich auch seit Lortzings Tode kein Componist mehr, der sein Schaffen in den Dienst der heiteren Kunst gestellt hätte, denn bei dem Mangel an sangestüchtigen und zugleich spielgewandten Darstellern konnte Niemand auf Erfolg hoffen. Wohl gab es und giebt es auch heut in Deutschland zahlreiche Künstler, die beiden Anforderungen entsprechen, aber nirgends findet sich ein Ensemble, wie es die Pariser Bühne mustergültig herausgebildet hat, das, auf den Ton der leichten musikalischen Conversation gleichmässig abgestimmt, die intimen Reize der Lustspieloper durch graziöse Behandlung von Wort und Ton zur Geltung bringt. Mehr als einmal klagt Lortzing, »dass der Deutsche immer singt, als wenn er einen Harnisch oder ein Panzerhemd an hätte«; das hat leider auch heute noch Geltung und kann bei dem Ueberwiegen der grossen Oper und des Musikdramas nicht Wunder nehmen. Durch den Mangel einer tonangebenden Bühne für die Spieloper ist dieser (sehr zum Schaden der Nation) nur ein ganz bescheidenes Plätzchen im Rahmen der dramatischen Kunst übrig geblieben, während der unkünstlerische Genre der Operette dem immer regen Heiterkeitsbedürfniss des Publikums scrupellos entgegenkam und eine Zeit lang alle Bühnen überschwemmte. Die Entwickelung eines Stiles für die deutsche komische Oper, die Lortzing so erfolgreich angebahnt hatte, nahm darum leider keinen Fortgang, trotzdem vereinzelte Erscheinungen immer wieder daran erinnerten, dass bei sorgsamer Pflege auch in Deutschland kein Mangel an Talenten für diese Kunstgattung sein würde.

Das Urbild von Lortzings Oper, »Casanova im Fort St. André«, das während des Sommers 1836 das Repertoire des Théâtre des Vaudevilles in Paris beherrschte, wurde bald darauf, als Lustspiel von Lebrun (auch von Ludwig Osten) bearbeitet, dem deutschen Publikum bekannt gemacht, wie es noch heut mit den Pariser Boulevard-Stücken der Brauch ist. Lortzing gestaltete das Buch fast ganz neu: er schrieb einen Expositions-Act dazu und liess dafür den Schlussact fort, die Katastrophe in den Ballsaal verlegend; Severine, die Gattin des genasführten Busoni, und deren Cousine Claudia verschmolz er in eine Figur und machte sie zur Nichte des Commandanten, Rosaura, damit manches Anstössige beseitigend. Auch mit den Motiven und deren Durchführung schaltete er frei und schuf einen flotten, humorvollen Text, der den Titelhelden sehr sympathisch schildert und ihm, entgegengesetzt der gewöhnlichen Auffassung, als Wahlspruch in den Mund legt:

Die Ehre bleibt, so wie die Liebe,
Stets mein heiligstes Palad'.

Der alte weinselige Rocco ist durch die ihm von Lortzing beigelegte Eigenschaft einer lebendigen Chronik Venedigs zu ausserordentlich komischer Wirkung gebracht worden, auch dem Chore ist eine scherzhafte Rolle zuertheilt, in dem Auftritt der Polizeidiener im ersten Finale. Die Handlung knüpft an die historische Thatsache an, dass Casanova im Fort St. André bei Venedig eine Zeit lang gefangen gehalten wurde, wie er in seinen Memoiren berichtet. In der Oper geht voraus, dass Casanova einen Venetianer im Duell verwundet hat und verhaftet werden soll, sein Secundant aber hat sich für ihn ausgegeben und ist eingekerkert worden. Doch ritterlich, wie er hier geschildert ist, will Casanova nicht auf Kosten des Freundes frei sein, sondern stellt sich selbst. Im zweiten Act sehen wir ihn ein ganz behagliches Gefängnissleben führen, Liebesintriguen mit Bettina und Rosaura spinnend, und die Mittel zur Flucht vorbereitend, um Abends dem Maskenball beim Gouverneur beiwohnen zu können, da er in der Braut, mit der sich Gambetto bei dieser Gelegenheit verloben will, die von ihm längst als Unbekannte angebetete Rosaura vermuthet. Im dritten Act erscheint er wirklich auf dem Balle und unter dem Schutz der Maskenfreiheit küsst er Bettina, ohrfeigt deren eifersüchtigen Bräutigam Peppo, erfährt, dass Rosaura nicht die Gattin Busonis, sondern die Braut Gambettos und durchkreuzt dessen Intriguen, indem er mit seinem Nebenbuhler den Domino tauscht und in den Taschen das Document seiner Freiheit findet, sowie einen Brief, der das Opfer Rosauras, Gambetto zu heirathen, unnöthig macht.

Die Musik ist im Charakter der zu »Caramo« nahe verwandt, aber noch knapper in der Form, präciser im Ausdruck, die Reife und Sicherheit des Meisters überall verrathend. Interessant ist wiederum die leitmotivische Verwerthung des Themas: »Freiheit! meiner Seele mächtig, heilig Element« aus Casanovas Lied No. 9. Es bildet den Anfang der Ouverture, erklingt dann in Moll, als Bettina in der Lectionsscene die Romanze von dem »armen gefangenen Mann« singt und während Casanova, scheinbar zuhörend, dem Zeichen lauscht, das ihm die Befreiung ankündigt. Im Freiheitsliede selbst bildet es den Refrain:

Wieder ertönt es, trefflich vorbereitet, im Finale, als Casanova sich zum Fenster hinausschwingt; abermals, wenn er den Pardon gefunden und sich frei erklärt und als Nachspiel am Schlusse der Oper setzt es noch einmal mit volltönenden Accorden ein. Auch hindurch sein Leitmotiv, das die ganze Oper Rocco hat jeden seiner Auftritte ankündigt:

und daraus entwickelt erscheint das mit ihm eng zusammenhängende Motiv der Republik Venedig:

Und wieder finden sich auch zierliche Tonmalereien, so im Freiheitsliede das Trillern und Zwitschern der Vögel, wobei Lortzing zum ersten Male seit »Ali Pascha« drei Flöten verwendet; dann die kleine Stelle Busonis:

Man sieht bei diesem kleinen Tonbilde förmlich den dicken, alten Gouverneur die Stiege hinaufkeuchen. Auch das Fallen seines Stocks ist musikalisch gezeichnet und so finden sich fortwährend Züge, ganz unauffällig in das Gesammtbild verwebt, welche die vollkommen bewusste und überaus geschickte Anwendung aller Kunstmittel von Seiten Lortzings documentiren. Alle Figuren sind auch im »Casanova« musikalisch so gut charakterisirt und schauspielerisch so wirksam gestaltet, dass die Vernachlässigung dieser Oper eben nur aus dem früher angegebenen Grunde erklärt werden kann: dass die Darsteller dafür mangeln. Die Solonummern des Titelhelden (Arie No. 3 und Lied No. 9) sind geradezu glänzend, Rosauras Cavatine (No. 11) vornehm und edel empfunden, beider Duett (Anfang des ersten Finale) gefühlvoll und doch nicht ohne Humor, Bettinas zierliches Strophenlied (No. 2) und die empfindungsreiche Romanze im Quartett (No. 8), Roccos drolliges Lied von der historischen Wahrheit (No. 7), auch der behäbige Busoni und der geckenhafte Gambetto, welche nur im Ensemble auftreten, zeigen Lortzings grosse Begabung, seine Personen musikalisch zu zeichnen, auch wo es sich nicht nur um derbkomische Charaktere handelt. Die umfangreichen Finales mit ihrer treibenden Handlung, trefflich disponirt und thematisch durchgeführt, bilden immer den Höhepunkt des Actes und schliessen ihn wirksam ab, gleichviel ob Lortzing den ganzen Gesangs- und Orchesterkörper kraftvoll in Bewegung setzt, oder — nach Casanovas Flucht — unter den Tönen des unsichtbaren Chores und des verhallenden Freiheitsmotives leise das Orchester ausklingen lässt. Die Chöre sind sehr frisch und melodiös gehalten und wie gleich in der Introduction das getrennte Auftreten der Frauen und Männer und dann die Vereinigung beider Themen, so zeigt auch das urkomische Entrée der Polizeidiener im ersten Finale, deren Furcht und Zögern durch ein Fugato treffend angedeutet ist, die Hand des tüchtigen Musikers. Jede Nummer des »Casanova« kann als wohlgelungen bezeichnet werden und man muss lebhaft bedauern, dass ein so frisches, liebenswürdiges Werk der Vergessenheit anheim fiel, während so viele Opern Aubers, Adams, Donizettis u. A., die an Kunstwerth gewiss nicht über denen Lortzings stehen, mit Begierde von den Theaterdirectionen, wie vom Publikum aufgenommen wurden.

Als eine Gelegenheitsarbeit ohne hervorragende Bedeutung erscheint zunächst die Musik zu einem Festspiel von Heinrich Smidt, dem Verfasser zahlreicher Seeromane und der Devrient-Novellen, betitelt »Uranias Festmorgen«, das am 29. August 1842 zur Feier des 50jährigen Stiftungsfestes der Berliner Urania auf der Vereinsbühne in Scene ging. Das Stück schildert die Entstehung des Vereins unter den Stürmen der französischen Revolution und die Musik beginnt mit den Klängen der Marseillaise. Der »Krieger«, der zuerst das Wort führt, entflieht jedoch bald und die Serenadenmusik aus Mozarts »Cosi fan tutte« lässt sich, Frieden verkündend, vernehmen. Im Uebrigen ist die Musik original und zählt 14 die Handlung begleitende Orchesternummern, darunter vier mit Chor.

Den zweiten Act eröffnen Melpomene und Thalia, auch der Begründer des Vereins, Herr Bock, tritt auf. Unter einem Marschthema ertönen Kanonenschüsse und rufen die kriegerischen Ereignisse ins Gedächtniss zurück; »man sieht das Entstehen der Urania« und unter einem zarten Violinsolo wird »der Jubilar« auf die Bühne geführt und vom Chor begrüsst:

Heil ihm! Viel willkommen
Diesem theuren (!) Freundeskreis,
Sei mit Jubel aufgenommen,
Vielgeliebter Jubelgreis!

Im selben Sommer ward Lortzing die erste öffentliche Ehrung zu Theil, indem sein Portrait, gezeichnet von Schramm, in Leipzig erschien; er war voll kindlicher Freude darüber und schenkte allen seinen Freunden mit Widmungen versehene Exemplare. Gelegentlich einer Badereise nach Meinberg, wo er für sein Gichtleiden Erleichterung suchte, machte er auch einen Abstecher nach dem traulichen Pyrmont und trat mehrmals als Gast im Theater auf, wobei Freunde aus Detmold ein starkes Contingent im Publikum stellten. Neu gekräftigt vollendete er eine neue Oper, welche wiederum am Sylvesterabend (31. December 1842) zuerst in Scene ging.

Der Wildschütz,

oder:

Die Stimme der Natur.

Komische Oper in drei Acten,
nach einem Lustspiel von Kotzebue frei bearbeitet.
Musik von G. A. Lortzing.

Personen:

Graf von Eberbach . . . . Herr Kindermann.
Die Gräfin, seine Gemahlin . . . . Madame Düringer.
Baron Kronthal, Bruder der Gräfin . . Herr Schmidt.
Baronin Freimann, eine junge Wittwe, Schwester des Grafen . . . . Dlle. Günther.
Nanette, ihr Kammermädchen . . . Dlle. Tanz.
Baculus, Schulmeister auf einem Gute des Grafen . . . . Herr Berthold.
Gretchen, seine Braut . . . . Dlle. Krüger.
Pancratius, Haushofmeister auf dem Schlosse des Grafen . . . . . Herr Ballmann.

Albert Lortzing.
(Gezeichnet von Schramm.)

Das alte Kotzebue'sche Lustspiel »Der Rehbock« bildete diesmal die textliche Grundlage und ein locales Ereigniss gab dem Librettisten, der wieder Lortzing selber war, Gelegenheit, seinen Witz an der Thorheit seiner Zeit zu üben. Am 5. März 1842 war zum Benefiz des Theaterpensionsfonds Sophokles' »Antigone« zum ersten Mal gegeben worden. Es war dies eigentlich die erste öffentliche Aufführung, denn die am 28. October 1841 vorausgegangene hatte nur im engsten Hofcirkel im Neuen Palais in Potsdam stattgefunden. Mendelssohn, der früher schon für die gleiche Gelegenheit die Musik zu »Ruy Blas« geschrieben, kam von Berlin, wo er inzwischen Königlich Preussischer Capellmeister geworden war, nach Leipzig und dirigirte persönlich im Theater seine Composition zur Antigone. Das war nun freilich ein künstlerisches Ereigniss für Pleisse-Athen und es rief nicht nur eine natürliche Begeisterung, sondern auch einen in seiner Plötzlichkeit unnatürlichen Enthusiasmus für Sophokles und die Antike hervor, dessen Uebertreibungen Lortzing in der Person der Gräfin Eberbach so köstlich persiflirt hat. Selbst heut noch, ohne dass Jemand die satirische Bedeutung dieses Einfalls kennt, wirkt diese Gräfin mit ihren

Citaten aus dem »erhabenen Gedicht des Alterthums« überaus komisch und man kann sich die Wirkung auf die Zeitgenossen vorstellen. Auch die Umgestaltung des widerlichen Pachter Grauschimmel in den possirlichen Schulmeister Baculus sammt allen Consequenzen ist Lortzings Verdienst, ebenso die Gestaltung der originellen Billardscene.

Bezeichnend für Lortzings Hochhaltung der Frauenwürde ist es, dass er auch hier — wie in Casanova — es vermeidet, die verheirathete Frau in zweideutigem Licht darzustellen und Gretchen als Braut des Schulmeisters, nicht als Frau, wie im Original, erscheinen lässt. Die Einfügung des drolligen Haushofmeisters Pancratius, den Ballmann, der ständige Vertreter der komischen Episoden in Lortzings Opern, »wie närr'sch« spielte, kommt auch noch auf Rechnung des Bearbeiters. Im Uebrigen hat er sich an die Handlung des Originals gehalten, wonach Grauschimmel - Baculus, um einen Festbraten zu bekommen, auf Gretchens Veranlassung zum Wildschütz wird und sich ertappen lässt. Die als Student auftretende Baronin, welche unerkannt in das Schloss ihres Bruders, des Grafen, Eingang finden will, verspricht, als Gretchen verkleidet, für den Schulmeister um Gnade zu bitten. Als schlichtes Landmädchen gewinnt sie nun die Liebe des Barons, der Gräfin Bruder, der dem Schulmeister seine Rechte auf dessen Braut abkaufen will, von diesem aber erfährt, dass das falsche Gretchen ein junger Student in Frauenkleidern sei. Die Aufklärung erfolgt und die vielen sich kreuzenden Liebesintriguen, wie auch Baculus' Wilddieberei, der übrigens gar keinen Rehbock, sondern seinen eigenen Esel erschossen, werden mit der »Stimme der Natur« entschuldigt und verziehen. Die Aufgabe des Librettisten war hier nicht leicht; wenn auch Lortzing selbst das Buch als »vortrefflich« erachtete, so bot es doch — abgesehen von den ästhetischen Einwendungen — eigentlich keinerlei musikalische Anknüpfungspunkte, und über die Bedenklichkeit der Situationen hinweg zu täuschen, ohne doch deren komische Wirkungen aufzugeben, erforderte eben so viel Takt als Geschick. Die Frivolität des Sujets konnte freilich auch Lortzing nicht gänzlich beseitigen, aber sein geläuterter Humor im Verein mit seiner einschmeichelnden Musik erhob das Ganze in eine künstlerische Sphäre in der man, Alles andere vergessend, sich nur am heitern Spiel der Töne ergötzt. Die Ouverture mit ihren frischen Jagdmotiven, aus Themen der Oper zusammengestellt, leitet die Handlung charakteristisch ein und es ist eine originelle Idee, den Flintenschuss, der die causa movens des Stückes bildet, in der Ouverture anzubringen. Der Grossvatertanz, der den ersten Act eröffnet und das lustige Abc-Lied versetzt uns dann sogleich in das Milieu der Oper.

Unter den 16 Nummern der Partitur befinden sich nur drei Arien: die der lebensfrohen Baronin zum Lob des Wittwenstandes (No. 3), die des Baculus (No. 12), »5000 Thaler«, ein Stück von drastischer Komik, und die Polonaisen-Arie des Grafen (No. 13); »Heiterkeit und Fröhlichkeit« in Wirklichkeit ausstrahlend. Die meisterhaften Finales, No. 6 mit dem lieblichen Liede der Baronin: »Bin ein schlichtes Kind vom Lande«, No. 16 mit dem reizenden Vocalquartett: »Unschuldig sind wir Alle«, und dem Kinderchor: »O du, der du die Tugend selber bist« sprudeln von heiterer Laune und sind voll musikalischen Wohlklangs. Die kostbare Billardscene (Quintett No. 11), in deren leichtes Conversationsgetändel der Choral: »Wach' auf, mein Herz, und singe« als cantus firmus hineintönt, steht als ein Unikum in der Opernliteratur da und nicht minder glücklich sind die übrigen Nummern concipirt und mit witzigen Einfällen gewürzt. Auch die Chöre der Jäger (No. 5), der bei der Vorlesung der Gräfin schläfrig gewordenen Dienerschaft (No. 7) und der tanzlustigen Mädchen (No. 14) sind charakteristisch gestaltet und von guter Wirkung. Ein in Coupletform gehaltenes Lied: »'s kommt Alles im Leben auf Grundsätze an«, das Baculus ursprünglich im letzten Act noch singen sollte, hat Lortzing erfreulicher Weise wieder aus der Oper entfernt und so die Stileinheit gewahrt. Eine für den Baron als Einlage geschriebene Ariette: »Jokaste, Theben und Oedip!« hat keine Verbreitung gefunden. Der »Wildschütz« in seiner Gesammtheit stellt sich als eine der freundlichsten Schöpfungen Lortzings dar und zählt mit Recht zu den besten Werken der komischen Oper und »dennoch«, schreibt er selbst, »war der Erfolg an einigen Bühnen zweifelhaft. Warum? — Ich muss wiederholt das alte Lied singen: — unseren deutschen Sängern mangelt durchschnittlich die Leichtigkeit des Spiels, des Vortrags, mit einem Worte die zu dieser Operngattung erforderliche Salongewandtheit«. Thatsächlich bleibt auch heut noch, weil die Besetzung meist Schwierigkeiten macht, die Zahl der Aufführungen des »Wildschütz« hinter der anderer Lortzing-Opern zurück; die nie versagende heitere Bühnenwirkung sichert ihm aber doch einen festen Platz im Repertoire. Erwähnt sei noch, dass auch der »Wildschütz« ins Französische übertragen wurde und als »Le Braconnier« (Paris bei Meissonier) im Clavierauszuge gedruckt vorliegt. Er ist auch die einzige Oper Lortzings, deren Partitur mechanisch vervielfältigt wurde, alle übrigen sind nur in Abschrift vorhanden.

Mit dem Erfolg des »Wildschütz« hatte Lortzing einen schönen Höhepunkt in seiner ganzen künstlerischen Stellung erreicht; er sah sich nun doch als Tondichter anerkannt und geachtet und nach menschlichem Ermessen hätte eine glänzende Zukunft gerade jetzt sich ihm eröffnen müssen. Die Unbeständigkeit aber, dieses Erbübel der Theaterlaufbahn, warf schon jetzt dunkle Schatten in Lortzings Leben. Die Leipziger Stadtbehörde hatte Ringelhardts Directionsvertrag gekündigt und obgleich noch anderthalb Jahre bis zum Ablauf desselben vergehen mussten, trat doch an alle Mitglieder die Sorge um die Zukunft heran. Der Gedanke einer voraussichtlichen Trennung ging dem Lortzing'schen Freundeskreise besonders nahe und bald genug wurde er zur Wahrheit. Ein anderes wehmüthiges Ereigniss fällt in diese Zeit. Die Säcularfeier der Gewandhausconcerte wurde am 9. März 1843 durch Aufführung von Compositionen aller seitherigen Dirigenten von Doles bis Mendelssohn musikalisch gefeiert und auch Lortzing ging mit Düringer zu diesem Jubiläumsconcert. Im Vorsaale trafen sie den bekannten Componisten und Musiklehrer Pohlenz, der Mendelssohns Vorgänger in der Leitung der Concerte gewesen war. Man hatte sich nicht damit begnügt, dass man ihn seiner Zeit ziemlich rücksichtslos aus seinem Amte entfernte, sondern hatte ihm noch eine weitere Kränkung aufgespart. Auf die Frage, wie es ihm gehe, sagte Pohlenz zu den Freunden: »Wisst ihr, mir geht's gar nicht mehr, ich bin schon todt!« — dabei zeigte er das Concertprogramm, auf dem sein Name fehlte — »ich gehöre gar nicht mehr zu den Lebendigen!« Er wollte lächeln, wandte sich aber mit feuchten Blicken ab. Lortzing sah Düringer theilnehmend an und scherzen wollend sagte er: »Siehst-de, liebes Bruder, siehst-de? — so geht's!« Bei dem Bankett, das dem Concert folgte, sass Pohlenz still und unbeachtet; Keiner gedachte seiner und seiner früheren Thätigkeit, obwohl gar Mancher im Kreise der Festgenossen ihm zu Dank verpflichtet gewesen wäre; war doch Pohlenz allezeit ein Förderer junger Talente gewesen, war er es doch auch, der Wagners erste Orchesterwerke öffentlich zu Gehör brachte. Am Morgen nach dem Feste war Pohlenz todt, der Schlag hatte ihn gerührt, d. h. ein Künstlerherz war an kränkender Zurücksetzung zu Grunde gegangen.

Wenige Tage nachdem Lortzing bei Pohlenz' Leichenbegängniss am Grabe mitgesungen, wurde er vom Directorium des Tunnel als Nachfolger Pohlenz' zum Musikdirector der Gesellschaft gewählt und er beantwortete die Anzeige mit folgender Zuschrift:

Meine werthen Herren!

Nehmen Sie den innigsten Dank für den mich ehrenden Antrag, den ich mit wahrem Vergnügen annehme und zugleich die Versicherung, dass ich stets bedacht sein werde, Ihrem geschätzten Zutrauen wie meinem würdigen Vorgänger Ehre zu machen.[19])

Wenige Jahre später, als Lortzings zartbesaitetes Herz die Demüthigungen des Lebens, den Mangel an Anerkennung nicht mehr ertragen konnte, starb er ebenfalls plötzlich — vom Schlag getroffen.

Als Düringer Mitte Mai 1843 Leipzig verliess, um an das Hoftheater in Mannheim, seiner Vaterstadt, überzusiedeln, lag Lortzing an einem kalten Fieber darnieder; die Frage der Zukunft war noch ungelöst. »Es ist recht schlimm mit dem Schauspielerstande, keine bleibende Stätte! — schreibt Rosine Lortzing ihrer Schwester. — Für Engagements ist mir nicht bange, denn mein Mann findet überall wieder Brod, allein unsere ganze bürgerliche Einrichtung ist doch wieder zerstört.« Aus diesem Dunkel der Sorgen sah sich Lortzing plötzlich in das hellste Sonnenlicht versetzt und auf den Gipfel seiner Wünsche erhoben. Schon seit er wieder zu componiren angefangen, war ihm der Schauspielerberuf lästig geworden und es war längst sein Wunsch gewesen, das Theater abzuschütteln um nur seiner geliebten Musik leben zu können. Zu stolz, selbst einen Vorschlag zu machen, erwartete er nach den Erfolgen seiner Opern, dass die Direction ihm eine Dirigentenstelle anbieten würde und war in seiner humoristischen Art oft böse, dass es nicht geschah. Ringelhardt aber, von Düringer deshalb interpellirt, sagte: »Ach was, Herr Lortzing ist ein guter Schauspieler, dabei kann er seine lustigen Opern componiren; wer weiss, ob er ein guter Capellmeister wird.« Nun war zum künftigen Director des Leipziger Theaters der Dr. med. Carl Christian Schmidt gewählt und dieser, vom Tunnel her mit Lortzing bekannt, engagirte ihn und auch die Mutter aufs Neue. Freilich fiel für die Zeit vom Mai bis August, in der das Theater renovirt und mit Gasbeleuchtung versehen wurde, die Gage fort, aber Lortzing jubelte doch hoch auf, denn sein Herzenswunsch war erfüllt. »Mir ists, als sässe ein kleines Orchester mitten in meiner Brust und spielte einen Freudenmarsch,« schreibt er seinem Onkel, »Albert Lortzing, Capellmeister, nicht Mime — Capellmeister! Das ist die Ouverture meines Glückes!« Briefe und Randbemerkungen im Verkehr mit den Freunden unterzeichnet er jetzt in kindlicher Freude stets mit »Albert Lortzing (künftiger Capellmeister)« und in dieser gehobenen Stimmung geht er an die Schöpfung eines neuen Werkes. Mag der Tod Fouqués, am 23. Januar 1843, die »Undine« in Erinnerung gebracht haben, mag in Verbindung damit auch der Gedanke an Hoffmann in Bamberg und seine Oper wieder aufgetaucht sein, die letzten Gründe für die Wahl dieses Stoffes zu einem Werk romantischer Richtung waren sicherlich das Streben nach ernsterer Kunstbethätigung, das Gefühl der Kraft und gereiften Könnens und die Freudigkeit seiner Stimmung. Die gleiche Erscheinung eines Aufschwunges in ein höheres Kunstgebiet wiederholt sich nach jedem glücklichen Erfolge Lortzings, nach dem »Zar«, dem »Wildschütz« und dem »Waffenschmied«.

Auch die durch den Tod Kinds, des Freischütz-Dichters, angeregte Erinnerung an Webers Erfolge und das Angebot eines Textes aus seinem Nachlass seitens der Erben, mochte ihm das Gebiet der Romantik immer verlockender erscheinen lassen. Am 12. Mai 1844 beschloss Ringelhardt seine Directionsführung mit der Aufführung von Spohrs »Faust«. Wenige Tage später verliess Reger Leipzig, um ein Engagement in Frankfurt a. M. anzutreten. »Wieder ein Stück meines Herzens dahin«, klagt Lortzing, der mit Wehmuth den ganzen Freundeskreis zersprengt sah. Gleich darauf fuhr er selbst nach Berlin, wo er sich einige Wochen seinen Verwandten widmete und kehrte dann nach Hause zurück, eifrig die Arbeit aufnehmend. »Im vergangenen Jahre habe ich gar nichts geleistet« klagt er sich an. »Mein neuestes Opus ist die »Undine« nach Fouqué, von mir äusserst schlau bearbeitet, grosse lyrische romantische Oper mit allerlei Canaillerien«. Die Textdichtung machte ihm grosse Schwierigkeiten und er möchte sich einen »ernsten Versmacher anschnallen, da der Text mehr tragisch wird«, aber mit voller Liebe vertiefte er sich in seine Arbeit und lehnte sogar die Einladungen der Freunde, sie zu besuchen und bei dieser Gelegenheit seine Opern zu dirigiren, ab. Schliesslich gab er aber doch den für ihn so sehr verlockenden Anerbietungen nach und reiste am 24. Juni — noch immer per Post — nach Frankfurt ab und nach kurzem Besuch bei Reger traf er am 1. Juli in Mannheim ein, wo er ausser Düringer auch Ballmann wieder zu sehen die Freude hatte. Am 3. Juli dirigirte er den »Zar« und — doch er selbst mag berichten:

»Gestern war mein Ehrentag. Er war glänzend. Schon in der Probe wurde ich vom Orchester, nachdem ich ihm vorgestellt, mit lautem Applause empfangen; desgleichen gestern Abend bei meinem Eintritt vom sehr zahlreichen Publikum. Der Beifall war nach jeder Nummer und jedem Actschluss ausserordentlich. — Schliesslich Herausrufung. Ich hielt eine Rede und wäre beinahe vor Verwunderung über mich, dass ich nicht stecken blieb, stecken geblieben«.

Zu bleibender Erinnerung an diesen Tag erhielt er vor der Abreise von Seiten des Hoftheater-Comités einen prächtigen Tactstock mit silbernem Griff, dem die Widmung eingravirt war, nebst ehrenvollem Begleitschreiben. Das Sängerpersonal erfreute ihn durch ein Ständchen und Lortzing schwelgte in Glückseligkeit. Nach einem Ausflug nach Heidelberg suchte er mit Düringer Baden-Baden auf und auch hier empfing er eine freundliche Huldigung, indem das Kurorchester, das ihn erkannt haben mochte, ein Stück nach dem andern aus seinen Opern spielte. In der Lichtenthaler Vorstadt fand er auch das kleine ärmliche Häuschen wieder, in dem er als Knabe mit den Eltern gewohnt hatte, und mit Thränen in den Augen erzählte er von den damaligen bedrängten Verhältnissen und gedachte mit kindlicher Rührung der Liebe des verstorbenen Vaters. — Unter gleichen Auszeichnungen wie in Mannheim dirigirte er am 20. Juli in Frankfurt seinen »Wildschütz«, bei dieser Gelegenheit die Bekanntschaft mit Carl Gollmick erneuernd.[20]) Tags darauf trieb ihn die Sehnsucht nach den Seinen wieder heimwärts nach Leipzig, doch bewahrte er die Erinnerung an diese, seine Dirigententhätigkeit so ehrenvoll einleitende Künstlerfahrt als die schönste seines Lebens. Kaum heimgekehrt, musste er wieder fort nach Berlin zum Begräbniss seiner alten Tante, dann nahmen ihn die Vorbereitungen der neuen Saison in Anspruch, so dass er an die Undine kaum denken konnte. Am 10. August eröffnete Dr. Schmidt seine Direction mit einem Prolog von Robert Blum und Schillers »Don Carlos«.

»Erste Oper — schreibt er an Düringer — war Don Juan, mein Debut. Ich weihte in der Vorstellung meinen Taktirstock ein, legte ihn jedoch nach der Introduction wieder ins Futteral, weil er mir »zu schwer« wurde und ich dadurch einen Einfluss auf die Tempi befürchtete. Gesehen hatte ihn die Welt, schwingen sehen in der Don Juans-Ouverture, was will ich mehr.« — Zunächst dirigirte er dann Beethovens Egmont-Musik, während die Zauberflöte seinem Collegen Josef Netzer zufiel. Als erste eigene Oper erschien am 11. November der Zar unter seiner Direction, dann folgte Figaros Hochzeit »unter der eminenten Leitung des Kapellmeister Lortzing, eine der besten Opernvorstellungen unter der neuen Direction.« So schreibt der Referent des Tageblatt, der wiederholt die verdienstvolle Leitung, das Eindringen in den Geist des Componisten u. s. w. an Lortzing rühmt. Doch fehlte es auch nicht an Stimmen, die ihm das Directionstalent durchaus absprachen und selbst Freunde von ihm geben zu, dass sein Dirigiren der Festigkeit entbehrte und in seinen eigenen Opern Schwankungen vorkamen — wenigstens im Anfang seiner neuen Thätigkeit. Die Erscheinung, dass tüchtige Componisten keineswegs immer gute Kapellmeister sind, steht nicht vereinzelt da; wissen wir doch z. B. von Schumann, dass er sich als Dirigent durchaus unzulänglich zeigte und, ungeachtet seiner glänzenden schriftstellerischen Begabung, nicht einmal im Stande war, den Musikern seine Intentionen mitzutheilen. Lortzings ganzes gemüthliches Wesen, sein nicht zu bezwingender Humor mochte ihm, wie bei der Regieführung, so auch beim Dirigiren hinderlich sein und er gesteht selbst, wenn er von Guhr, dem Frankfurter Kapellmeister spricht: »eine derartige Energie zu erlangen, ist ausser meiner Sphäre, ich werde es nie können.« Ein Selbstbekenntniss, das sich fast wörtlich auch bei Meyerbeer findet. Die Leipziger Opernzustände unter Schmidt waren nicht erfreulich, die Mitglieder waren unzufrieden und das Publikum wurde es auch. Als Novitäten erschienen Dorns »Schöffe von Paris« und Netzers »Mara« ohne Erfolg, während der in Aussicht genommene »Rienzi« wieder fallen gelassen wurde und weder der Fliegende Holländer, der — ausser in Dresden — bereits in Berlin, Cassel und Riga gegeben war, noch die unter seinen Augen entstehende »Undine« die Beachtung des Directors fand. Es ist begreiflich, dass Lortzing unter diesen Verhältnissen sich recht unbehaglich fühlte und der früheren Zeit und des Zusammenseins mit den Freunden schmerzlich gedachte: »Mir ist manchmal weh ums Herz, weil ich so eigentlich jetzt Niemand habe, den ich hineinschauen lassen kann«, schreibt er an Reger. Doch schreitet die Arbeit an der Undine, zu der Düringer ein Stück Dichtung beisteuert, rüstig fort und Lortzing hofft noch zu Ende des Jahres die Oper herauszubringen. Aber nicht mehr Leipzig sollte die Geburtsstätte seiner neuen Werke sein. Zunächst war es Hamburg, wo seit 1841 der Tenorist Cornet als Compagnon Mühlings das Stadttheater leitete, wo im Vorjahre auch Wagner die Aufführung seines »Rienzi« dirigirt hatte, das sich erbot, die »Undine« zuerst zu geben und Lortzing einlud, sein Werk selbst zu leiten. Breitkopf & Härtel offerirten, den Clavierauszug sofort zu drucken, damit er gleichzeitig mit der ersten Aufführung erscheine. Das waren wohl vereinzelte Lichtblicke, im Ganzen aber sollte sich Lortzings Leben jetzt immer trüber gestalten. Sein gichtisches

Leiden hatte ihn während des ganzen Winters gepeinigt und ihm die Ruhe der Nächte geraubt, dazu kam aufs Neue die Sorge um die Zukunft.

Schon im Februar hatte Blum im Vertrauen Lortzing darauf aufmerksam gemacht, dass Dr. Schmidt, der, nachdem er Anfangs über die Maassen verschwendet, jetzt über die Maassen zu sparen begann, die ganze Musikdirection zu ändern beabsichtige und nicht nur Netzer — was schon feststand — sondern auch Lortzing kündigen wolle. Das traf ihn tief schmerzlich. Nicht allein, dass die Aussicht auf Engagementslosigkeit bei der Anzahl seiner Familienmitglieder, deren Vermehrung wiederum bevorstand, ein Schreckbild für ihn war, hauptsächlich war es der kränkende Gedanke, zum ersten Mal in seinem Leben gekündigt zu werden: »Bei meinem Namen in der Theaterwelt, bei dem Bewusstsein der Tüchtigkeit in meinem Fache. — Das Orchester, welches mich ganz in sein Herz geschlossen, sieht mich bereits als seinen alleinigen Capellmeister an, da es bekannt und definitiv ist, dass Netzer geht«. Es ist gewissermassen ein Trost für ihn, dass Sparsamkeit das Motiv der Kündigung ist und er calculirt so: »Ich habe 1000 Thaler, meine alte Mama 150 Thaler (jährlich! D. V.). Er engagirt sich einen Capellmeister für 600 bis 800 Thaler — es giebt deren genug, die gern nach Leipzig kommen — also spart er ein Paar hundert Thaler bei mir und die Gage meiner Mutter«. Doch nur dem Freunde theilt er seine Sorgen mit, vor der Familie verschweigt er sie sorgfältig, um ihr nicht vorzeitig trübe Stunden zu bereiten. Die Aufführung der Undine in Hamburg, der Lortzing mit bangender Hoffnung entgegensah, verzögerte sich von Termin zu Termin; endlich, nachdem am 15. März Frau Rosine ihrem elften Kinde, dem Sohne Hans, des Vaters Lieblingskind, »seinem Bubi«, das Leben gegeben hatte, wollte Lortzing am nächsten Tage gerade zur Eisenbahn, als er die Nachricht erhielt, dass Mühldorfer in Mannheim mit Herstellung der Decorationen nicht fertig geworden sei, und die Aufführung noch weit hinausgeschoben werden müsste. »Pech, nichts als Pech! — wozu habe ich mir nun ein Paar grosse Pelzstiefeln gekauft?« Seiner Krankheit wegen, dann wegen seiner Unabkömmlichkeit während der Messe hatte er den Gedanken an die Reise fast schon aufgegeben, aber Cornet schrieb sehr dringend um sein Kommen. »Ueberdies benehmen sich die Herren äusserst nobel gegen mich; sie bieten mir freie Reise und Zehrung und honoriren mir die Oper mit 20 Louisd'or, wogegen ich sonst nur 12 bekomme. Also mit Gott! Es ist mir freilich zu Muthe, als ob ich zu einer Richtstätte führe, aber was hilfts, ich will mich zusammennehmen.« Am 25. April 1845 fand denn auch unter des Componisten Leitung die Aufführung statt.

In Folge der mehrfachen Verschiebungen ist aber auch Hamburg um den Ruhm gekommen, die Geburtsstätte der »Undine« zu sein, denn vier Tage früher, am 21. April, fand die wirkliche Première bei Director Karl Beurer in Magdeburg statt, an derselben Bühne, auf der vor neun Jahren Richard Wagners Oper »Das Liebesverbot« unter dem Titel »Die Novize von Palermo« ihre erste und einzige Aufführung erlebt hatte. Der Kritiker der »Magdeburgischen Zeitung« lässt sich vernehmen: »Mit Recht können wir stolz darauf sein, das neueste Werk eines unserer beliebtesten deutschen Componisten früher noch als alle anderen Bühnen über unsere Bretter schreiten zu sehen, zumal da die pecuniären Mittel unseres, als Privatunternehmen bestehenden Theaters so beschränkt sind, dass sie denen des unbedeutendsten Hoftheaters nachstehen müssen. Es ist jedoch allbekannt, mit welchem Eifer die deutschen Hoftheater die Aufführung von neuen Nationalwerken — aufzuheben wissen, bis selbst wandernde Truppen ihr Repertoire damit geschmückt haben. Lortzings neuestes Werk verdient unter allen im Zeitraum von mehreren Jahren entstandenen Opern die meiste Beachtung und Anerkennung«. Er nennt bei dieser Gelegenheit schon »Zar und Zimmermann« eine classische Oper und erkennt in dem dritten Finale der »Undine« mit seinem geisterhaft-romantischen Charakter die höchste musikalische Vollendung des Componisten. Von den Mitwirkenden führt er lobend an den Musikdirector Wirsing, Frl. Kiel (Undine), Frl. Beer (Bertalda), Herrn Nissen (Hugo), Herrn Werlitz (Kühleborn) und Herrn Quint (Veit).

Nixen und Wasserfeen waren zu allen Zeiten ein beliebter Gegenstand der Poesie. Von den Homerischen Sirenen bis zu Brentanos »Lorelei« sehen wir die verführerischen, aber seelenlosen Wasserweibchen in den verschiedensten Gestalten ihr feuchtes Element verlassen, um die Liebe der Menschensöhne zu gewinnen. Auch die Operndichtung hat sich des dankbaren Stoffes bemächtigt und die verlockende Märchengestalt bald als Donauweibchen, Rheintochter, Melusine, Lorelei oder Undine — der Name stammt von Theophrastus Paracelsus, dem gelehrten Bombastus von Hohenheim, in dessen phantastischem System die Undinen als Elementargeister des Wassers figuriren — auf die Bühne gebracht, freilich mit verschiedenem Glück. Während Kauers kindlich-naives »Donauweibchen«, etwa 50 Jahre vor der Undine entstanden, lange Zeit eine ungemessene Popularität genoss und noch heut nicht völlig vergessen ist, hat weder Melusine, die eigentliche Stammmutter des ganzen Geschlechts, noch Lorelei, trotzdem die Opern dieses Namens zahlreich genug sind und berufene Poeten, wie Grillparzer, Geibel u. A. die Textdichtung unternahmen, dauerndes Leben auf dem Theater gewinnen können. Auch Undine hat Vorgängerinnen und Nachkommen gehabt: ausser Hoffmanns Oper ist noch die Feenoper Seyfrieds (Wien 1817) und die zweiactige romantische Oper gleichen Namens von Gierschner (Berlin 1830) zu verzeichnen. Ferner eine »Tochter der Wellen« von Lwoff (Petersburg 1846), »La reine d'onde« von Mlle. Françoise Péan de la Roche-Jaju (Paris 1862), »Ondine« von Semet (Paris 1863) »The river spirit«, englische Oper von Franc. Mori (London 1865), »Ondolina« von Th. Müller-Reutter (Strassburg 1883) und schliesslich eine Bearbeitung der Lortzingschen Oper mit musikalischen Beigaben von Vincenz Lachner und E. Lampert, Text von Gustav von Meyern (Koburg 1864).[21]) Ueber alle ist die Zeit hinweggegangen, nur Lortzings liebliche »Undine« hat sich jugendfrisch erhalten und mit ihren keuschen Reizen gewinnt sie die Herzen von Jung und Alt heut mehr denn je. — Wir können über die Handlung des allbekannten Märchens hinweggehen und wollen nur noch der von Lortzing frei erfundenen und der Handlung organisch eingefügten humoristischen Figuren, des munteren Knappen Veit und des drolligen

de la Motte Fouqué.
Nach einem Stich von L. Staub.

»Bertalda sucht Huldbrand zu gewinnen.« Gemälde von Leop. Bode.
Original im Besitze des Herrn Baron Emil von Erlanger in Paris.
(Nach der photographischen Wiedergabe von C. Hertel in Mainz für die illustrirte Prachtausgabe von Fouqués Undine. Verlag von Heinr. Keller in Frankfurt a. M.)

Kellermeisters Hans gedenken, die sich im Original nicht vorfinden, die aber für den Erfolg des Werkes von nicht zu unterschätzender Wichtigkeit geworden sind. Man kann sagen, dass sie die Oper uns erhalten haben, denn soviel man gegen den »Romantiker« Lortzing anfangs einzuwenden hatte, so oft man den Text als einen Fehlgriff, die Musik als einen missglückten Versuch bezeichnete, der komischen Figuren und ihrer musikalischen Darstellung hat man stets mit Anerkennung gedacht und sie als äusserst gelungen gerühmt. An diesem Urtheil hat auch die Zeit nichts geändert, nur ist man allmählich zur richtigen Werthschätzung auch der ernsten Partieen gelangt und hat diesen lustigen Käuzen die ihnen gebührende Stellung heiterer Episoden zuertheilt.

Träger der Oper sind in Wahrheit die Vertreter des romantischen Elementes, Undine und Kühleborn, und in der Zeichnung dieser Gestalten war der Componist nicht nur ebenso glücklich, wie in der seiner besten komischen Figuren, er erhebt sich vielmehr hier zu einer Höhe poetischen Empfindens, die den übermüthigen Buffonisten kaum mehr erkennen lässt. Die zahlreichen Farbennuancen im Charakter der Undine, vom kindischen Lachen der frohen Braut, dem Jubel der beseelten Gattin bis zum tragischen Aufschrei des verrathenen und verstossenen Weibes, alle schillern durch das Tongewand und doch stimmt alles zur Grundfarbe der Lieblichkeit, Anmuth und Gefühlsinnigkeit. Nicht weniger trefflich ist Kühleborn in seinen wechselnden Seelenstimmungen gezeichnet, und feine Uebergänge, wie von dem heftigen »Ha schändlich! Verspottet! Verhöhnt! Verrathen!« zu dem heitern »Die Reichsstadt die soll leben« im Duett mit Veit, das Auseinanderhalten der verschiedenen Rollen, des Priesters, des Gesandten, des Wasserfürsten im musikalischen Colorit weisen auf eine Begabung des Componisten, die ihn recht wohl zu Höherem berechtigte. Auch bei Kühleborns Zeichnung ist eine Grundstimmung festgehalten, die einer ernsten, hoheitvollen Würde, nur zuweilen in den weichen Ton tiefsten Mitleids mit dem geliebten Kinde übergehend, der dann wahrhaft rührt und ergreift. Wiederum ist es das Leitmotiv, dessen sich Lortzing bedient, um das Charakterbild beider musikalisch zu fixiren; für Kühleborn ist es das von Beginn der Ouverture bis zum Schluss der Oper, wo Milde und Versöhnung den Zorn besänftigen, durchgehende markige Motiv:

oder gemildert:

Undinen's Liebreiz ist durch ein Tonbild von zarter Schönheit gekennzeichnet, das jedesmal in veränderter Instrumentation erscheint:

ihre Klage um den verlorenen Liebling tönt von ihren Lippen wie vom Cello — das speziell ihrem Empfinden immer den seelenvollen Ausdruck zu geben hat — schwermüthig und schmelzend wieder:

Das friedliche Wasserreich ist jedesmal durch jene schöne, die ersten vier

Noten des Kühleborn-Motivs in Dur wiederholende, von wogenden Arpeggien getragene, als »Schwanenchor« bekannte Melodie angedeutet,

die empörte Wasserfluth durch die zwei Octaven aufsteigende Tonleiter und

das Wellenmotiv, das am Schlusse beruhigt erscheint:

Für die Motivbildung findet sich ein interessantes Beispiel in Bertaldas — leider meist weggelassener — Auftrittsarie, wo die, wilde Jagdlust andeutende, sich aufschwingende Figur bei der Erinnerung an den todtgeglaubten Hugo in schmerzlicher Klage wieder herabsinkt:

In der Ouverture aber schon tritt uns markant das gleiche Motiv entgegen,

und auch im Vorspiel des Duetts zwischen Kühleborn und Veit, das die Erlebnisse in der Reichsstadt erzählt, erklingt es:

während die herabsteigende Figur sehr bezeichnend die Stelle: »Verschwunden Glanz und Pracht«

einleitet und Bertaldas Hoffnungslosigkeit treffend malt.

Durch die zahlreichen Striche in der Oper wird so manche Feinheit in Lortzings Arbeit der Beachtung entzogen, so auch die Wiederkehr des Motivs:

Kühleborns »schützend Geleit« bezeichnend, das im dritten Finale gespenstig in den Bässen erklingt, wenn Hugo, die warnenden Wassergeister höhnend, trotzig nach dem »teuren Oheim« ruft. So geht ferner verloren, dass jenes früher erwähnte Klagemotiv Undines zum ersten Mal anklingt bei der Frage nach Bertalda im Duett No. 3:

Die ganze motivische Arbeit giebt sich so wenig aufdringlich, so unabsichtlich, dass sie als solche kaum bemerkt wird, trotzdem z. B. der freudige Ausruf Undines »Mein Hugo!«, von den Hörnern wiederholt:

nicht weniger als dreizehn Mal — verschieden gestaltet — allein im Quintett No. 2 erklingt und im Duett No. 3 wiederum die zärtliche Stelle »Lass Dir den süssen Wahn nie rauben« zwei Mal einleitet. Es sei darum auch auf die kleine Einleitungsmusik zum zweiten Act aufmerksam gemacht, welche in den ersten 15 Takten mit ihrem basso ostinato den Heimritt durch den Zauberwald versinnbildlicht, worauf Kühleborns Geleitmotiv in der Umkehrung:

und um das Doppelte beschleunigt (die Neckereien mit dem furchtsamen Veit andeutend) erscheint, aus dem sich machtvoll die Drohung »ich werde rächend dir zur Seite stehn« erhebt, nach deren dreimaligem Erklingen ironisch das Thema »O, wie köstlich ist das Reisen« einsetzt. In ähnlicher Weise ist der Entr'act vor dem vierten Aufzug combinirt aus Kühleborns und Undinens Motiven, aus denen sich das den Act durchziehende Thema der Jubeltöne »Füllt die Pokale« entwickelt. Zu tonmalerischen Effecten bot die Schilderung der Elementargeister in Undinens Arie (No. 8) vor Allem Gelegenheit und mit den einfachsten Mitteln, in wenigen Strichen hat Lortzing da Feuer-, Wasser-, Erd- und Luftalben im engsten Rahmen, doch immerhin erkennbar skizzirt; auch findet sich da die sanft gleitende Violinfigur, vom Cello fortgesetzt, welche den Bach, der Undine ins Wasserreich hinabführen soll, andeutet — die Stelle ist jedoch meist gestrichen. Im Duett No. 5 ist das »hin- und herschwanken« des trunkenen Knappen, in No. 7 sein Zittern vor den Geistererscheinungen, im letzten Finale das Kochen und Brausen in der Tiefe gleicherweise gezeichnet.

Dass man diesen anmuthigen, zum Theil künstlichen Tonbildchen beim Hören keinerlei Reflexion anmerkt, ist jedenfalls einer ihrer grössten Vorzüge, es ist auch kein Zweifel, dass sie aus dem ursprünglichen Empfinden heraus unmittelbar entstanden sind. Bei näherer Betrachtung aber zeigen sie doch gar tüchtige Geistesarbeit und das erhebt eben Lortzings anspruchlose Opern zu Kunstwerken, dass er die aus der Empfindung geborenen Ideen mit vollem Bewusstsein künstlerisch gestaltete, dass er sich nicht, wie die damaligen Mode-Italiener, mit dem Zufall einer glücklichen Eingebung begnügte, sondern ernsthaft schuf und strebte. Wenn ihm nicht Alles vollkommen gelang, wenn wir in der Gestaltung der Bertalda und des Hugo die Grösse der Leidenschaft, die dramatische Wucht vermissen, bei Kühleborn das Dämonische nicht genügend ausgeprägt finden, so zeugt das wohl für eine gewisse Begrenzung von Lortzings Begabung; andererseits darf nicht vergessen werden, dass, wie im Original, der Charakter der Märchendichtung das wirklich hochdramatische Element ausschloss. Bei aller Aehnlichkeit des zwischen die Liebe des Dämons und des Erdenweibes gestellten Ritter Huldbrand wird demselben niemals die hohe Tragik des Tannhäuser eigen und dementsprechend wird sich auch die musikalische Zeichnung in einem anderen Stil bewegen müssen. Lortzing war ein viel zu einsichtsvoller Künstler, um Alles können zu wollen; er ist, wo er seine Stoffe nicht dem wirklichen Leben entnahm, über das Märchen nicht hinausgegangen und hat sich von der grossen tragischen Oper weislich fern gehalten. In der von ihm gewählten und seinem Talent angepassten Kunstform hat er unentwegt geschaffen; er hat sie im Aufstieg seiner Laufbahn mit immer reicherem Gehalt erfüllt und mit achtungswerthem Streben nach Vervollkommnung gerungen, aber er hat sich stets nur innerhalb dieser Form bewegt und darum auch kein einziges misslungenes Werk geschaffen. Gerade in dieser Beschränkung zeigt er sich als Meister. Hält man sich an den Märchencharakter der »Undine« und tritt nicht mit unberechtigten Ansprüchen an die Beurtheilung der Oper, so wird man gern das leidenschaftliche Pathos entbehren und sich an dem schlichten und rührenden Ausdruck der Liebe und des Mitleids, wie er im dritten Finale zu tief ergreifender Wirkung gebracht wird, genügen lassen. Auch was Lortzing sonst noch an ernster Musik bietet, das schöne Vocal-Quintett am Schlusse von No. 2, Undinens Abschied im ersten Finale, ihre ganze von Innerlichkeit durchdrungene Arie, der contrapunktisch interessante und stimmungsvolle Quartettsatz mit Chor im zweiten Finale, der ganze, prächtig aufgebaute und durch Kühleborns Recitativ gekrönte — an die Zauberflöte gemahnende — Schluss, gehört mit zu den besten Erzeugnissen der deutschen romantischen Oper und den Meistern derselben, Weber und Marschner, reiht sich Lortzing mit seiner »Undine« würdig an. Verbindet ihn mit dem ersten die Innigkeit der Empfindung, so theilt er mit letzterem den humoristischen Zug, die derbe aber gesunde Komik der volksthümlichen Gestalten. Zu den Neueren gesellt ihn die Anwendung des Leitmotivs, die, wie wir gesehen, bereits im Hans Sachs und Casanova zu verfolgen ist, in der »Undine« aber ganz systematisch entwickelt erscheint und es muss daran erinnert werden, dass der »Tannhäuser« ungefähr gleichzeitig mit der »Undine« entstand, aber erst im October 1845, ein halbes Jahr später, auf der Dresdener Bühne erschien.

Ueber die Hamburger Aufführung berichtet die Musikal. Ztg., dass die Ausführung von Seiten der Sänger keineswegs von der Art war, dass der Componist Ursache hatte, damit zufrieden zu sein. Das bestätigt auch Lortzing, der schreibt, dass Undine eine Anfängerin, Hugo unbeliebt und Mad. Cornet, welche wegen eines Krankheitsfalles die Bertalda in drei Tagen übernommen, ebenfalls nicht beliebt war: »Ohne Mühldorfers Decorationen (Ehre dem Ehre gebührt) wäre die Oper spurlos vorübergegangen, ohngeachtet des Beifalls, welcher dem ersten Act und den komischen Partien gezollt wurde«, fügt er hinzu und fährt fort: »Was mir noch in keiner meiner Opern passirte, geschah hier; ich meine, als ich die Musik in Hamburg hörte; ich wurde selbst überrascht und hatte den Effect von manchem Tonstücke nicht geahnt. Weit entfernt, behaupten zu wollen, dass Sujet und Musik nicht ihre Mängel hätten, so kenne ich die Quellen, aus denen die lieblosen Berichte entsprungen, ziemlich genau. Sänger und Orchester waren in Hamburg von der Musik sehr befriedigt«. Dass der Componist die ehrendste Anerkennung seines Talentes fand und mehrere Male durch Hervorruf ausgezeichnet wurde, constatirten übrigens auch die Hamburger Berichte und bei aller Bescheidenheit hatte Lortzing doch das ganz richtige Empfinden, dass seine Schöpfung nicht werthlos sei. Auch bestärkte ihn darin die Erfahrung, dass in Magdeburg, wo für die Ausstattung gar nichts gethan wurde, die Undine doch einen vollen Erfolg errungen. So kam er, im Innern das Gefühl des Sieges und ehrenvollen Fortschreitens auf seiner Componistenlaufbahn, am letzten April nach Leipzig zurück und erhielt Tags darauf, woran er noch immer nicht hatte glauben wollen, die Kündigung seiner Stellung. Beim Magistrat hatte Dir. Schmidt als Grund angegeben, es würde Lortzing zu sehr angreifen, die Musikdirection allein zu übernehmen, man sähe ihm die Anstrengung schon an. »Nun hab' ich armes Luder allerdings vom October an an Gicht furchtbar gelitten und bin durch die schlaflosen Nächte völlig abgemagert; habe aber meiner Schmerzen ungeachtet nicht eine Minute Störung verursacht, und diesen Umstand erfasst er nun, einen Grund zu meiner Entlassung vorzubringen«, schreibt er an Düringer. Die Nachricht war bald ins Publikum gedrungen und bei der allgemeinen Beliebtheit Lortzings hatte sie natürlich grossen Unwillen hervorgerufen. Als er nun das erste Mal nach seiner Rückkehr Abends ans Dirigentenpult trat, empfing man ihn mit nicht endenwollendem Beifall, jede Nummer der Oper wurde applaudirt und am Schlusse rief man ihn hervor und schrie: »Lortzing hierbleiben! Lortzing hierbleiben!« Am nächsten Abend wurde bei der Aufführung von Kabale und Liebe ein regulärer Theaterscandal inscenirt. Als Marr, unter dessen Regie das Schauspiel die Oper vollkommen überflügelt hatte, die Bühne betrat, erhob sich ein fürchterlicher Lärm, man pfiff und tobte. Auf Marrs Frage, was sie mit ihm hätten, schrie man ihm zu, er beeinträchtige die Oper; Marr aber erwiderte, er habe mit der Oper nichts zu schaffen, Herr Stürmer sei deren Regisseur. Nun wurde nach Stürmer gerufen, der schliesslich hervortrat und erklärte, dass er sich ganz und gar nicht um Kündigungen bekümmere, diese bestimme allein der Director. Auf erneute Unruhe erschien nun Dir. Schmidt und sagte in ziemlich derben Worten, die ganze Sache ginge das Publikum nichts an; man möge abwarten, wie sich die Dinge gestalten würden, ehe man Unzufriedenheit äussere. Auf diese geharnischte Ansprache erhob sich — rauschender Applaus und die Sache war für diesmal erledigt.

Die Feindseligkeit gegen Marr — den übrigens Lortzing selbst vertheidigt — nahm noch ihren Fortgang, änderte aber nichts an den Thatsachen. Da war es denn ein Trost, dass bald darauf Director Pokorny aus Wien an ihn schrieb und ihm ein Engagement anbot. Seit 1837 Director und seit 1839 auch Eigenthümer des Josefstädter Theaters, hatte der ehrgeizige und speculative Franz Pokorny vor Kurzem auch das Theater an der Wien, zum Schrecken des Directors Carl, der sich für den erbeingesessenen Pächter hielt, angekauft und wollte hier eine Oper errichten, die der wenig rührigen Hofoper Concurrenz bot. Er kam auch, nachdem er in Dresden bei Wagner gewesen, um diesen für die Leitung des Rienzi zu gewinnen, persönlich zu Lortzing, verabredete alle Bedingungen, liess aber dann wohl ein halbes Jahr nichts von sich hören. Netzer hatte sich nämlich um die Stelle eifrig bemüht und war auch wirklich engagirt worden, während Lortzing in dem Glauben, Alles sei abgemacht, weitere Schritte vorläufig unterliess. Am 30. Juli dirigirte Lortzing zum letzten Male seinen »Wildschütz« und das Publikum bezeugte ihm durch Beifall und Hervorrufen die wärmste Sympathie; die Freunde ausserhalb des Theaters hatten ihm einen prachtvollen Pokal verehrt und die Mitglieder stifteten einen silbernen Lorbeerkranz, der ihm, nach der Rückkehr aus Bad Meinberg, bei solennem Mahle überreicht wurde. Als Nachfolger Lortzings kehrte Stegmayer wieder in seine alte Stellung zurück. Die Bemühungen um ein neues Engagement trugen Lortzing nur Enttäuschungen und Demüthigungen ein: er erhielt auf seine Bewerbungen in Berlin und Darmstadt nicht einmal eine Antwort. »Früher, als unbekannter Schauspieler, schrieb man mir doch wenigstens »es thut uns leid, aber die Verhältnisse etc.« Man wollte mir für den kommenden Winter die Direction der Euterpe-Concerte übertragen; in der deswegen abgehaltenen Conferenz indessen wurde gleich dem Proponenten bemerkt, dass ich gewiss mehr als zehn Engagements hätte und mich wegen eines mageren Benefizes von höchstens 100 Thalern nicht einen ganzen Winter hindurch hinsetzen würde; so liess man die Sache fallen und ein Anderer wurde erwählt.« Das ist eben »Lortzingsches Pech.« Im October schreibt er wieder an Düringer »Ich hungere noch nicht mit den Meinen und so lange der deutsche Componist das noch von sich sagen kann, ist er immer noch zu preisen und muss sein Vaterland immer noch hochschätzen« und scherzen wollend schliesst er »schlage Lachner gelegentlich todt«.[22])

Man kann es sich heut nicht mehr vorstellen, dass ein Componist von sieben erfolgreich aufgeführten Opern den Verlust einer kargen Kapellmeistergage von 250 Mk. monatlich als solchen empfinden könne. Anders damals, wo eine lückenhafte Gesetzgebung dem Autor keinen Schutz gab, wo die Gewährung von Honoraren vom guten Willen der Directoren abhing und selbst vornehme Bühnen sich nicht scheuten, unrechtmässig abgeschriebene Partituren zu benutzen und aus dem Raube an geistigem Eigenthum Vortheil zu ziehen. In Mainz betrieb ein Agent ganz offenen Handel mit Lortzingschen Opern. Eine Klageschrift des Componisten an den Bundestag blieb unberücksichtigt und stets war er gezwungen, sich selbst Recht zu schaffen. »Gegenwärtig liege ich mit Petersburg in den Haaren — die haben zwei Opern von mir gegeben und wollen nicht zahlen.« Auch gegen den bekannten Grafen Hahn, der in Hamburg unbefugt »Zar« und »Wildschütz« gab, strengte er Klage an und sah sich so auch noch in unangenehme und zeitraubende Prozessstreitigkeiten verwickelt.

Die Höhe der Honorare, welche Lortzing für seine Opern empfing, bewegte sich gewöhnlich zwischen 20 und 100 Thalern, einschliesslich der Partitur, deren Copiatur ihn selbst 10 bis 16 Thaler kostete und das betreffende Theater erwarb dafür ein für alle Mal das Aufführungsrecht; einzig das Berliner Hoftheater verstieg sich zu 250 Thaler Honorar. Wie wenig ihm der Druck seiner Werke einbrachte, erhellt aus einem Beispiel: für den Clavierauszug zum Zaren, der schon damals die achte Auflage erlebte, empfing er im Ganzen 40 Friedrichsdor. Dass von diesen »zufälligen« Einnahmen der Meister keine Schätze sammeln konnte, lag auf der Hand, dennoch hatte er »ansehnliche« Ersparnisse gemacht, ein paar tausend Thaler auf Hypothek ausgeliehen und noch einige Papierchen im Hinterhalt, die er jetzt nach und nach »versilbern« musste. Aber schwerer noch als die drohende Geldsorge, — nach der Undine hatte seit Monaten »keine Katze gefragt« — lag die Kränkung seiner Künstlerehre auf ihm und der sonst so lebensfrohe und gesellige Mann geht Tage lang nicht aus und vermeidet förmlich die Begegnung mit den früheren Collegen. »Ins Theater komme ich gar nicht; es ist mir, als gehörte ich nicht dahin oder die Menschen betrachteten mich mit mitleidigen Blicken, indem sie fragen möchten: Du armer Teufel treibst Dich ja noch immer ohne Engagement herum! Die Orchestermitglieder und andere Leute, welche mich früher »Herr Capellmeister« titulirten, gerathen in Verlegenheit, wenn sie mich begrüssen: Ah, guten Tag, Herr —, der Capellmeister, meinen sie, gebühre mir nicht mehr und mich schlechtweg, wie früher zu nennen, fürchten sie mich zu beleidigen. Das sind alles nur Lächerlichkeiten, sie wecken aber unangenehme Reflexionen, drum ist es besser, man erwehrt sich ihrer. Das Gewandhaus ist der einzige Ort, den ich besuche, um doch dann und wann wieder Musik zu hören; aber auch da ist man einer Menge Fragen ausgesetzt, die einen unangenehm berühren.« Unter solchen Empfindungen arbeitete Lortzing an einer neuen komischen Oper! Da er aber die Früchte seines Fleisses nicht eben so schnell geniessen konnte, als er schuf, so sah er sich nach anderen sofort zu realisirenden Einnahmen um und »der deutsche Componist Albert

Lortzing« sass Tag und Nacht an seinem Schreibpult, aber seine emsige Feder schrieb nicht mehr die eigenen herzerquickenden Melodieen nieder, nein, sie verrichtete schmähliche Copistenarbeit und ganze Opern mit sämmtlichen Orchester- und Gesangsstimmen wurden von ihm ausgeschrieben. »Undine« war nunmehr in Leipzig angenommen, ihre Aufführung aber erst im kommenden Frühjahr zu erwarten; um nun schon früher die Aufmerksamkeit auf die Oper zu lenken, auf der zunächst seine ganze Hoffnung beruhte, veranstaltete Lortzing am 29. November 1845 im Theater ein »Grosses Vocal- und Instrumentalconcert« unter eigener Direction, dessen zweiter Theil Ouverture und Gesangsstücke aus »Undine« brachte, während der erste folgendermassen zusammengestellt war:

1. »Der römische Carneval«, Ouverture von Hector Berlioz (neu).
2. Declamation von Herrn Marr.
3. »Der Sänger«, aus Schillers Gedicht: »Die vier Weltalter«, als Vocal-Quartett componirt von Felix Mendelssohn-Bartholdy (neu), gesungen von Frl. Bamberg, Frau Günther-Bachmann, Herrn Kindermann und Herrn Schneider.
4. Arie von Mozart, gesungen von Fr. Strampfer, geb. von Ottenburg.
5. Declamation von Fr. Günther-Bachmann.
6. Erstes Finale aus der Op.: »Hans Sachs« vom Concertgeber.

Lortzing als Dirigent einer Berlioz'schen Novität, gewiss eine interessante Erscheinung.

Das ganze Theaterpersonal bewies ihm seine Anhänglichkeit durch unentgeltliche Mitwirkung, Dr. Schmidt gab Haus und Beleuchtung kostenfrei, nur das Orchester — mit Ausnahme Ferd. Davids — liess sich bezahlen, so dass immerhin 270 Thaler für Lortzing übrig blieben, womit er sehr zufrieden war. »Deutschland lässt seine Componisten nicht verhungern, habe ich doch wenigstens auf ein paar Monate wieder zu leben!« Für die Oeconomie im Lortzingschen Hause ist charakteristisch, dass die Mutter, welche in Pension getreten war und mit ihren 150 Thalern jährlich und einem kleinen Erbtheil von Tante Schmidt den Haushalt unterstützte, ihre Briefe jetzt ganz klein und eng schrieb, um das Porto, das sich damals nach dem Gewicht richtete, zu verbilligen. — Das Jahr ging zu Ende, ohne eine Aenderung der Verhältnisse zu bringen; wohl erhielt Lortzing ein Engagement nach Königsberg, aber für eine Saison lohnte natürlich die Uebersiedelung nicht, auch hiess es, er ginge wieder zu Ringelhardt nach Riga, aber die weite Entfernung hielt ihn auch davon zurück. Eine kleine Einnahme schaffte er sich wieder, indem er am 28. Januar 1846 die Undine am Herzogl. Hoftheater zu Ballenstädt zur Aufführung brachte und selbst dirigirte. Die Oper gefiel ungemein; am Schlusse trat die Directorin Martini im weissen Atlaskleid heraus und setzte unter dem Jubel des Publikums Lortzing einen Lorbeerkranz aufs Haupt. Das freundschaftliche Verhältniss zu Martini veranlasste Lortzing, seine Tochter Lina ihre Bühnencarriere dort beginnen zu lassen, wo sie »Alles frei« hatte und monatlich 10 Thaler erhielt. Sie debutirte am 22. Februar in Bernburg, dessen Hoftheater ebenfalls unter Martinis Direction stand, unter den Augen des Vaters als »Käthchen von Heilbronn«. Der Tod seines alten Onkels rief Lortzing Anfangs März auf kurze Zeit nach Berlin und ein Legat von 1500 Thalern half seinen Verhältnissen wieder etwas auf. Am 4. März war Undine in Leipzig zum ersten Male und unter Lortzings Leitung gegeben worden und hatte einen vollen Erfolg gehabt, auch die Verhandlungen mit

Wien waren wieder in Fluss gekommen und Pokorny, der wiederholt persönlich Lortzing aufgesucht hatte, verpflichtete ihn gegen eine Zahlung von 800 Gulden, seine neue Oper »Der Waffenschmied« ihm zur Erstaufführung zu überlassen und zur Leitung derselben selbst nach Wien zu kommen. Ein Engagement wurde in Aussicht gestellt, aber noch nicht abgeschlossen. Lortzing schlug vor, erst die Undine, von deren Wirkung er nun fest überzeugt war, zu geben und wollte auf alle ihm gewährten Vortheile verzichten; Pokorny aber bestand auf dem »Waffenschmied« und setzte das Eintreffen auf Mitte April fest. So rüstete sich denn Lortzing, sein gutes Leipzig zu verlassen und wenn er es auch mit schwerem Herzen that, so war doch die Aussicht, in dem schönen Wien, an dem grossen prächtigen Theater, das alle Kunstgrössen heranzog, wirken zu können, glänzend genug, um alle seine Hoffnungen wieder zu beleben, sein Selbstgefühl wieder aufzurichten und auch seinen Humor aufs neue sprudeln zu lassen. »Also, wer nicht nach Wien geht, ist ein Schuft!«

WIEN.

»Den deutschen Sinn soll nichts uns rauben.«

Das Theater an der Wien war am 30. August 1845, »gänzlich renovirt«, mit einer Festouverture Franz von Suppés, der als Capellmeister engagirt war, einem Prolog, »Des Wanderers Ziel« von C. Meisl und Flotows neuer Oper »Stradella«, dirigirt von Netzer, unter der Direction Pokornys eröffnet worden. Das Sängerpersonal weist manchen noch heute bekannten Namen auf: Becker, Bielczycki, Dalle, Aste, Ditt, Gehrer, Granfeld, Lehmann, Pöck, Radl, Reichmann, Salomon, Schert, Schüttky, Starzic und Staudigl als Oberregisseur; die Damen Beckmann, Bergauer, Cerini, Dielen, Eder, Ernst, Freytag, Hellwig, Kaiser, Marra, Meyer, Querinau, Treffz, Vautier und Winter.

Als Dirigenten sehen wir Taubert und Binder fungiren; Berlioz und Felicien David leiten ihre Werke in eigenen grossen Concerten; Ernst und Molique lassen sich hören; Tichatschek und die Jenny Lind gastiren und bei dieser Gelegenheit gelangen »Die Hugenotten« unter dem Titel »Die Ghibellinen in Pisa« zur Aufführung. Meyerbeer bearbeitet »Das Feldlager in Schlesien«, zur Einweihung des Berliner Opernhauses 1844 geschrieben und später zum »Nordstern« benutzt, als »Vielka« für die Lind, und dirigirt sein Werk selbst; Suppé bringt seine Erstlingsoper »Das Mädchen vom Lande«, Füchs seinen »Gutenberg«, Balfé drei seiner Opern, »Die Zigeunerin«, »Die Haimonskinder«, »Die Belagerung von Rochelle«, Netzer seine »Seltsame Hochzeit« unter eigener Leitung zur Aufführung, freilich ohne dauernde Erfolge.

Lortzing war zu Anfang des Jahres 1846 bei Pischeks Debut mit dem »Zar« auf dem Spielplan erschienen; die Bevorzugung der italienischen und französischen Modeopern liess ihn jedoch keinen festen Boden fassen. Als er nun Mitte April eintraf und seinen »Waffenschmied« zur bevorstehenden Aufführung fertig vorbereitet zu finden glaubte, hatten kaum die ersten Proben begonnen, dagegen kam gerade die »schwedische Nachtigall« zum Gastspiel. Tichatschek gesellte sich im Mai zu ihr und so vergingen anderthalb Monat, ehe Lortzing an die Reihe kam. Das war so ein Pröbchen von Pokornys Directionsführung, über die wir Lortzing noch manch' liebes Mal klagen hören. Endlich am 30. Mai verkündete der Theaterzettel die Erstaufführung des »Waffenschmied von Worms«. Es ist ein seltsames Spiel des Zufalls, dass dies Werk in Wien zuerst gegeben wurde, wo auch seine Vorgänger entstanden waren. Das Original, wonach Lortzing sein Buch bearbeitete, ist betitelt:

Liebhaber und Nebenbuhler
in
einer Person.
Ein Lustspiel in 4 Aufzügen von F. W. Ziegler.
Wien, bei F. J. Keyserer.

Personen:

Fräulein Sybille von Katzeburg.
Ritter Adelhof aus Schwaben.
Graf und Ritter Liebenau, } als Schmiedegesellen in
Georg, sein Knappe, } Stadingers Dienst.
Hans Stadinger, ein Waffenschmied.
Marie, seine Tochter.
Brenner, Wirth beim Einhorn, sein Schwager.
Irmentraut, Mariens Wärterin.
Der Vogt von Worms. Ein Bube von Einhorn. Knappen.

Und auch für ein dramatisch-musikalisches Werk war der Stoff bereits früher benutzt worden. Am 28. September 1790 wurde im Wiener Hofburgtheater aufgeführt:

Der Waffenschmied.
Eine komische Oper in 2 Aufzügen nach Ziegler.
Als Singspiel für die Marinellische Schaubühne bearbeitet von K. F. Hensler.
Musik von F. Kauer.

Aus dem schönen Reich der Märchenpoesie war Lortzing wieder zur platten Prosa des Schauspielerstücks zurückgekehrt und hatte eine derbe aber wirksame Verkleidungscomödie, in der er selbst oft den Graf und Ritter Liebenau gespielt, zum Libretto umgestaltet. Welch' glücklichen Griff er damit gethan beweist die Thatsache, dass der »Waffenschmied« fast noch volksthümlicher geworden ist, als der Zar. Wohl aus keiner Oper sind so viele Textstellen in den Mund des Volkes übergegangen, wie aus dem »Waffenschmied«, dessen Verse, wie »Das kommt davon, wenn man auf Reisen geht«, »Auch ich war ein Jüngling mit lockigem Haar«, »Das war eine köstliche Zeit«, »Gern gäb' ich Glanz und Reichthum hin«, »Man wird ja einmal nur geboren« direct sprichwörtlich geworden sind.

Aeusserlich hat Lortzing an dem hausbackenen Stück des ehemaligen Tyrannen-Spielers vom Hofburgtheater wenig geändert. Auch bei ihm hat sich Graf Liebenau in die Tochter des Waffenschmieds verliebt, er verkleidet, um in ihrer Nähe zu sein, sich und den Knappen Georg als Schmiedegesellen und stellt als Graf die Treue seines Mädchens auf die Probe. Stadinger, wegen schlimmer Erfahrung am eigenen Weibe, will keinen Ritter zum Schwiegersohn, aber auch als Geselle Conrad ist ihm der Graf nicht recht und er will Marie mit Georg verheirathen, wovon aber Beide nichts wissen wollen. Schliesslich erzwingt der Ritter aber doch, indem er mit seinen Mannen einen Angriff auf Stadingers Haus macht, dass dieser dem Gesellen Conrad die Tochter giebt, und als sie an der Hand des Grafen aus der Kirche kommt, sieht der Alte sich geprellt und giebt endlich seinen Segen. — Mit praktischem Blick und gesundem Taktgefühl hat aber Lortzing alles Unsympathische aus seinem Buche entfernt; so lässt er das mannssüchtige

Frl. v. Katzeburg gar nicht auf der Bühne erscheinen und an Stelle des hässlichen Geizes, den der Stadinger des Originals zur Schau trägt, ist dieser mit der Würde des berühmten Thierarztes ausgestattet und mit so vielen Zügen jovialen Humors, gutmüthiger Heftigkeit und berechtigten Bürgerstolzes, dass man den alten Polterer herzlich liebgewinnt, zumal wenn er von der »köstlichen Zeit« seiner Jugend singt. Dass die ganze liebliche Scene Mariens am Schlusse des ersten Actes Lortzings eigenste Erfindung ist, wurde schon erwähnt. Welch' köstlichen Typus der geschwätzigen, kusslustigen alten Jungfer hat er aus der »alten Hexe« Irmentraut gemacht, die im Original Mariens Amme ist, was Lortzing züchtiglich in »Erzieherin« umänderte; welch' frisches, liebenswürdiges Findelkind ist aus dem »Bastard« Georg geworden; wie viel drolliger und sympathischer erscheint der schlaue Ritter Adelhof aus Schwaben seinem Original gegenüber! Es kann Lortzing, der mit vollem Bewusstsein für die breitesten Schichten des Publikums, für das »Volk«, das gewöhnlich auf der Gallerie und nicht im ersten Rang sitzt, schrieb, gar nicht hoch genug angerechnet werden, dass er die Erheiterung seiner Hörer nie auf Kosten des künstlerischen Geschmackes oder der Anständigkeit zu erreichen suchte, sondern vielmehr mit erhöhter Lustigkeit stets auch ein höheres sittliches Element in seine Opernbücher hineintrug. Welch' unheilvollen Einfluss ein heiterer Tondichter, dem dieser ethische Zug fehlt, Jahrzehnte lang auf ganze Völker üben kann, lehrt die Erscheinung des begabten Offenbach und seiner Nachtreter auf dem Gebiet der Operette.

Die Musik zum »Waffenschmied« ist noch einfacher und kunstloser — trotz der kleinen Fuge in der Ouverture — als die zu Lortzings früheren Opern; die Liedform dominirt durchaus, auch in den grösser angelegten Nummern; das Orchester drückt ganz schlicht die Grundstimmung der Situation aus, ohne — wie in Undine — einem einzelnen Instrument oder einer Instrumentalgruppe eine individualisirende Tonsprache zuzuertheilen. Die Wiederholung einzelner Themen zur Erinnerung an frühere Situationen findet sich auch hier, jedoch nicht das persönliche Leitmotiv und seine systematische Verwendung. — Im Allgemeinen auf den Ton der »Beiden Schützen« gestimmt, liegt doch ein leiser Hauch von Wehmuth über einzelnen Theilen der Partitur und wie ein rührender Abschiedsgruss, ähnlich dem »Brüderlein fein« der Jugend in Raimunds »Bauer als Millionär«, erklingt am Schlusse der Oper, mit der er zum letzten Male ins Volk drang, »Das war eine köstliche Zeit«. — Alle diese Eigenschaften haben die Wirkung keineswegs beeinträchtigt, im Gegentheil, so »schlank und leicht, wie aus dem Nichts entsprungen« hat die harmlose Waffenschmied-Musik bis auf den heutigen Tag jedes unbefangene Gemüth im innersten Herzen erfreut und man müsste jede einzelne Nummer aufzählen, um das Gelungene zu bezeichnen. Bemerkenswerth ist, wie bei aller Einfachheit das musikalische Colorit der Zeit und den Personen so völlig entspricht, dass wir ein Stück bürgerlichen Lebens aus dem deutschen Mittelalter ganz leibhaftig an uns vorüberziehen sehen, wie im Hans Sachs. Sogar die weinfrohe Stimmung, die noch aus der Undine herüberklingt, ist charakteristisch für den Ort der in dem rebenumgürteten Worms sich abspielenden Handlung.

Dass ein Werk dieser Art, grunddeutsch in seinem ganzen Wesen und jeder »Dudelei und Trillerei«, allem italienischen Modekram abgewandt, keine ekstatische Begeisterung im damaligen und selbst im heutigen Wien erwecken konnte, ist klar. Dennoch war ein sehr guter Erfolg zu constatiren, trotzdem die Darsteller, Staudigl in der Titelrolle ausgenommen, offenbar nicht durchweg auf der Höhe standen, das Orchester nicht einwandfrei war und Pokorny nicht einmal zur Erleichterung des Verständnisses Textbücher hatte drucken lassen. »Chöre und Orchester waren heut unter der Leitung des Componisten präciser, als wir sie sonst zu hören gewohnt sind, das letztere jedoch liess wie immer in der Blechharmonie noch zu wünschen übrig. Gerufen wurde der Componist und die Darstellenden, auch der Herr Director erschien und geleitete den Componisten auf die Bühne. Der Besuch war für eine Novität eines so allgemein beliebten Componisten nicht sehr zahlreich«. So berichtet die Wiener Musikzeitung. Der Erfolg des »Waffenschmied« war für Lortzing in mehr als einer Hinsicht bedeutungsvoll; die Oper ging »reissend« ab und stellte seinen Ruf als Componist, für den die zweifelhafte Beurtheilung der »Undine« nicht günstig gewesen war, glänzend wieder her, und vor Allem: Pokorny engagirte ihn an Netzers Stelle auf zwei Jahre als Capellmeister, und so war die Schmach der Leipziger Kündigung, denn so empfand es Lortzing, ausgelöscht. »Die Frau Nemesis hat gewaltet«, schreibt er, und sein elastischer Geist, so lange niedergehalten, schnellt wieder in die Höhe. Mit Enthusiasmus spricht er von dem »schönen Wien«, die herrlichsten Luftschlösser baut er im Geist, sein Sohn Theodor, der künftige »Oberbaurath«, wird das grosse polytechnische Institut besuchen, und mit scherzhaftem Hochmuthe schreibt er Düringer: »Gott! wie miserabel kommt mir Jeder vor, der nicht in Wien engagirt ist.« Die beifällige Aufnahme des »Waffenschmied« mag auch Veranlassung gewesen sein, dass die Hofoper den »Zaren«, mit Hölzl in der Titelrolle, wieder aufs Repertoire setzte; sogar im Hofconcert zu Schönbrunn figurirt die Arie aus dem »Zar« auf dem Programm.

(Nach dem Bilde von Kriehuber.)

Ungefähr Mitte Juni kehrte Lortzing wieder nach Leipzig zurück und bereitete die Uebersiedlung vor; er selbst wollte Anfang August reisen, die Familie sollte Ende September nachkommen, seine eigene Abreise verzögerte sich aber um einen Monat. Am 4. August dirigirte er noch im Schützenhause ein unter Mitwirkung von 150 Sängern und Musikern zum Besten der Hinterbliebenen Queissers, des »Posaunenkönigs« im Gewandhausorchester, veranstaltetes Concert, in welchem u. A. die C-moll-Symphonie zur Aufführung kam. Am 5. September fand noch eine Undine-Vorstellung zum Benefiz Lortzings statt und am 17. September sehen wir ihn in Wien seine »Beiden Schützen« dirigiren. »Der Compositeur und Kapellmeister, Herr Lortzing, wurde am Schlusse des ersten Actes und zu Ende der Vorstellung gerufen. Das Haus war sehr gut besucht, die Aufnahme eine günstige, die Langeweile nicht vorherrschend.« So glücklich die Auspicien waren, unter denen Lortzing seine Wiener Stellung antrat, so wenig sollten sich die Hoffnungen erfüllen, die er so froh daran geknüpft hatte. Der Mangel an Ordnung in Pokornys Theaterleitung, die feindliche Haltung der Presse, Saphir an der Spitze, gegenüber dem Director und seinem ganzen Personal, die Sorge um den Bestand des finanziell auf sehr schwachen Füssen stehenden Unternehmens, die Aussichtslosigkeit, mit den eigenen Opern zur Geltung zu kommen, liessen ihn wenig Freude an seinem Berufe erleben. Auch im Hause zog Sorge und Kummer ein. Das treue Mutterherz, das allezeit nur für das Glück ihres Sohnes geschlagen, stand plötzlich still und das Hinscheiden der liebevollen Helferin und Ratherin in allen Lagen seines Lebens, der er mit kindlicher Liebe und Zärtlichkeit ergeben war, schlug seinem weichen Herzen eine tiefe Wunde. Sie starb am 12. December 1846 und Lortzing berichtet an Düringer im März des nächsten Jahres:

»Meine arme, gute Mutter musste in letzterer Zeit noch sehr viel leiden. Das Wasser in der Brust benahm ihr den Athem; der letzte Nachmittag war schrecklich, das Ende sanft. Sie legte sich ruhig hin, sagte uns allen »gute Nacht« und schlief ein.

»Du kannst Dir wohl das Bild ausmalen, wie die ganze Familie, gross und klein, das Sterbebett umringte und weinte, wie manches von den Grösseren sich mit Schmerz sagen musste: »Du hast die vortreffliche Frau oft gekränkt und häufig nicht verstanden.« — Wie meines guten Weibes aufrichtige Thränen flossen, welches sich wegen ihres exemplarischen Benehmens gegen die Entschlafene einen Extraplatz im Himmel verdient hat und ich — o mein liebes Bruder — es war eine recht erschütternde Scene. Sie ruht auf dem Matzleindorfer Kirchhofe, wo auch Gluck liegt. Ihr Begräbniss war höchst einfach. Fünf unserer Bekannten folgten dem Sarge. Auf dem Kirchhofe angelangt, wurden die theuren Ueberreste ohne Sang und Rede still versenkt. Hätte ich nie an Dich mehr gedacht, hier hätte ich an Dich denken müssen! Keiner gedachte der Tugenden der Verblichenen! Keiner richtete mich Tiefgebeugten auf durch ein tröstendes Wort am Grabe der geliebten Mutter, der ich alles war! Wir beteten still, warfen eine Hand voll Erde auf den Sarg und nun wurde darauf losgeschaufelt! — So begräbt man im gemüthlichen Wien! — auch eine schöne Gegend. — Ich habe ihr einen Grabstein setzen lassen. — Friede ihrer Asche!«

Auch die finanzielle Noth trat wieder an ihn heran. Hatte die Uebersiedlung und Neueinrichtung schon übermässig viel verschlungen, so stellte sich nun heraus, dass die Gage von 1200 Gulden jährlich, die Lortzing bezog, bei dem »unsinnig theuren« Leben, einer Wohnungsmiethe von 520 Gulden[23]) und einer Familie von sechs zum Theil erwachsenen Kindern nicht im Entferntesten ausreichen konnte und bei der Beschaffenheit der Honorare für seine Opern und dem unregelmässigen Eingang derselben lebte er von Anfang an in Verlegenheiten, denen er sich nicht wieder entwinden konnte. Dazu die traurige Erkenntniss, dass das nur den Italienern huldigende Wien, Oesterreich überhaupt kein Boden für ihn sei; »hier red't kein Hund von mir«, schreibt er — so erklärt es sich leicht, dass seine Stimmung immer düsterer und verbitterter wurde, dass der Humor, der ihn ja glücklicherweise nie ganz verliess, immer spärlicher aufflackerte. Das zeigt sich leider auch in den hier entstandenen Werken, die nicht mehr die sonnige Heiterkeit ausstrahlen, die früher über seinem Leben und Schaffen lag. Und keine Aufmunterung, keine tröstliche Hoffnung für die Zukunft! Am 20. October ging die »Undine« zu seinem Benefiz erstmals in Scene, allerdings bei überfülltem Hause, so dass er einen Antheil von 500 Gulden erhielt, auch der Beifall war gross, aber die Kritik fiel dermassen über die Oper her, dass Lortzing es vorzog, sein »jüngstes Kind auswärts taufen zu lassen«, umsomehr, da man in Wien vor lauter Gästen nicht zum Einstudiren von Novitäten kam. So war es denn wieder das gute

Leipzig, wo Lortzings neuestes Werk das Lampenlicht erblickte. Der Theaterzettel vom 13. December 1847 verkündet:

Zum ersten Male:

Zum Grossadmiral.

Komische Oper in 3 Acten. Nach dem Französischen bearbeitet.

Musik von Albert Lortzing.

Personen:

Heinrich, Thronerbe von England	Herr Wiedemann.
Katharina von Frankreich, seine Gemahlin . .	Frl. Grünberg.
Graf Richard Rochester, Heinrichs Vertrauter .	Herr Brassin.
Cop Monbrai, Gastwirth zum »Gross-Admiral«	Herr Behr.
Betty, dessen Nichte	Frl. Schwarzbach.
Eduard, Page des Prinzen	Fr. Günther-Bachmann.
William, ein alter Diener Katharinas	Herr Saalbach.
John Snakfield, des Grafen Kammerdiener . .	Herr Bernhardt.
Tomkins, sein Freund	Herr Wilcke.
Ein Ceremonienmeister	Herr Bickert.
Ein Constabler	Herr Hoffmann.
Page	Frl. Zeiner I.
Aufwärter	Herr Mönch.

Der Text ist nach einem Lustspiel von Alexander Duval (dem Librettisten des »Joseph in Egypten«) betitelt »Heinrichs V. Jugendjahre« bearbeitet, das Lortzing aus Ifflands Uebertragung kannte. »Prinz Heinz«, der Lieblingsheld der Engländer, erscheint hier in der gewohnten Charakterisirung als leichtlebig und zu Abenteuern jeder Art geneigt, aber auch liebenswürdig, freigebig und schliesslich zum Ernst des Lebens und seiner Herrscheraufgabe bekehrt. Freilich vermisst man bei allen drei Bearbeitern den Zauber der Poesie, mit dem Shakespeare seinen Heinrich umgab, nicht minder auch die lustigen Gesellschafter seiner Jugend. Wohl um dem Vergleich aus dem Wege zu gehen hat Lortzing jede historische Bestimmung vermieden und die Oper wurde auch nicht im Kostüm des 15. sondern Ausgangs des 17. Jahrhunderts gegeben.

Katharina von Frankreich tritt im Lustspiel nicht auf; Lady Klara nur, ihre Hofdame, spricht die Klagen und Wünsche ihrer Herrin aus. Mit richtigem Blick hat Lortzing dies Verhältniss umgekehrt und die Prinzessin, welche aktiven Antheil an der Handlung nimmt, auf die Bühne gebracht, und die Hofdame, eine nichtssagende Liebhaberin, hinter der Scene gelassen. Graf Rochester, der wohlmeinende Intriguant, der Page Eduard sammt seiner Verkleidung als italienischer Gesanglehrer Giorgino, die Geliebte desselben, Betty, sind im Ganzen unverändert geblieben. Mit besonderer Liebe aber hat Lortzing die Figur des Wirths zum »Grossadmiral« Copp Monbrai (wie Iffland ihn schreibt) zu einer überaus kernigen Gestalt aus dem Volksleben herausgearbeitet.

Ein Lustspielmotiv, das heut noch Verwendung findet, schürzt hier den Knoten. Heinrich, der lieber der Jagd und lustigen Abenteuern nachgeht, weiss sich von Regierungs- und häuslichen Geschäften frei zu machen durch die Meldung, die er sich bringen lässt, es seien Couriere vom Grossadmiral da und eine schleunige Sitzung nöthig. Nun ist aber der Grossadmiral ein Wirthshaus, das Heinrich als Matrose verkleidet besucht, um fröhlich zu zechen und zum Aerger seines Pagen, der als Singmeister Bettys dort verkehrt, der hübschen Schülerin den Hof zu machen. Dem Prinzen wird nun die Börse gestohlen und als er einen kostbaren Ring als Pfand für seine Zeche geben will, wird er selbst für einen Dieb gehalten, der den Prinzen beraubt hat. Heinrich will mit Hilfe Eduards die Flucht ergreifen, beide jedoch werden arretirt. Alles dies ist aber so von Rochester arrangirt, der, um Lady Klaras Hand zu erlangen, der Prinzessin versprochen hat, ihren Gatten von seiner Abenteuerlust zu heilen, was ihm auch bestens gelang. Die Paare vereinigen sich und Heinrich wendet sich nach dieser letzten Irrfahrt seiner Herrscherpflicht zu. — Im Ganzen ist aus dem recht matten Lustspiel doch ein ganz amusantes Textbuch geworden, das den Componisten wieder auf das Gebiet der feiner angelegten Conversations- und Intriguenoper leitete.

Leider war das Parkett des Hofes nicht der günstigste Boden für seine Muse und gerade das Bestreben, die unter dem Zwang der Etikette stehenden Personen von den volksthümlichen Figuren musikalisch zu unterscheiden, hat Lortzing zu einer ziemlich gespreizten und verschnörkelten Zeichnung Katharinas und Rochesters verleitet, deren Arien (No. 1 und 12) und Duett (No. 2) gar zu conventionell gerathen sind, um erwärmen zu können. Auch die Solonummern des Pagen Eduard (No. 3 und 13) sind nicht frei von Ziererei, während das Duett mit Betty (No. 9), worin er als italienischer Singmeister auftritt, sehr glücklich den Ausdruck der Anmuth, warmer Empfindung und leichten Humors mit nationaler Färbung verbindet. Durch die gleichen Eigenschaften wirkt Bettys kleine Romanze (No. 8). Gar nicht höfisch, sondern frisch und lebhaft ist Prinz Heinz gezeichnet, dessen Auftrittsarie (No. 4) sogar recht unköniglich an den Schützen Wilhelm erinnert; seine Barcarole (No. 7) würde auch heut noch eine dankbare Nummer für die Ritter vom hohen C sein, während die tugendliche Cavatine (No. 15) kaum interessiren dürfte. Das Beste ist Lortzing wieder in der Buffofigur des Seemanns Copp gelungen, und so lange dieser die Scene beherrscht, während des ganzen zweiten und der letzten Hälfte des dritten Actes, ist die Wirkung der Oper auch gesichert. Die prächtige Schilderung der Seeschlacht (Arie No. 6) mit dem halb wehmüthigen Refrain: »Ach liebe Brüder, das kehrt nie wieder«, dem packenden Schlusse, wie sich aus der Klage um die gefallenen Kameraden leise einsetzend und machtvoll austönend die Volkshymne »Rule Britannia« erhebt, ist ein Bravourstück für einen spielgewandten und stimmbegabten Bassisten; auch bei seinem Eingreifen in die Ensembles concentrirt er durch seine kräftige Haltung und den kernigen Humor alles Interesse auf sich. Wie der ganze zweite, im Wirthshause spielende Act, den Höhepunkt des Werkes bildet, so stehen auch die darin enthaltenen Ensemblenummern, ein leicht beschwingtes Quartett (No. 10) und ein echt Lortzingsches Finale (No. 11) mit ausgezeichneter Situationsmalerei, allen übrigen voran. Nur wenig aber giebt ihnen das hübsche Terzett (No. 14) und das Finale No. 16 nach, namentlich so lange Copp mit seinen Anklagen und seinen noch komischeren Entschuldigungen das Wort führt. Das kleine Vocalterzett erinnert leider zu seinem Nachtheil an das wirksamere Quartett im »Wildschütz«, wie der $^{12}/_{8}$ Andante-Satz an die »Undine« gemahnt. Im ersten Finale ist das Fortdrängen Heinrichs, der der Geburtstagsfeier enteilen möchte, vortrefflich gemalt und eine synkopische Figur giebt dem gleichzeitigen Vorwärtstreiben des Prinzen und dem Zurückhalten seiner Umgebung sehr glücklich musikalischen Ausdruck. Das Motiv »Heut wird die Freiheit noch genossen« erscheint ironisch wieder im zweiten Finale, als Heinrich eingesperrt ist, und auch das spöttische, von Katharina und dem Chor wiederholt an ihn gerichtete »Schonen Sie sich«, ertönt im Nachspiel neckisch wieder, als er in die Schenke eilt. — Lässt sich nun freilich ein Nachlassen der Erfindungskraft im Allgemeinen nicht verkennen, so muss um so mehr hervorgehoben werden Lortzings unermüdliches Streben nach künstlerischer Verfeinerung, nach einem dem Genre des Textes entsprechenden musikalischen Stil, wie es sich auch im »Grossadmiral« zeigt. Das Fortspinnen der musikalischen Conversation im Orchester, die Durchführung der Themen, ein ersichtliches Bemühen, der Melodik einen höheren Schwung zu verleihen, deutet wieder auf sein stetes Vorbild für die Conversationsoper, Mozarts »Figaro«; ein direktes Beispiel dafür ist die Ouverture, welche einmal kein einziges Thema aus der Oper verwendet und auch, in Form und Charakter von allen Lortzingschen Operneinleitungen abweichend, in einem einzigen feurigen Satze unaufhaltsam hinstürmt. Wie Mozart überhaupt auf die Melodiebildung eingewirkt hat, bezeugt der Anfang der Ouverture (a.) sowohl als folgendes Thema aus No. 1 (b.), deren beider Ursprung in der A-dur-Sonate für Clavier liegen dürfte:

Auch Schubertscher Einfluss macht sich zuweilen geltend und auch äusserlich verrathen die in und für Wien geschriebenen drei Opern ihre Vaterstadt durch das Auftreten der — früher nicht benutzen — Harfe in der Partitur, deren Anwendung im Grossadmiral sogar auf der Scene selbst in der Unterrichtsscene motivirt wird, indem Betty das Instrument auf die Bühne bringt. In Leipzig wurde die Oper wieder sehr beifällig aufgenommen, aber nur noch München, Breslau und Lübeck führten sie auf. In Wien gelangte sie erst im März 1849 und zwar am Josefstädter Theater unter Lortzings Leitung mit freundlichem Erfolge zur Darstellung, Berlin hat sie — ebenso den Casanova — nur durch Aufführungen des Blochschen Opernvereins in den achtziger Jahren kennen gelernt. »Zum Grossadmiral« war die letzte Oper, deren Clavierauszug (bei Breitkopf & Härtel) im Druck erschien.

Die neue Oper hatte ihrem Schöpfer wieder nur neue Enttäuschungen gebracht und dazu verschlimmerten sich seine Verhältnisse, wie diejenigen des Theaters immer mehr. Ein an Gollmick gerichteter Brief vom 2. Februar 1848 giebt ein anschauliches Bild des Kampfes, den der deutsche Musiker, wenn er deutsch blieb, durchzufechten hatte; lag doch Wagner in Dresden genau mit denselben feindlichen Mächten, der Bevorzugung der Italiener und untergeordneter einheimischer Talente, der Unmöglichkeit die eigenen Werke auf die Bühne zu bringen, der er angehörte, den kränkenden Urtheilen der Kritik, der finanziellen Noth und einer planlos und unkünstlerisch handelnden Direction in peinvollem Streit. Wohl hielt der Riesengeist des jüngeren und kampfesfreudigeren Wagner zum Heil der deutschen Kunst siegreich Stand, aber der zartere Lortzing, dem für sein heiteres Schaffen Lebenslust und Sonne unentbehrlich war, musste, wenn auch noch so rühmlich, schliesslich doch unterliegen.

Inzwischen war das Gewitter, das schon jahrelang drohend am politischen Himmel hing, zum Ausbruch gekommen und der Witz, den Lortzing im »Caramo«

gemacht hatte, indem er den Prinzen und seine »Constitution« hochleben lässt, wurde das Stichwort des blutigen Dramas, das sich nunmehr abspielen sollte. Die Pariser Februar-Revolution hatte, wie in den meisten europäischen Staaten, auch in Oesterreich die Freiheitsbewegung hervorgerufen und am 13. März erklangen in Wien die Sturmglocken zum Strassenkampfe. Wenige Tage darauf, am 22. März, componirte Lortzing ein »Neues Osterlied« gedichtet von Carl Rick, das den Sieg dieses Tages enthusiastisch feiert:

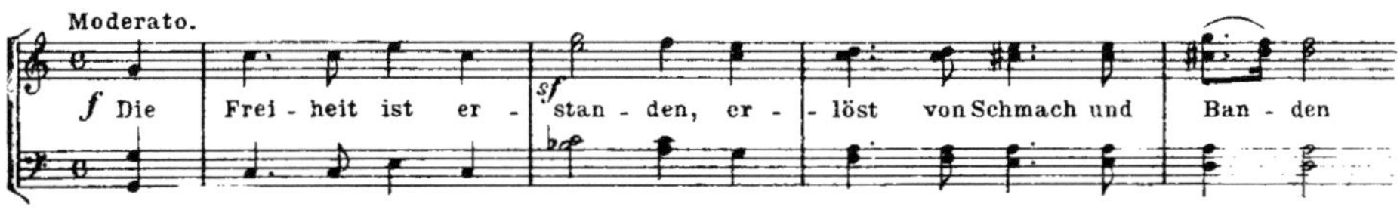

»Euch sei, ihr edlen Todten, der erste Kranz geboten,
Was ihr gewollt, es ist erzielt, es war kein Traum, für den ihr fielt!
Willkommen goldner Morgen, Du Licht, so lang verborgen,
Du Freiheit im Lenzgeleit! O wahrhaft heil'ge Osterzeit! Alleluja!«

So tönt es begeistert aus und neue Lieder, welche den deutschen Einheitsgedanken, die Kaisersehnsucht jener Tage in jugendlichem Enthusiasmus verkünden, flattern hinaus auf den Flügeln Lortzingscher Melodien. So ein »Deutsches Studentenlied« von Aug. Fischer:

das die »schwarz-roth-goldne Fahne« preist. Ein anderes von A. Buchheim:

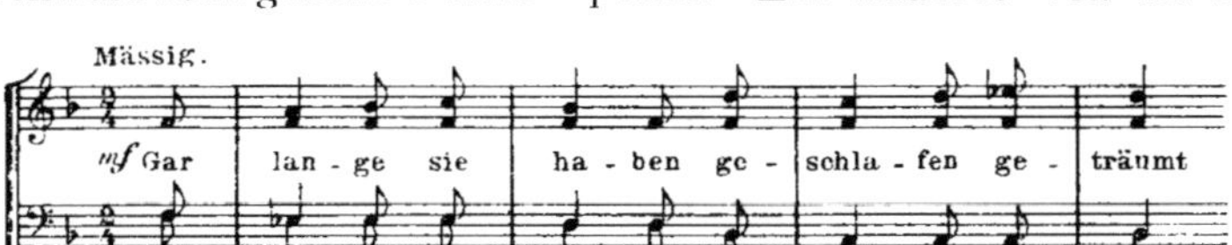

giebt am Schlusse auf die Frage, wer die Wecker und Befreier waren, stürmisch die Antwort »das waren die braven Studenten«.

Von besonderem Interesse ist »Das Lied vom Deutschen Kaiser« des Dr. Jurende[24]):

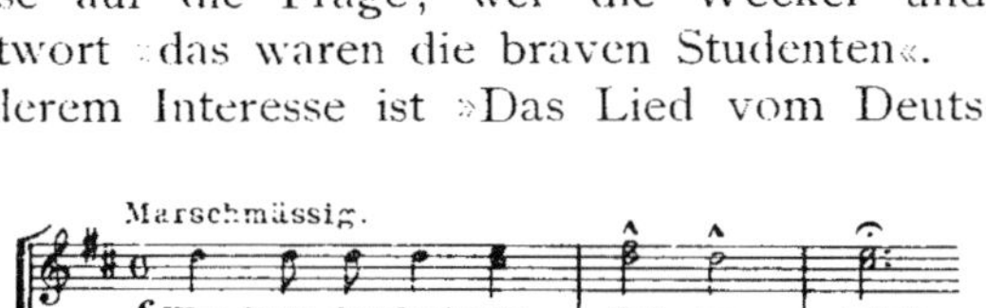

»Ein Fürst, der hält, was er verspricht und nie die deutsche Treue bricht,
Der mächtig ist und stark zugleich, zu kämpfen für das deutsche Reich,
Ich schwör's beim freien deutschen Rhein, das muss der deutsche Kaiser sein!«

Wie der prophetische Dichter, so träumte damals Alles von der sofortigen Verwirklichung dieses Gedankens und die Erfolge der Revolution schienen eine glückliche Lösung der nationalen Frage zu versprechen. Wie bitter die Enttäuschung alle deutschen Herzen traf, tönt ebenfalls in einem Lortzingschen Liede zurück:

dessen von Albert Mödinger gedichtete Strophen wie ein trüber Nachhall des erstickten Freiheitsjubels das Schicksal der Kämpfer schildern:

»So Mancher, der in Kerkersnacht jetzt wohl die lange Nacht durchwacht,
Und Mancher, der ins kühle Grab im Freiheitskampfe sank hinab;
Sie strebten nur allein darnach, dass Deutschland einig werden mag,
Im Tode selbst mit festem Blick, war ihr Gebet nur Deutschlands Glück.
Sie litten, starben, klagten nicht: es geht der Weg durch Nacht zum Licht!«

Es ist ein tragisches Moment mehr im Leben Lortzings, dass er, der Sänger der deutschen Revolution, wie Weber, der Sänger der deutschen Freiheitskriege, dahinsterben musste, ohne einen tröstlichen Ausblick auf die Zukunft Deutschlands. So vielen war es vergönnt, Zeuge der glorreichen Wiederaufrichtung des deutschen Kaiserreiches zu sein, den Traum verwirklicht zu sehen, für den sie gekämpft und geblutet; Lortzing, der in schweren Tagen der musikalische Verkünder der patriotischen Begeisterung war, erlag der Noth und Sorge zur Zeit der traurigsten Reaktion.

Doch wir sind vorausgeeilt. Die vorerwähnten vier Männerchöre, von denen das »Osterlied« von Lortzing auch für grosses Orchester instrumentirt wurde, erschienen mit dem bedeutungsvollen Wort »Constitution« am Kopfe des Titelblattes im Druck und waren den Helden jener Tage, den hochherzigen Studenten Wiens, zugeeignet. Ein anderes, von Herlosssohn gedichtet, »Sieg der Freiheit oder Tod«, ist wie so Vieles, nicht mehr aufzufinden. Doch nicht nur in Liedern sprach er aus, was ihn bewegte, Alles drängte ihn zu dramatischer Gestaltung der Ereignisse und am 31. Mai begann Lortzing die Textdichtung seiner Oper »Regina«.

Seit Düringers Anmerkung, »das Buch huldige der damaligen politischen Richtung«, galt »Regina« zum Schrecken frommer Seelen als »Revolutionsoper«, und bis in die jüngste Zeit wurde der Satz nachgedruckt, sie sei wegen ihres revolutionären Sujets nicht zur Aufführung gelangt. Nun greift Lortzing allerdings ins volle Menschenleben der damaligen aufgeregten Zeit und knüpft an die Ereignisse des Tages an, aber nach der Tendenz seiner Oper müsste man ihn vielmehr für einen Reactionär halten, denn es wird ganz vormärzlich das Laster der Rebellion durch die Tugend der Loyalität zu Fall gebracht. Man verfolge die Vorgänge in der Oper: Der reiche Fabrikbesitzer Simon wird von der Reise zurückerwartet und sein Hausbursche Kilian will die im Hof versammelten Arbeiter veranlassen, dem guten Herrn einen festlichen Empfang zu bereiten. Diese weigern sich energisch. Der Geschäftsführer Richard kommt auf den Lärm herbei, und diesem erklären die Arbeiter, dass sie höheren Lohn verlangen und, wenn nöthig, sich mit den Waffen Recht verschaffen wollen. Richard verspricht ihnen Aufbesserung und hält einigen die Wohlthaten vor, die ihnen Simon erwiesen habe, worauf alle einmüthig bereuen, besänftigt abgehen und auch in der Folge treu zu ihrem Herrn und dem edlen und muthigen Richard halten. Dieser Conflict ist also schon in der ersten Scene auf das Freundlichste gelöst.

Regina, die Tochter Simons, tritt nun auf, dankt Richard für sein Eintreten und vertraut ihm ihre Furcht vor Stephan, dem Werkmeister, der sie mit düstern Blicken verfolgt. Das Liebesduett wird unterbrochen durch die Ankunft des Vaters, der von den Arbeitern nun mit Jubel empfangen wird. Simon weiss bereits, wie Richard den Aufruhr beschwichtigt hat, und da er auch die Liebe seiner Tochter kennt oder ahnt, vereinigt er Regina mit Richard. In der nun folgenden Prosascene, an der das humoristische Pärchen, Kilian und Beate, den Hauptantheil hat, wird das Erscheinen des gefürchteten Stephan vorbereitet. Dieser kommt und begehrt von Simon — der ihm für eine frühere Lebensrettung Dank schuldet — Reginas Hand, und als er deren Verlobung mit Richard erfährt, bleibt er wie niedergedonnert allein zurück, und in einer ausdrucksvollen, an Marschner gemahnenden Arie erinnert er sich noch einmal des geträumten Liebesglückes, flucht dann seinem Schicksal, das ihm die Geliebte vorenthält, und schwört, dass sie doch noch die Seine werden müsse. In dieser Stimmung stösst er auf Wolfgang, den Führer der Revolutionäre, erkennt in ihm einen früheren Kameraden, der, weil er sich an seinem Vorgesetzten vergriff, zu 20 Jahren Kerker verurtheilt war, nach fünf Jahren jedoch sich zu befreien wusste und nun ein »Freicorps« von Aufrührern und Rebellen errichtet hat. Stephan lässt sich leicht bestimmen, ihr Genosse zu werden, und während Simon mit den Seinen ein fröhliches Fest begeht, erscheint er mit Wolfgang an der Spitze einer »bewaffneten, rohen Schaar« und begehrt nochmals Reginens Hand. Als sie ihm abermals versagt wird, macht er seine Drohung wahr; die Fabrik wird trotz der Gegenwehr der Arbeiter in Brand gesteckt, Richard wird im Kampfe schwer verwundet und die ohnmächtige Regina von Stephan auf den Armen hinweggetragen.

Der zweite Act spielt in der Waldhütte Barbaras, der Mutter Kilians. Hierher führt Stephan die verzweifelte Regina. Mit Hülfe Kilians und Beatens wird ein Befreiungsplan erdacht, und die ohnehin berauschten Rebellen sinken, als Kilian während eines lustigen Liedes ihnen den von ihm gemischten Wein kredenzt, nach und nach in Schlummer, so dass Regina mit Kilian entfliehen kann.

Zu Anfang des dritten Actes singen die um Simon versammelten Landleute der Freiheit Jubellieder, jedoch nicht im revolutionären Sinne, vielmehr zum Dank für die Befreiung von den Revolutionären. Richard, der trotz seiner Verwundung an der Spitze von Soldaten und Arbeitern auszog, um die Geliebte zu retten, kehrt von der Waldhütte, wo er ihre Flucht erfuhr, zurück. Kilian kommt athemlos gelaufen und verkündet, dass der nüchtern gebliebene Stephan sie verfolgt und Regina abermals geraubt habe. Von Richard angefeuert, brechen Alle zu ihrer Befreiung auf. Nach der Verwandlung sehen wir Regina und Stephan bei einer alten Ruine, dem Schlupfwinkel der Bande, von Richards Leuten eingeschlossen. Stephan verkündet ihnen, auf die Pulverkammer zeigend, dass er eher die Fackel da hineinschleudern und sie Alle in die Luft sprengen werde, ehe er Regina zurückgäbe.

Er eilt zum Kampfe und als er Alles verloren sieht, kehrt er zurück, um seinen Entschluss auszuführen. Doch Regina weiss sich seines Gewehres zu bemächtigen und während er die Fackel in den Pulverthurm schleudern will, trifft ihn ihre Kugel. Richard naht mit den Befreiern, die Liebenden sind vereint, und Alle stimmen ein schwungvolles Freiheitslied an:

Heil Freiheit Dir, Du Völker Zier,
Dir leben wir; fliess' hin, o Blut!
Fliess' in den Sand, fliess' in den Sand!
O süsser Tod für's Vaterland,
O schöner Tod der Ehre!
O Glanz! O Sieg! O helle Ruhmesbahn!
Auf, Vaterland, voran!

Auf, rühret Euch! Das Schwert zur Hand,
Im Sturmschritt für das Vaterland!
Ein Volk! Ein Heer! Ein Herzensschlag!
Nun kommt der Freiheit grosser Tag!
Das Volk lässt sich nicht spotten!
O Glanz! O Sieg! u. s. w.

Diese höchst revolutionären Strophen aus dem Munde der Gesetzeswächter zu vernehmen, berührt gewiss seltsam. Sie sind auch nicht von Lortzing selbst gedichtet, sondern einer »Deutschen Volkshymne« von Friedrich Stoltze entnommen.

Im Uebrigen sehen wir in der ganzen Oper die aufrührerische Bewegung jedes politischen Charakters entkleidet, die Rebellen als eine gemeine Räuberbande geschildert und höchst moralisch der bürgerlichen Ordnungspartei die Siegespalme zuertheilt.

Diese Widersprüche dürfen Lortzing keineswegs als Mangel an Gesinnung ausgelegt werden, sie erklären sich ganz natürlich aus der Lage der Dinge; schuf doch »der arme Componist, der auf den Ertrag seiner Werke angewiesen ist«, seine Oper nicht, um ein politisches Glaubensbekenntniss abzulegen, sondern einzig zu dem Zweck, dass sie aufgeführt werde, und ihr eine ausgesprochen revolutionäre Tendenz unterzulegen hätte soviel bedeutet, als sie von vornherein von der Bühne ausschliessen wollen. Wie er seine »Regina« ohne Rücksicht auf den Zweck der Aufführung gestaltet hätte, lässt sich natürlich nur vermuthen, bei der Beurtheilung des vorliegenden Werkes dürfen jedenfalls die Umstände seiner Entstehung und die Verhältnisse seines Autors nicht ausser Acht gelassen werden.

Zur Charakteristik der Regina-Musik (die Original-Partitur ist im Besitz des Dr. E. Prieger in Bonn) sei hier eine Besprechung von dem verstorbenen Paul Schumacher in Mainz wiedergegeben, da die Partitur zur eigenen Einsicht nicht zu erlangen war.

»Eine nicht gerade bedeutende, in dem conventionellen Stile wie alle Lortzingschen Orchester-Prologe gehaltene Ouverture eröffnet das Werk. Bei dem trotzigen Chor der Arbeiter »Wir wollen nicht« liegt diesen Textworten eine sehr markante, musikalische Phrase unter, welche in dem ganzen ersten, mit Soli durchsetzten Chorsatze hervorragende thematische Bedeutung gewinnt und auch im Orchester eine bedeutsame Rolle spielt. Echt Lortzingsche Melodik athmet der Gesangssatz des Richard: »Ihr seid bedrückt«. In dem Duett zwischen Regina und Richard finden wir bei den Worten: »Ich glaube kaum den schönen Traum sobald erfüllet schon«, eines der bedeutsamsten Themen der Ouverture wieder. der Schluss des Duetts: »Wie klopft mein armes Herz«, ist jedoch etwas banal und unbedeutend. Die nächste Nummer von Belang ist das cavatinenartige, von vier Hörnern eingeleitete Solo des Simon: »O schöner Augenblick«; die Melodie ist zwar etwas verschnörkelt und die Declamation nach alter Weise öfters durch Orchesterzwischenspiele in unlogischer Weise unterbrochen, man kann ihr aber im Allgemeinen nicht eine dem Textlichen entsprechende Stimmung ableugnen. In der Arie des Bösewichts Stephan beginnt der Einfluss Webers und Marschners sich merklicher als in den anderen Werken Lortzings geltend zu machen und zwar sind es speciell die musikalischen Typen des Caspar und des Hans Heiling, an die wir zwar nie durch directe melodische Anlehnung, aber häufig durch Harmonisation und Klangfärbung des Orchesters, erinnert werden. Besonders Marschner ist in dieser Oper von unverkennbarem Einflusse gewesen und wir verdanken demselben, wie wir später sehen werden, die schönste und grossartigste Nummer: das Duett zwischen Regina und Stephan.

In festlich - freudiger Weise hebt das erste Finale an, tanzartige Rhytmen stimmen gut zu der allgemeinen Freude über die Gewährung der Forderungen seitens des guten Herrn. Die Kampfscene mit den Rebellen ist im grossen Opernstil ausgeführt, in bunter Reihenfolge wechseln in ihr bewegte und langsame Sätze, Recitative, Soli, Chor und grosse Ensembles ab, ein pompös angelegter und nach der Art des ersten Don Juan-Finale gesteigerter Satz der Solisten und des Chors »Verderben, brich herein« (Allegro feroce assai) schliesst den ersten Act.

Lortzing im Jahre 1846.
Gezeichnet von Prinzhofer.

Die Einleitung zum zweiten Act entwickelt in kanonischer Weise und nicht übel contrapunctisch verwoben ein zweitaktiges düsteres Thema. Nur etwas anders rhythmisirt, aber in den Noten genau, bildet dieses Thema den Anfang zu dem folgenden Lied: »Nicht so bleiben kann dies Treiben«; es folgt ein Terzett mit marschartiger Bewegung im Orchester, und dann der Glanzpunkt der Oper, das obengenannte Duett zwischen Regina und Stephan. Es ist dramatischer als zum Beispiel irgend eine Nummer in »Undine« gehalten und der Einfluss Marschners in der bewegten Moll-Einleitung, ganz besonders aber in dem Satz des Stephan »da sah ich dich«, welcher sich zu schöner Ausdrucksfähigkeit steigert, sehr erkennbar; hymnusartig schliesst diese grosse, aber auch grossartige und überall interessante Nummer. Marschartig beginnt das Finale: »Sobald die Nacht mit dunklen Schatten«; dieses Marschmotiv ist das genaue Vorbild zu einem später auftretenden, wirkungsvoll gesteigerten Ensemble. Stimmungsvoll ist das von Soli der Holzbläser und des Cello eingeleitete Gebet der Regina: »Zum Vater schau' ich auf«.

Es sei hier noch des etwas revolutionär gefärbten Liedes des Kilian: »Hinaus, hinaus« gedacht, bei dessen stetem Refrain: »Drididum, drididum«, der Chorus accompagnirend hinzutritt; die Rebellen sinken betrunken zu Boden, noch im Schlafe ihr »Drididum« brummend, und unter einem gewaltigen Donnerschlag fällt der Vorhang.

Ein anspruchsloser Chor der Landleute beginnt den letzten Act, auch eine darauf folgende Ensemblenummer bietet keine besonderen Merkmale dar. Durch eine gehaltene Unisonomelodie der Posaunen und Fagotte wird der ernste und unheimliche Charakter der nun folgenden Scene angedeutet, ebenso wirkt das leise Huschen der Streicher in tiefen Lagen eigenartig und gespenstig. Melodisch hervorragend ist der Satz des Stephan: »Nun mag die Hölle jubiliren«. Charakteristisch ist die Musik, wo dann in trabartigen Rhythmen das Herannahen der befreienden Freunde analogisirt wird, ebenso ist der Kampflärm, der Ausdruck der Hoffnung und Freude auf der einen und der Verzweiflung auf der anderen Seite musikalisch wirksam wiedergegeben. Wir begegnen nun dem rauschenden C-dur-Satze, mit welchem die Ouverture anhebt, es ist ein Ensemble im Charakter einer Volkshymne (Strophenlied), das sich zu immer reicherem orchestralen und vocalen Colorit erhebt, und nach diesem Dreivierteltakt schliesst ein kurzer, wuchtiger Viervierteltakt das Ganze festlich und freudig.«

Spohr.
Aus der im gleichen Verlage erschienenen Weber-Biographie von H. Gehrmann.

Ein eigenes Zusammentreffen ist es jedenfalls, dass am Tage, nachdem Lortzing seine »Revolutionsoper« in Angriff genommen, als Beilage zur »Allgemeinen österreichischen Zeitung«, das Gedicht Richard Wagners, »Gruss aus Sachsen an die Wiener«, erschien; auch ein anderer deutscher Tondichter, der greise Spohr, nahm noch begeisterten Antheil an dem »grossen, weltgeschichtlichen Ereigniss« und trug sein Sextett op. 140 mit den Worten in sein Compositionsverzeichniss: »Geschrieben im März und April zur Zeit der glorreichen Volksrevolution zur Wiedererweckung der Freiheit, Einheit und Grösse Deutschlands.«

Die politischen Stürme richteten das ohnehin wankende Unternehmen Pokornys vollends zu Grunde und waren die Gagen vorher unregelmässig bezahlt worden, so blieben sie nunmehr ganz aus. Natürlich war Lortzing emsig bemüht, ein anderes Engagement zu finden, und als am 22. Juli Guhr in Frankfurt starb, meldete er sich sogleich und wurde auch von allen Seiten als der Nachfolger im Kapellmeisteramt bezeichnet; er erhielt jedoch eine ausweichende Antwort, auf die hin er sich »nicht wieder antragen konnte« und die Sache zerschlug sich. Auch Coburg muss unter den Theatern genannt werden, die dem von Sorge bedrückten Meister eine Anstellung und damit eine Heimstätte versagten. Um die Verlegenheiten zu erhöhen, blieben 500 Thaler, welche er in Leipzig auf 1. August gekündigt hatte, aus, weil der Advocat die Kündigung nicht für giltig erklärt hatte und ein langwieriger Process, für den die Wittwe noch nach dem Tode Lortzings Kosten zu entrichten hatte, machte die Lage immer peinlicher. Niemand war im Stande, zu helfen und so wanderte denn, was an werthvollen Sachen vorhanden war, aufs Versatzamt, um die Familie Lortzing vor dem Verhungern zu schützen.

Unter solchen Verhältnissen vollzog sich am 30. August das frohe Ereigniss der Verheirathung Linas, der zweiten Tochter, mit Carl Krafft; »ein braver Kerl und Geschäftsführer einer Fabrik, fleissig und solid«, schildert ihn Lortzing. Dem Theaterberuf war sie, zur Freude des Vaters, dadurch ganz entzogen; ein Engagement, das ihr früher in Aussicht stand, wurde damals schon nicht realisirt, weil es von der Frau Directorin hiess, »dass sie eine etwas galante Dame sein solle«. — Am Tage nach der Hochzeit war Lortzing ein »freier Mann«. Die Oper war aufgelöst, das »Nationaltheater an der Wien«, wie es sich jetzt nannte, beschränkte sich auf Volksstück und Posse und neben Suppé fungirte Adolf Müller als Dirigent. Lortzing verlor drei volle Monatsgagen und ein Benefiz und war wieder einzig auf den Verkauf seiner Opern, der »miserabel ging«, angewiesen. Ein Engagement nach Bremen, dessen Direktion Koffka, ehemals Souffleur in Leipzig, übernommen, bot ihm nicht Sicherheit genug. »Als Souffleur hat er mir oft aus der Patsche geholfen, ob es ihm als Direktor auch möglich sein wird?« Er zweifelte mit Recht, findet sich doch in seinem Cassabuche die Anmerkung: »schuldet noch das Honorar für »Undine« 40 Thaler.« So blieb denn nur die Hoffnung auf die neuen Werke, an denen er mit rastlosem Fleisse arbeitete, »Regina« und »Rolands Knappen«. Unterm 18. September schreibt er an Reger mit Bezug auf die beiden letzteren: »Ich bin gegenwärtig mit Beendigung einer neuen Oper beschäftigt — wieder ernsten Inhalts (Regina). Ich freue mich schon zu hören, wie die gelehrt sein wollenden Musiker ausrufen werden: wenn der Mensch doch bei seiner komischen Musik bleiben wollte. Ich kann ihnen aber nicht helfen — die selber nichts zu Stande bringen, Alles aber bekritteln — sie müssen mein neuestes Opus verdauen. Hinterher kommt übrigens gleich wieder eine komische Oper (Rolandsknappen), von der auch bereits der erste Act fertig ist und so wollen wir denn sehen, was wir weiter machen.« Doch, wer dachte jetzt an Opern und Theater, ging doch eine Völkertragödie ihrer Katastrophe entgegen.

Zur Bekämpfung der ungarischen Revolution zogen die kaiserlichen Truppen von Wien ab, der Kaiser entfloh nach Olmütz unter den Schutz der Slawen, und die deutschgesinnte Partei Wiens sah sich den Kroaten, welche Jellalich heranführte, ausgeliefert. So entstand der furchtbare Aufstand vom 6. October, der die Demokraten zu Herren der Stadt machte. Bald darauf erschien eine Deputation der Linken des Frankfurter Parlaments, bestehend aus Robert Blum, Jul. Fröbel, Moritz Hartmann und A. Trampusch, um den Wienern eine Sympathie-Adresse zu überbringen. Am 17. October beim öffentlichen Empfange sprach Blum und bezeichnete den Wiener Aufstand als eine neue Aera der Geschichte. Lortzing suchte natürlich den Freund und ehemaligen Collegen auf und beide verkehrten in alter Herzlichkeit mit einander. Am 23. October forderte Fürst Windischgrätz, der aus Böhmen herangezogen war und mit Jellalich vereint über 90000 Mann gebot, die Stadt zur Uebergabe auf. Blum hielt in der Aula jene Rede, die ihm das Leben kosten sollte; er forderte zur Vertheidigung bis zum letzten Blutstropfen auf und nahm auch als Führer einer Elitecompagnie am Kampfe theil. Am 28. unternahm Windischgrätz den Sturm auf die Stadt, die sich trotz heldenmüthigsten Widerstandes nicht halten konnte; die kaiserlichen Truppen drangen bis zum Glacis vor und schon war man in Wien geneigt, die Thore und Basteien zu übergeben, als eine Rauchsäule, vom Stephansthurm aufsteigend, verkündete: Die Ungarn kommen. Aufs Neue belebte sich der Muth und die Hoffnung, aber nachdem die Befreier bei Schwechat zurückgeworfen waren, erlag Wien nach neuen blutigen Kämpfen am 31. October dem Sieger. Blum hatte sich in sein Hôtel zurückgezogen und noch wenige Tage vor seiner Verhaftung empfing er wieder Lortzings Besuch. Am 8. November reichten Blum und Fröbel einen Protest gegen ihre Gefangensetzung ein, worauf Blum noch

Robert Blums Hinrichtung.
(Nach einer Zeichnung von Steffeck, lithographirt von Th. Hosemann.)

am selben Abend verhört und zum Tode durch den Strang verurtheilt wurde. Am Morgen des 9. November, als noch dichter Nebel Alles bedeckte, führte man Blum, der zu Pulver und Blei begnadigt worden war, nach der Brigittenau, wo er todesmuthig starb.

»Mein Blut, das wollen sie säen,
Hei! das wird auferstehen,
Aus jedem Tropfen ein Blum.«

So besang Ludwig Pfau das blutige Trauerspiel in einem ergreifenden Gedicht. Wie Jedermann in Deutschland so war auch Lortzing wie vom Donner gerührt, als die unglaubliche Nachricht vom Tode Blums bekannt wurde; auf Wunsch der Familie bemühte er sich noch, den silbernen Ehrendegen, den die Legionäre ihrem Führer gestiftet hatten, zurückzuerhalten, doch vergebens. So, eine neue Wunde im Herzen, sass Lortzing in Wien ohne Stellung, ohne Mittel, ohne irgendwelche Aussicht; »Regina« fand nirgends Annahme und alle Hoffnung musste sich nun auf Vollendung der »Rolandsknappen« stützen, denen sich wieder die Leipziger Bühne erschloss. Die

Stürme der Revolution hatten auch Dr. Schmidts Directionsschifflein zertrümmert; bis Ende des Jahres stand er noch als Oberleiter der Gesellschaft, die auf Theilung spielte, am Ruder, dann ging er nach Amerika und der Sänger Rudolf Wirsing übernahm die Direction des Stadttheaters.

Am 14. März 1849 beendigte Lortzing die Partitur von »Rolands Knappen« und etwa einen Monat später sehen wir ihn wieder in Leipzig, von Wirsing dahin berufen zur Einstudirung und Leitung seiner neuen Oper. Aber wie s. Z. in Wien, so erging es ihm hier: lange und bange Wochen verstrichen, Halévys »Thal von Andorra« musste erst herausgebracht werden, ehe er an sein Werk gehen konnte, und das Honorar von 100 Thlrn., das er dafür erhielt, entsprach wahrlich nicht der aufgewendeten Zeit und Mühe. Ein glücklicher Zufall fügte es jedoch, dass Düringer von Mannheim und Ringelhardt von Riga fast gleichzeitig in Leipzig eintrafen und eine kurze Frist frohen Beisammenseins mit den Genossen der »köstlichen Zeit« hob seine Stimmung wieder etwas. Inzwischen hatten die Ereignisse auf dem Welttheater ihren Fortgang genommen und voll Sorge gedachte Lortzing der Seinen, die in den Unruhen des ungarischen Aufstandes zurückgeblieben waren, und charakteristisch ist der Wunsch: »Gott behüte Euch vor allem Ungemach und vor den Russen.« In Dresden war mit Hilfe des preussischen Militairs der Aufstand am 9. Mai blutig niedergeschlagen worden; der Königl. Kapellmeister Richard Wagner war entflohen und Musikdirector Röckel, Lortzings Verwandter, gefangen gesetzt worden. Am 11. Mai starb plötzlich, vom Schlag getroffen, Otto Nicolai in Berlin, dessen »Lustige Weiber von Windsor« wenige Monate früher ihre Erstaufführung erlebt hatten. So wurden auf einmal mehrere Kapellmeisterstellen frei, um die sich Lortzing auch sofort schriftlich bewarb. Auf die ausweichenden Antworten, die er empfing, eilte er selbst an Ort und Stelle, doch wiederum war Hoffen und Mühen vergebens. Nicht einmal das Honorar für die seit drei Jahren angenommene und ausgeschriebene »Undine« konnte er in Dresden erlangen.

»Mein liebes, gutes Weib, vor der Hand weiss ich leider noch nicht, wann und wovon ich Dir wieder Geld schicken kann,« schreibt er am 12. Mai, »am Geburtstage des seligen Vaters«, und fährt fort. »Wenn ich auf der Strasse ein kleines Bubi sehe, im Alter des unsrigen, bekomme ich eine solche Sehnsucht, dass ich immer weinen möchte. Wie lange werde ich wohl noch fern von Euch bleiben müssen! — und doch möchte ich ohne ein Engagement — da an der Wien keine Hoffnung zu sein scheint, nicht wieder zu Euch kommen! Die Vorsehung wird ja endlich ein Einsehen haben.«

Nach zwei ferneren Wochen verkündete nun doch der Theaterzettel die Erstaufführung von Lortzings letztem grösseren Werke.

Stadttheater zu Leipzig.

Freitag, den 25. Mai 1849.

Zum ersten Male unter eigener Direktion des Componisten:

Rolands Knappen,

oder:

Das ersehnte Glück.

Komisch-romantische Zauberoper in 3 Acten, nach Musäus' gleichnamigem Mährchen frei bearbeitet von G. M.

Musik von Albert Lortzing.

Personen:

Garsias, der Weise genannt, König von Leon	Herr Behr.
Isalda, seine Tochter	Frl. Mayer.
Tutatu, ein gelehrter Prinz aus China . . .	Herr Ballmann.
Andiol, } Knappen in Ritter Rolands Heere	Frau Günther-Bachmann.
Amarin, } Knappen in Ritter Rolands Heere	Herr Widemann.
Sarron, } Knappen in Ritter Rolands Heere	Herr Brassin.
Die Königin der Berge	Frl. Kanow.
Ein Jäger	Herr Lay.
Ein Höfling	Herr Wilcke.
Ein Hoffräulein	Frl. Dienelt I.

Hofherren und Hofdamen. Pagen. Tänzer und Tänzerinnen. Gespielinnen der Prinzessin. Jagdgefolge. Trabanten. Krieger. Landleute. Volk. Gnomen. Erdgeister u. s. w.

Ort der Handlung: Spanien; der erste Act spielt in der Nähe der Stadt Astorga, der zweite und dritte Act im Königlichen Palaste, der Schluss in der französischen Schweiz.

Im zweiten Act:

Pas de trois,

ausgeführt von Frl. Beske, Frl. Rosenthal, Herrn Plagge und dem Corps de ballet.

Der Text der Gesänge ist an der Kasse für 3 Neugroschen zu haben.

13. Abonnements-Vorstellung.

Anfang halb 7 Uhr. Ende nach 9 Uhr.

Einlass halb 6 Uhr.

Lortzing selbst berichtet den Seinen den Erfolg des Abends:

»Freut euch mit mir, ihr lieben Leute! Gestern ist meine Oper gegeben und mit ungeheurem Jubel aufgenommen worden. Die Aufführung war in Berücksichtigung, dass wir nur zwei Orchesterproben hatten, eine vortreffliche zu nennen. — — Fast jede Nummer wurde stürmisch applaudirt und ich mit den Sängern nach dem zweiten und dritten Acte gerufen. Ein anhaltender Applaus empfing mich auch bei meinem Erscheinen im Orchester. — — Das Gefühl, mit welchem ich ins Orchester ging, will ich meinem Feind nicht gönnen; es handelte sich gewissermassen um einen Wendepunkt in meinem Wirken. Wäre ich auch mit dieser Oper abgefallen, ich hätte nicht den Muth gehabt, noch einmal die Feder anzusetzen. — Dem Herrn Director muss ich zum Ruhme nachsagen, dass er für die Oper — gar nichts gethan hat — freilich kann er auch nichts thun, er hat es nicht. — Dass die Vorstellung stattfand, habe ich übrigens lediglich der Theilnahme der Sänger zu danken, welche Donnerstag 9—2 Uhr und Nachmittags von 5 bis über 9 Uhr probirt haben, dazu kam noch, dass Brassin einen heftigen Husten hatte.«

Ein Erfolg, unter so schwierigsten Verhältnissen dem für die Gaben der Kunst jetzt so wenig empfänglichen Publikum abgerungen, durfte Lortzing wohl mit freudiger Hoffnung erfüllen, »das ersehnte Glück« wieder an sich gefesselt zu haben und Schuld seines Werkes war es auch nicht, wenn er wiederum enttäuscht wurde.

Die Handlung schliesst sich — ebenso wie in Heinrich Dorns gleichnamiger Oper, welche 1826 am Königstädter Theater in Berlin zur Aufführung kam — ziemlich treu an das Volksmärchen an. Den drei verirrten Knappen wird, nicht von einer alten Hexe, sondern von einer gütigen Gnomenkönigin je ein wunderthätiger Talisman verehrt, der sie anfänglich am Hofe des Königs ihr Glück machen lässt. Der eifersüchtige Prinz bestimmt den König, sich der Kleinodien zu bemächtigen, was ihm auch gelingt; er muss sich aber von Andiol den Gebrauch erklären lassen, und dieser benutzt die Gelegenheit, um sich mit den Wunderdingen unsichtbar zu machen und für seinen Freund Amarin die Prinzessin zu entführen. Die beiden Zurückgebliebenen sollen den Tod erleiden, schliesslich aber legt sich die Gnomenkönigin ins Mittel und führt die Knappen sammt der Prinzessin wohlbehalten in die Heimath der drei Freunde zurück. — Es lässt sich nicht bestimmen, welchen Antheil der auf dem Titelblatt als Textverfasser genannte G. M. (die Initialen deuten auf Georg Meisinger, Komiker und Tenorbuffo am Theater an der Wien bis zum Herbst 1847, schon früher mit Lortzing befreundet und dort in ganz besonders innigem Verkehr mit ihm) an der Dichtung hat. So gewissenhaft Lortzing seinen eigenen Namen als Librettist stets verschweigt, ebenso pünktlich ist er in der Anerkennung fremden Verdienstes. Vielleicht, dass G. M. im Allgemeinen die Umformung des Märchens in dramatische Gestalt besorgte, die humoristischen Partien deuten durchaus auf Lortzings eigene Feder, ebenso die theatralisch-geschickte und musikalische Anlage des ganzen Buches. Dass Lortzing trotz der früher gemachten Erfahrungen wiederum einen Märchenstoff aufgriff, lässt erkennen, wie tief der Romantiker in ihm steckte; dass die Ausgestaltung diesmal eine vorwiegend komische war, lag im Stoff, der poetische Figuren wie Undine und Kühleborn nicht in sich barg, wie auch an der Atmosphäre der Kaiserstadt, denn die drastisch-komischen Partien, sogar gewisse musikalische Wendungen, tragen das Gepräge des gemüthlich Wienerischen.

Andererseits kennzeichnen Textstellen mit zeitlichen oder persönlichen Bezügen theils ernsthaft, theils satirisch die Umstände der Entstehung. Am auffälligsten ist ein Passus in Andiols Narrenlied (No. 10):

»Jener bahnt zu einem Throne sich den Weg durch Blut und Graus,
Jenem bietet man die Krone, doch er dankt und schlägt sie aus,«

welcher sich aber nur in Lortzings handschriftlicher Partitur findet; im gedruckten Buche ist er durch andere, sehr harmlose Verse ersetzt, da man in der Original-Fassung leicht eine Anspielung auf die kurz vorher erfolgte Ablehnung der deutschen Kaiserkrone von Seiten Friedrich Wilhelm IV. hätte erblicken können. Dass die ganze Figur des närrischen Königs Garsias, dessen Arie (No. 14) beginnt:

»O Dank dir, Lenker der Staaten, dass du meiner Herrschermacht,
Die ins Stocken etwas gerathen, endlich hast in Gnaden gedacht.
Denn ich will es nicht verhehlen, dass mein einst so blüh'nder Staat
Sammt Millionen frommer Seelen schon sehr stark gewackelt hat.«

und im weiteren Verlauf allerlei Völkerbeglückungspläne ankündigt, damals als eine politische Satire gelten musste, liegt auf der Hand. Der stete Ausruf Sarrons: »Mein gutes Weib und meine armen Kinder« kam sicherlich aus Lortzings eigenem Herzen, ebenso die durch Wiederholung hervorgehobene Stelle in Garsias' Arie: »Zahlen ungeheure Gagen«; bedeuteten doch diese zunächst für ihn »das ersehnte Glück«.

Die Musik bietet neben den gewohnten Gaben der Lortzingschen Muse doch wieder manches bei ihm nicht übliche Tonbild, so gleich der Eingang der Ouverture:

Ferner fällt eine an Wagners »Brünnhilde bittet« erinnernde melodische Phrase auf:

Wie in Casanova das »Freiheitslied«, so ist in Rolands Knappen das »Heimathslied« als Leitmotiv für die ganze Oper verwendet; es durchzieht die Ouverture, erklingt im Melodram (No. 4), unter dem die Gnomenkönigin die Erfüllung der Wünsche der Knappen verspricht, tritt als selbständiges Gesangsterzett (No. 6) auf, bildet den Ausklang des Wiedersehen-Terzetts (No. 12), tönt wieder an in Amarins Cavatine (No. 15), worin er von Eltern und Heimath Abschied nimmt, im Finale (No. 17) bei der Befreiung und bildet, vom ganzen Chor gesungen, einen wohlklingenden und in Verbindung mit dem scenischen Bilde ergreifenden Abschluss zu den Worten:

»Die Heimath bleibt doch immer der schönste Ort der Welt.«

Ohne musikalisch hervorragend oder besonders originell zu sein, trifft dieses Lied doch aufs beste den Volkston und schmeichelt sich bald dem Ohre ein. Bedeutsam wird es für uns, weil dieser sehnsuchtsvolle Ruf nach der Heimath dem in Wien sich fremd fühlenden Componisten aus tiefstem Herzen kam und mit Wehmuth wird man daran denken müssen, wie bald Lortzing noch einmal für kurze Zeit seine künstlerische Heimath, Leipzig, dann seine nationale, Berlin, wiedersehen sollte, um dann unerwartet früh in die ewige Heimath einzugehen.

Das romantische Element ist vertreten in dem Introductionsterzett (No. 1), Sturm und Gewitter malend, der liebessehnenden Romanze Amarins (No. 2), dem Gnomenchor (No. 3 und 4), mit der Melodie in den Streichbässen von Harfenklängen und synkopischen Figuren der Geigen und Bratschen begleitet, durch die ein Horn schmelzend ertönt, echte Märchenstimmung athmend.

Eine hervorragend schöne Nummer ist Isaldas Arie mit Chor (No. 9), zu Anfang des zweiten Actes, sammt der Introduction; hier erhebt sich Lortzing zu einer so edeln und vornehmen Tonsprache, so tief innerlich und keusch klingt die Liebesklage des jungen Königskindes, dass man überrascht zu dem Meister aufblickt, dem es auch in so schwerer Zeit noch gelang »ein schönes Lied zu singen.« Voll frischer Stimmung ist auch wieder der Jägerchor (No. 7); die Vorliebe für diesen Genre — in vier seiner Opern, die »Jagd« nicht eingerechnet, besingt Lortzing die Lust des Waidmanns — deutet wiederum auf das Webersche Vorbild und den urdeutschen Grundzug seiner Werke. Etwas eintönig ist dagegen der Chor (No. 11), trotz der Anläufe zu kanonischer Behandlung. Um so glücklicher ist der Componist wieder in den Solo-Ensemblestücken, den fröhlichen Terzetten (No. 5 und 12) und dem musterhaft gearbeiteten, überaus wirksamen Quartett (No. 16), von echt Lortzingscher Factur. Auch die umfänglichen und trefflich aufgebauten Finales (No. 8 und 13), athmen Leben und Bewegung, Humor und Frische, als stammten sie aus der Jugend goldenen Tagen, wo noch kein Kummer die Seele drückte. Das letzte (No. 17) enthält noch ein schwungvolles Liebesduett zwischen Isalda und Amarin, ein prächtiges Quartett und ein stürmisch zur Katastrophe drängendes Ensemble; es verliert leider durch den melodramatischen Auftritt der Königin, dem der Schlussgesang nur äusserlich angehängt ist, an Geschlossenheit den andern gegenüber, büsst aber deshalb an Wirksamkeit nichts ein, da das Schlussbild, die Heimkehr ins Vaterland darstellend, sowohl das Auge als auch das Gemüth befriedigt.

Dass sich auch in der Musik der Rolandsknappen Reminiscenzen vorfinden, dass wir im Quartett No. 16 einem Stück Mozart (Es-dur-Symphonie) begegnen: dass wir zuweilen starken Einfluss von Kreutzers »Nachtlager« wahrnehmen, sei nicht verschwiegen. Doch in welcher Oper fänden sich nicht Anklänge an andere? Im Ganzen zeigt auch diese letzte, grössere Arbeit Lortzings seine reiche schöpferische Kraft, von der unter günstigen Lebensverhältnissen noch manche schöne Frucht zu erwarten gewesen wäre.

Schon nach der ersten Aufführung hatte Director Wirsing Lortzing die Offerte gemacht, ihn an Stelle von Julius Rietz (»ein ganz tüchtiger Mann, heisst hier der Cavaignac der Musik, weil er Alles beherrscht«, schreibt Lortzing) zu engagiren, und ein Brief vom 4. Juni verkündet froh den vollzogenen Abschluss:

> »Mein gutes, liebes Weib und ihr guten Kinder!
>
> Der hiesige Contract giebt mir also 800 Thaler und ein halbes Benefiz. Ferner muss ich am 1. Juli eintreffen und neben Rietz fungiren, wofür ich monatlich 40 Thaler erhalte. Ende September würde ich erst die ganze Stelle einnehmen. Drei Jahre Contract. — Eigentlich ist es ein Luxus, dass ich auf die paar Wochen zurückreise, aber erstens sehne ich mich zu sehr nach Hause« u. s. w.

Nachdem er noch die dritte Aufführung der Rolandsknappen persönlich geleitet, reiste er also nach Wien zurück. Ehe wir ihn von hier Abschied nehmen lassen, ist noch einer dramatischen Composition zu gedenken, der Musik zu einer dreiactigen Posse von J. K. Böhm, betitelt »Vier Wochen in Ischl«.

Nº 1. INTRODUCTION.

Das erhalten gebliebene Partitur-Fragment, im Besitz des Herrn Dr. E. Prieger in Bonn, bricht zu Anfang des ersten Finales (No. 5) ab. — In jeder Hinsicht bitter enttäuscht, wandte Lortzing dem »schönen Wien« den Rücken: von drei Opern, welche er hier geschrieben, hatte er nur eine, »Zum Grossadmiral«, auf die Bühne des Josefstädter Theaters gelangen sehen; wie als Componist so blieb er auch als Kapellmeister unbeachtet und Niemand gab sich Mühe, ihn in der Kaiserstadt zu halten. In traurigster finanzieller Lage verliess er sie, aber sein Muth war noch ungebrochen. Winkte ihm doch in dem heimischen Leipzig wieder ein festes, wenn auch mehr als bescheidenes Einkommen; hatte man doch dort seine neueste Oper wieder mit Jubel aufgenommen und er ahnte ja nicht, dass es die letzte sein sollte. So schied er von Wien. Was er zurückliess waren zwei theure Gräber und zerstörte Hoffnungen: die Mutter und den Freund hatte er verloren und den Glauben an die deutsche Freiheit,

> »die er geliebt von Herzen und mit Schmerzen«.

DAS ENDE.

»Nun ists vollbracht, Du kehrst zur Heimath wieder.«

Um die Zeit, als Lortzing mit seiner Familie nach Leipzig zurückkehrte, wurden die Capellmeisterstellen, um die er sich beworben, neu besetzt. In Dresden, wo auch Schumann in Concurrenz getreten war, wurde Krebs von Hamburg der Nachfolger Wagners, in Berlin, wo Rietz und Hiller mit auf der Liste der Bewerber standen, wählte man Dorn. Infolge dieser Entscheidung wurde es für Rietz ebenso wünschenswerth in Leipzig zu bleiben, als die dortigen musikalischen Kreise sich Mühe gaben, ihn zu halten. Es bildete sich eine ganze Partei für ihn, bestehend aus dem Directorium des Gewandhauses, des Conservatoriums, Mitgliedern des Orchesters, an der Spitze Bürgermeister Koch; sie schickte Deputationen zu Director Wirsing und als dieser sich ihren Wünschen nicht geneigt zeigte, drückte sie gewaltsam auf ihn, um Rietz' Bleiben durchzusetzen. Unter solchen Verhältnissen trat Lortzing seine neue Stellung an. Nach wenigen Wochen hatte sich das Treiben der Parteien so zugespitzt, dass schliesslich das Bühnenpersonal, um Rietz seine Sympathie zu beweisen, gegen Lortzing, der sich Allem fern gehalten, Stellung nahm. Auf eine Clavierprobe, die er angesetzt, kamen nur zwei Mitglieder, Salomon und Brassin, und als Lortzing bei Wirsing Klage führte und sagte: das müsse anders werden, antwortete dieser: »ja, es muss auch anders werden.« Am Nachmittag erhielt Lortzing dann einen Brief von Wirsing: er sei genöthigt, Rietz wieder zu engagiren, und Lortzing habe sich mit ihm in die Direction der Opern zu theilen, wobei er andeutete, die Unzufriedenheit der Sänger mit Lortzing sei die Ursache. So in seinem Ehrgefühl gekränkt und zu stolz um aufgedrungen oder überflüssig zu erscheinen, nahm er vorschnell seine Entlassung, die ihm auch bereitwilligst gewährt wurde. »Meine finanziellen Verhältnisse,« schreibt Lortzing an seine Tochter nach Wien, »sind freilich jetzt weniger als je von der Art, um ohne Engagement leben zu können, daher muss auf irgend eine Weise Rath geschafft werden. Vielleicht wenn ich als Darsteller reussire, unternehme ich eine Gastreise, spiele, dirigire dazwischen eine von meinen Opern oder nehme auch am Ende hier ein Engagement als Schauspieler an. Der liebe Gott wird ja endlich einmal wieder nach so langer trüber Zeit die Sonne scheinen lassen. Ich habe mir bei dieser Angelegenheit ausser der Uebereilung, mit welcher ich das sichere Engagement aufgab, keinen Vorwurf zu machen; wenn unser Herrgott an meiner Stelle hergekommen

Lortzing.

(Nach einer Zeichnung von Busse.)

Aus dem im gleichen Verlage erschienenen Werke „Opern-Abende" von Max Kalbeck.

wäre, er hätte weichen müssen, was sich jetzt immer klarer herausstellt. Bei meinen zahlreichen Bekannten, das ist die Bürgerklasse, hat das Ereigniss viel Aufsehen gemacht. Das kommt nicht in Betracht, denn wie in politicis, so hat auch hier die Aristokratie die Macht.« So stand Lortzing, der Schöpfer von 13 Opern, deren 11 mit Erfolg aufgeführt waren, der so vielseitig begabte Künstler, der musterhaft fleissige und sparsame Hausvater auf der Höhe seines

Lebens mittellos und ohne Aussicht da, schlimmer noch als vor vier Jahren. Doch mit männlicher Ergebung trug er sein Schicksal und wieder griff er zur Feder, dass sie Brod für die Seinen schaffe; mit fieberischer Hast arbeitet er und Neues, immer Neues entsteht unter seiner nimmermüden Hand.

Die Hundertjahrsfeier von Goethes Geburtstag war jedenfalls die Veranlassung zur Composition jener früher erwähnten Gesänge aus dem zweiten Theile des »Faust«. Sodann erschienen bei Breitkopf und Härtel vier Lieder, deren eines »Der deutschen Jugend gilt mein Lied« auch bereits genannt wurde. Die übrigen haben keine politische Tendenz, interessiren jedoch in künstlerischer Beziehung, da wir den Componisten hier Schuberts Spuren folgen sehen. Das erste »Seemanns Grab« rührt auch von dem Poeten her, der den Wiener Meister zu manch herrlichem Tongedicht begeisterte, J. N. Vogl:

Béranger-Gaudys »Mein Rock« ist in einer heut nicht mehr schmackhaften, aber die Zeit und den Gegenstand recht wohl charakterisirenden Art componirt:

Der Text des dritten rührt von Guido Theodor Apel her, zu dessen Drama »Columbus«, Richard Wagner, sein Jugendfreund, einst in Magdeburg die Ouverture geschrieben:

Eine auffallende äussere Erscheinung ist die deutsche Tempo-Bezeichnung, die er früher nicht angewendet hat. Sie findet sich auch bei dem »Ständchen«, das im »Album für Gesang« bei Schuberth erschien:

Dass dergleichen Arbeiten von den Verlegern nicht glänzend honorirt werden, weiss man zur Genüge und so musste denn Lortzing immer auf neue Erwerbsquellen denken, damit er sich und den Seinen von Woche zu Woche das Leben fristete. Zunächst trat er in Leipzig wieder als Darsteller auf. Er hatte Anspruch auf eine Drittel-Netto-Einnahme als Benefiz, Direktor Wirsing bewilligte ihm »aus Dankbarkeit« für seine Entsagung zwei halbe. Am 8. December spielte er zwei seiner beliebtesten Rollen, den Baron Abendstern und den Reisenden Student, aber — wer darf auf Beliebtheit bauen?! — das Haus war nur schwach besucht, ebenso acht Tage später im »Verschwender«. Das Erträgniss beider Vorstellungen für Lortzing waren

HANDSCHRIFT LORTZINGS. — Lied des Thürmers aus Goethes Faust II. Theil.
Eigenthum von Dr. Erich Prieger in Bonn.

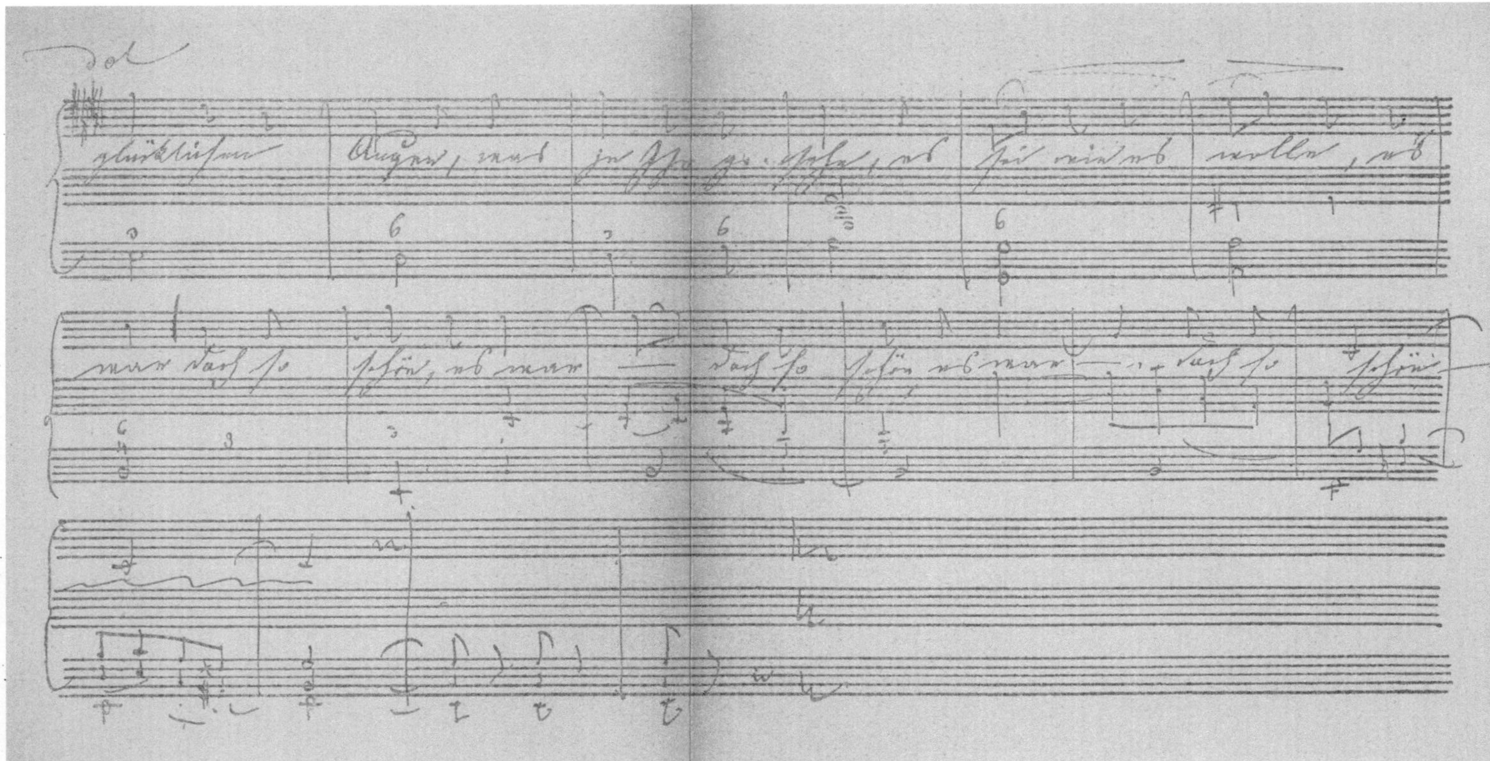

148 Thaler — freilich immer noch mehr als zwei seiner monatlichen Gagen als Capellmeister. In dieser Zeit ereigneten sich zwei Todesfälle, die Lortzing tief erschütterten. Am 10. December starb in Leipzig sein langjähriger Freund, der Dichter Carl Herlosssohn, erst 45 Jahre alt; er schrieb dem trauten Genossen so vieler froher Stunden, dem Freiheitssänger, dessen flammenden Worten er Töne geliehen, ein Grablied, das wenig mehr als ein Jahr später bei des Componisten eigener Todtenfeier wieder erklang. Der Text dieses Trauergesanges stammt von Friedrich Kaiser, dem Wiener Volksdichter her, der als Theilnehmer des Strassenkampfes und Verkünder des Constitutions-Erlasses im Vorjahre gleich Blum gefangen genommen war und nur durch hohe Fürsprache seine Freiheit wieder erlangte:

Gleich darauf, am 14. December starb in Riga, fern der deutschen Heimath, die er so oft und schön besang, Conradin Kreutzer. Der in seinem Schaffen und Empfinden Lortzing so nah verwandte Meister theilte auch dessen Schicksal: den Mangel an Anerkennung, der ihm ebenfalls eine bleibende Heimstätte und Schutz vor Nahrungssorgen versagte. Wie ein Bild der eigenen Zukunft musste es Lortzing gemahnen, als er vernahm, dass der Componist des Nachtlager und Verschwender und so vieler noch immer gesungener Lieder und Chöre, nach mehr als 30jähriger ehrenvoller Thätigkeit an den hervorragendsten Theatern, ohne Stellung, ohne Pension, von der Mitwelt vergessen, nur durch die Mildthätigkeit seiner Tochter erhalten, vom Erdenleid durch einen Schlagfluss erlöst, dahingeschieden sei. Und seltsam, am Tage, da diese Nachricht durch die Welt lief, fand, gleich einer Todtenfeier, zu Lortzings Benefiz in Leipzig die Aufführung des »Verschwender« statt, worin er als Valentin Holzwurm zum letzten Male die Bretter des dortigen Theaters betrat, und gar wehmüthig mag er wohl an diesem Abend die letzte Strophe des Hobelliedes gesungen haben:

»Da leg' ich meinen Hobel hin und sag' der Welt ade«.

Als dann ein Aufruf erschien, der zu Sammlungen für die in Noth Hinterbliebenen aufforderte, sprach Lortzing zu den Seinen: »Wenn ich einmal todt sein werde, kann es euch auch noch besser werden«, ein Wort, das verräth, wie er die Gleichheit der Lage empfand, das sich aber leider nicht erfüllen sollte. Unter neuen Arbeiten, wozu der Entwurf des Textbuches einer dreiactigen komischen Oper »Cagliostro«[25]) und die Inangriffnahme der »Opernprobe« zu rechnen, ging das alte Jahr zu Ende und das neue schien denn endlich wieder einen Sonnenstrahl von Hoffnung in Lortzings Leben werfen zu wollen.

Der Director des Coventgarden-Theaters in London, G. Lumley, kündigte ihm in schmeichelhaftester Weise an, dass er beabsichtige, Lortzings »Meisterwerk«, den Zaren, während der italienischen Opernsaison im April zur Aufführung zu bringen. Man kann denken, mit welchem Eifer Lortzing die Verhandlungen führte. Bald war man im Reinen: ein Honorar stand dem Componisten in England ja nicht zu, aber Lumley wollte Reise und Aufenthalt vergüten und ihm die italienische Uebersetzung zu freier Verfügung, also auch zur Herstellung eines Clavierauszuges in dieser Sprache überlassen, für den sich in London schon ein Verleger finden würde. Die Rollen waren schon besetzt: Lablache sollte den Bürgermeister, Henriette Sontag die Marie singen, die Zeitungen verkündeten das persönliche Erscheinen Lortzings, er selbst scherzte schon in seinen Briefen über »die Geschäftchen, die vielleicht noch abzumachen, wenn er erst mit Alberten und Victorien intim geworden« — aber es war Alles nur eine schöne Hoffnung, deren Nichterfüllung den armen Meister dann um so tiefer herabdrückte: der entgiltige Abschluss blieb aus. Noch bevor diese glänzende Aussicht ihn wieder etwas belebte, hatte er einige auswärtige Gastspiele abgeschlossen und eröffnete Ende Januar ein solches in Gera, wo damals nur reisende Gesellschaften zeitweise spielten. Die Verhältnisse werden dadurch illustrirt, dass Lortzing am Tage nach seinem Auftreten das Gastspielhonorar nicht erhalten konnte, weil gerade Gagetag war und die Direction seinen Antheil zur Deckung der Gagen mit verwendete. Er musste darum den Brief an seine, des Geldes harrende Frau leer abschicken und sie an einen helfenden Freund, den Kaufmann Plenckner, verweisen, dass er ihr mit ein paar Thalern auf einige Tage aushelfe.

In dieser traurigen Lage öffnet er dem Freunde das Herz und schreibt an Reger einen wahrhaft erschütternden Brief, in dem es u. A. heisst:

»Darauf fing ich an, die Umgegend unsicher zu machen, dirigirte, gastirte und verdiente und verdiene ganz passabel Geld; könnte mich auch wohl dabei fühlen, hätte ich nicht in Leipzig so mancherlei zu decken, dass wenig zum Unterhalte übrig bleibt und wäre nicht mein Inneres — das gewiss von festem Zeuge war — so zerrissen. Der deutsche Componist Albert Lortzing muss alle 8—10 Tage seine Familie verlassen! Ihre geringe Baarschaft reicht kaum so weit, bis er wieder etwas verdient hat! Er selbst hat kaum so viel, um den Dampfwagen bezahlen zu können. — Es ist nur dummes Zeug, aber es war mir ein schmerzliches Gefühl, zum ersten Mal in meinem Leben den Sylvesterabend ohne die Meinigen, sowie meinen 25jährigen Hochzeitstag fern von meinem guten Weibe zubringen zu müssen.[26]) Dazu die Strapazen bei solcher Kälte auf solchen kleinen Theatern und vor Allem: der grässliche Widerwille gegen das Komödiespielen! Aber merkwürdig, alle Theater sind versessen darauf und weshalb? Nicht weil ich der Schauspieler, nein, weil ich der Componist Lortzing bin und das ist eben das Bittere dabei. Mein braves Weib fühlt es tief, welche Ueberwindung es mich kostet und wie ich mich quälen muss und sie weint manche Thräne deshalb. — — Du glaubst nun wohl, Du wüsstest alles? — o nein. Seit drei Monaten bereits leide ich an einer Harthörigkeit auf dem rechten Ohre; ein Leipziger Arzt, der sich auf Ohren vorzugsweise verstehen will, gab mir den angenehmen Trost, dass das Trommelfell lädirt wäre! — Ich habe gleich von Anfang alles Mögliche gebraucht, aber ohne allen Erfolg. Du kannst wohl denken, wie sehr dies Uebel mich gerade jetzt genirt — ja — in Verlegenheit bringt. — — Ich sitze hier im Städtchen Gera und mache Faxen. Jedenfalls gedenke ich meine 80 Thaler mitzunehmen. Ich spiele nämlich immer auf einen Theil der Einnahme und ein halbes Benefiz. Von hier gehe ich nach Lüneburg, später nach Dessau, Chemnitz u. s. w. Komme ich nach Hause ist jedesmal ein Festtag. Wie oft werde ich noch wieder fort müssen! Welchen Weg soll ich eigentlich für die Zukunft einschlagen? Soll ich die seit sechs Jahren betretene Bahn, die mir bisher kein Heil brachte, verlassen? Soll ich das alte Handwerk, das mir so sehr zuwider, wieder vornehmen? Mein ganzes Dasein dünkt mir ein verfehltes!«

Dies der Ausklang eines an Arbeit überreichen Lebens, an dessen Früchten sich Millionen erfreut haben und noch erfreuen werden. — Mitte Februar in Lüneburg empfing er den Antrag, am neuen Friedrich-Wilhelmstädtischen Theater in Berlin Capellmeister zu werden, und so wenig verlockend dieses Engagement auch war, trat er doch sogleich auf Unterhandlungen ein. Unterdessen hatten auch die Freunde, Düringer und Reger, Pläne zu einer Aenderung in Lortzings Lage gemacht und vorgeschlagen, er solle aus irgendwie zusammen zu bringenden Mitteln nach Paris gehen und dort eine Oper zur Aufführung zu bringen suchen, doch das Project will ihm nicht einleuchten — er mochte wohl der vergeblichen Versuche Wagners und Kreutzers, dort Boden zu gewinnen, gedenken — und er lehnt es mit Rücksicht auf die erforderlichen Mittel ab.

»Und dann — hauptsächlich — bin ich ohne Familie ein halber Mensch, unfähig zu allem, ja — ich habe im Verlaufe eines Jahres, wo ich periodisch Wochen, ja Monate von meiner Familie getrennt war, so recht innig empfunden, wie nothwendig sie mir ist, wie ich nur bei ihr für alles Mühevolle Stärkung, für alles Bittere Trost holen kann. Ich habe es erfahren, was es heisst und wie es thut, wenn man — wie ich jetzt auf meinen Kunstreisen??? — so einsam in einem unfreundlichen Zimmer eines Gasthauses sitzt und unwillkürlich über Gegenwart wie Zukunft Betrachtung anstellen muss; ich bin manchmal fast verzweifelt. Ich habe stets Arbeit, Beschäftigung bei mir, aber — es ging nicht; ich habe auf meinen sämmtlichen Pilgerfahrten nicht drei Noten geschrieben und mit dem Dichten gings nun erst recht nicht. Dann, um auf die Veranlassung des Projectes zu kommen, glaube ich noch gar nicht, dass es mir gelingen würde, eine meiner Opern auf einem französischen Theater zur Aufführung zu bringen; das Volk hat mehr Nationalstolz wie die Deutschen. Also wäre ich darauf angewiesen, eine Oper in und für Frankreich selbst zu componiren. Ob mir das gelänge, ist eine grosse Frage.«

So blieb Lortzing in Leipzig, auf den Abschluss mit London und Berlin hoffend, und benutzte die Tage, die er daheim zubrachte, um an neuen Werken zu arbeiten.

Unter diesen erscheint zunächst

Im Irrenhause.

Genrebild. Musik von A. Lortzing.

Die Ouverture, datirt aus Leipzig vom 7. März 1850, beginnt seltsam ernsthaft in Canonform:

nimmt dann die als »Webers letzter Gedanke« bekannte Melodie von Reissiger auf und verarbeitet diese im Allegrosatze. Dieselbe Melodie kehrt auch im folgenden Lied mit vorhergehender melodramatischer Auftrittsmusik wieder. Eine Buffo-Arie, von einem deutsch radebrechenden Italiener vorgetragen und zum Text das Reime häufende Gedicht aus der Posse »Robert und Bertram« benutzend, erschien später in der Sammlung »Komus« bei Schlesinger in Berlin. Ob das Stück noch mehr Nummern enthielt, ob es von Lortzing selbst, oder von wem sonst verfasst ist, war leider noch nicht zu ermitteln. Am 22. März sang Lortzing wieder als Gast in Chemnitz bei Director Kraatz den Peter in seinen »Beiden Schützen«, am 23. März betrat er zum letzten Male als Schauspieler die Bühne und zwar wieder als Valentin im »Verschwender« und am 4. April dirigirte er zu seinem Benefiz die Erstaufführung seiner »Rolandsknappen«. Weitere Aufführungen hat die Oper bei seinen Lebzeiten nicht erfahren, aller Opernsegen war von ihm gewichen, wie er sagte, nicht einmal ein Clavierauszug ist erschienen, erst im Jahre 1861 gab man sie bei Kroll in Berlin, ohne dass andere Bühnen dem Beispiel gefolgt wären. Zurückgekehrt ging Lortzing an die Fertigstellung der »Opernprobe«; die Partitur der Arie No. 3 trägt das Datum der Vollendung, 9. April 1850. Inzwischen war das Berliner Engagement perfect geworden und zum letzten

Male nahm Lortzing Abschied von der Stätte so vieler Freuden und Leiden, Triumphe und Enttäuschungen, und am letzten des Monats traf er in seiner Vaterstadt ein.

Er war allein vorausgereist, campirte erst einige Tage bei einem Freunde Namens Dünz und miethete sich dann »eine sehr hübsche Stube« dicht neben dem Theater, Schumannstrasse 15, für die er 4 Thaler 17 Groschen monatlich zahlte. Seine Lebensweise beschreibt er: »Für meinen Kaffee zahle ich morgens einen Groschen, freilich ohne Zucker und Butter, es schmeckt aber auch. Mittags esse ich in irgend einem Keller eine Portion Warmes und Abends eine Schinkenstulle, da ich meine Freunde nicht überlaufen mag.« Zu diesen Freunden zählte auch die Familie Dieckmann; Frau Dieckmann, geborene Amalie Pichler, war die Tochter seines Detmolder Directors, die er noch als junges Mädchen gekannt hatte. Ueber den Empfang seitens der Mitglieder schreibt er, dass er ein sehr freundlicher und hochachtender war, wenngleich sich in ihren Mienen und Worten theils eine Verwunderung, theils ein Bedauern ausspricht, dass er zu einem solchen Engagement gegriffen.

Die Eröffnung des Theaters, das im Jahre 1883 eine glänzende Renaissance erlebte und als »Deutsches Theater« eine vornehme Kunststätte wurde, verzögerte sich bis in die zweite Hälfte des Monats. Lortzing nennt es sehr schön und höchst elegant, es sei eine Freude, in diesem Hause zu wirken.

Aber mit dem Herrn Director hat er gleich Anfangs seine liebe Noth: Orchester und Chor bedürfen einer gründlichen Reform, aber dem Director ist Alles zu theuer. »Mit diesem Schundzeug, diesen Possen, die in der alten, kleinen Bude gegeben wurden, geht es ferner nicht, das ist klar; dennoch scheint er noch nicht recht an die Oper anbeissen zu wollen.« Es war das die Grundbedingung, unter der Lortzing abgeschlossen hatte, dass im neuen Theater die Spieloper cultivirt werden solle, Director Deichmann aber zog es vor, so lange als möglich mit dem kleinsten Etat zu arbeiten und so blieb es zunächst bei einactigen Possen und Lustspielen und der Gesangskräfte waren so wenige, dass nicht einmal Lortzings »Opernprobe« besetzt werden konnte.

Am 17. Mai fand die Eröffnungs-Vorstellung mit einem Prolog vom Regisseur Hesse und der vom »neu engagirten Kapellmeister Herrn A. Lortzing componirten Fest-Ouverture« statt. Zur Aufführung gelangten drei neue Einacter: »Die Zillerthaler«, Liederspiel von Nesmüller, mit Auguste Schulz (späteren Frau Holtzstamm) als Kathl, das Lustspiel »Waldeinsamkeit« von Otto Roquette und »Peter Schlemihl«, Posse mit Gesang von David (Kalisch), mit Ottilie Genée als Dienstmamsell. Rellstab berichtet darüber: »Als ein Zeichen, dass auch für die innere Hebung des Theaters ein regsames Streben vorhanden ist, begrüssen wir namentlich den Gewinn eines Kapellmeisters von so begründetem Ruf und Verdienst wie Herr Lortzing, der Componist der Oper Zar und Zimmermann. Nach dem Prolog erschien Herr Kapellmeister Lortzing im Orchester und empfing den lebhaftesten und ehrenvollsten Beifallsgruss des ganzen Publikums. Ebenso die glänzende und zugleich angenehm melodische Festouverture seiner Composition.« Am Schlusse wünscht er ihm nur ein gutes, nicht zu schwaches Heer. Dass Lortzing die Fähigkeit habe, es zu befehligen, ihm einen ehrenvollen Feldzug zu eröffnen, dafür habe er als Componist und Dirigent hinlänglich Zeugniss abgelegt. — Lortzing war sehr glücklich, denn Rellstab war sonst gar nicht sein Verehrer; auch die anderen Kritiker sprachen sich sehr lobend über die Ouverture aus und er nahm wahr, dass er als Componist allgemeine Achtung genoss. Diese schwungvolle und gar nicht kunstlose, in Weberschem Stil und Geist gearbeitete Ouverture

ist das einzige Orchesterwerk Lortzings, das sich ausserhalb des Theaters Bahn gebrochen hat; sie bildet ihres festlichen Charakters wegen ein gern gehörtes Einleitungsstück in populären Concerten.

Aus der freundlichen und ehrenvollen Aufnahme, die er fand, schöpfte Lortzing die Hoffnung, dass es ihm in Berlin gut gehen werde, wenn er nur erst einmal gehörig wirken könne, und er redet seiner Frau die Bedenklichkeiten wegen der Uebersiedelung aus, will sich aber doch, wenn ihre Besorgnisse zu gross, zu dem »Entsetzlichen« entschliessen und bis Michaelis allein bleiben. »Die Pfingsttage waren für mich sehr traurig. Die Bekannten machten mit ihren Familien Landparthieen — ich war ganz allein, ganz allein, ganz allein!« Das ist seine Klage, aber mit einer gewissen frohen Genugthuung schreibt er ihr, dass sein Mittagstisch nur 5 Groschen koste und dabei sei noch der Vortheil, dass man weder Wein noch Bier zu trinken brauche. Er, der den Wein so froh besang, klagt sich jetzt förmlich an, dass seine Lebensweise früher weniger einfach gewesen, und macht sich die heiteren Stunden seines Daseins zum Vorwurf. »Der Mensch denkt manchmal thörichter Weise, wenn er den Geist anstrengt, müsse er dem Körper etwas bieten, um jenen wieder zu stärken, namentlich, wenn ihm die geistigen Producte etwas eingebracht haben, und das — scheint gefehlt zu sein. Traurig, dass man in seinen spätern Tagen erst — und zwar durch die Umstände — zu solchen Reflexionen genöthigt wird.« Aber die Hoffnung und der Humor war noch immer nicht ganz in ihm erstickt; er glaubte noch immer an eine Möglichkeit, nach Londen zu gehen und suchte den englischen Gesandten, Graf Westmoreland auf, der, selbst Componist, Lortzing sehr schmeichelhaft empfing.

Nur mit Wehmuth kann man jetzt der Production Lortzings folgen, die sich nothgedrungen im Rahmen seines Theaters bewegen muss. Am 16. Juni erschien als Novität auf der Bühne:

Eine Berliner Grisette.

Posse mit Gesang in 1 Act. Frei nach dem Französischen von Otto Stotz.

Musik von A. Lortzing.

Personen:

Kümmelmann, Rentier aus Treuenbrietzen . .	Herr L'Arronge.
Amalie, seine Tochter	Frl. Rosahl.
Friedrich Helms, } Stuben-Kameraden . .	Herr Gibson.
Hector Kühn, }	Herr Stotz.
Charlotte, Putzmacherin	Frl. Aug. Schulz.

Die Partitur enthält sieben Gesangsnummern in flottem Possenstile und eine Ouverture in einem Satz:

»Das Haus war voll und das Ding hat gefallen«, schreibt Lortzing darüber. »Schade nur, dass wegen einiger politischer Witze, die von diesem Publikum immer mit Hurrah aufgenommen werden, das Stück verboten wird. Wir haben nämlich Jeder ein Procent und daher doch mindestens 5 Thaler.« Die »Grisette« wurde übrigens nicht verboten, sondern erlebte etwa ein Dutzend Aufführungen. Das »Weissbierlied« und das »Lied vom unterdrückten Gefühl« daraus erschienen sogar bei Schlesinger im Druck, eine Ehre, deren so viele andere seiner Compositionen nicht gewürdigt wurden. So finden sich im schriftlichen Nachlasse noch zwei Männerchöre auf Geibel'sche Texte:

Spielmanns-Lied.

Scheiden, Leiden.

Einen Einacter »Ein Nachmittag in Moabit« versah Lortzing ebenfalls mit einigen Liedern, zu grösseren Arbeiten aber sollte er nicht mehr kommen. Woher hätte er auch inmitten der ihn umgebenden Verhältnisse, der zeitraubenden und geisttödtenden Beschäftigung an seinem Theater den Aufschwung nehmen sollen? Und für allen Fleiss waren Demüthigungen jeder Art sein einziger Lohn. Breitkopf & Härtel schickten ihm seine »Opernprobe« zurück und andere Verleger nahmen eben auch nur, was vielleicht für den Tag Interesse hatte und gaben ihm das meiste und gerade das bessere zurück. Da mochte es wohl geschehen sein, dass er die Goldfeder, mit der er fünf Jahre lang geschrieben, einmal im Unmuth auf den Tisch stiess, dass sie untauglich wurde.

Anfangs Juli sah sich Lortzing wieder mit seiner Familie vereinigt und bezog seine letzte Wohnung in der zweiten Etage des Hauses Louisen-Strasse 53. Er war nun wenigstens wieder von Liebe umgeben und genoss die ihm unentbehrliche Annehmlichkeit eines eigenen Heims. Gleichzeitig kam auch ein Brief Düringers, der ihm die Vorbereitung seiner »Undine« in Mannheim meldete und somit ein »Honorar« in Aussicht stellte. Auf den Vorwurf des Freundes, dass er ihm kein Vertrauen geschenkt, enthüllt er ihm in einem Briefe vom 1. August seine ganze traurige Lage und gesteht ihm, was er noch Keinem gestanden, dass er durch die letzten verhängnissvollen Jahre so verarmt sei, dass Deutschland darob erröthen könnte. Die kleine, mit Vorschuss belastete Gage von 50 Thalern monatlich reicht natürlich kaum für den Magen aus. »Ich darf Dir zuschwören, dass es mir manchmal am Nothwendigsten fehlt — zum Versetzen habe ich nichts mehr und kann mich doch vor der Welt nicht blossgeben, weil ich mich schäme — für die Welt. Dass ich so leben muss, wie ich lebe, kümmert mich nicht, ich kann Gott sei Dank entbehren und könnte auch bei einem Glase Weissbier kreuzfidel sein; — nur dass mein gutes Weib sich darob so härmt, ohne der Hoffnung Raum zu geben, dass es besser werden könnte, das betrübt mich tief. — —

Das arme Herz hienieden — von manchem Sturm bewegt —
Erlangt den wahren Frieden nur — wenn es nicht mehr schlägt!

Diesen schönen Vers aus dem Gesangbuche habe ich schon seit etlichen Jahren über meinem Schreibtisch angeklebt, weil er mir so gefällt!

Für Deine Freundschaft, mich nach Baden zu persuadiren, danke ich Dir zwar sehr, bin aber geschäftlich mehr gebunden als je. Ich habe fast jeden Abend zu thun, weil ich eben Alles allein thun muss und dann, so viel Vergnügen ich mir mit Dir und in der herrlichen Gegend verspräche — ich möchte die Meinigen, von denen ich ja wieder über zwei Monate getrennt war, nicht so bald wieder verlassen — um eines Vergnügens willen nun schon gar nicht. — — Ich weiss nicht, woher es kommt — aber es ist mir, als ob ich von Berlin nicht wieder fortkommen würde — so wenig mir meine Vaterstadt eigentlich behagt, mit ihrer kahlen Gegend und ihrem ekelhaften Dialekt.« Sein Zorn flammt auf, wenn er schreibt, wie die deutschen Bühnenvorstände gleich nach allen französischen Opern angeln und den deutschen Componisten im Stich lassen — weil es eben ein Deutscher ist. »O, entstände doch nur einmal eine Revolution beim Theater!! — Gleich den Mördern Latours und Lambergs würde ich Hand anlegen und die oben genannten Herren aufknüpfen helfen — bei Dir würde ich aus alter Freundschaft — aber auch nur vielleicht — eine Ausnahme machen!«

So fliessen Scherz und trauriger Ernst in seinen Briefen noch immer ineinander und am Schlusse, da er der Leiden von Düringers Frau und Tochter gedenkt, hebt ihn der Gedanke, dass keines seiner Lieben ihm fehle, »hoch über alle Drangsäler des Lebens«.

In dieser Zeit fand auch Lortzings Jugendwerk: »Der Pole und sein Kind« den Weg nach Berlin; in dem neu errichteten Sommertheater in Hennings Garten (später Woltersdorff-Theater) erlebte das Stückchen seit dem 28. Juli eine Anzahl Aufführungen. Im Krollschen Garten war ebenfalls eine bretterne Sommerbühne errichtet worden und am 27. Juni eröffnete Director Böttner aus Erfurt die erste Sommeroper daselbst. Er vermittelte zuerst den Berlinern die Bekanntschaft von Lortzings »Waffenschmied«, der am 12. August und »Undine«, die am 28. September als Novität aufgeführt wurde. Im August und September brachte das Königl. Opernhaus den »Zaren« wieder aufs Repertoire und im October machte auch das Friedrich-Wilhelmstädtische Theater mit den »Beiden Schützen« seinen ersten Opernversuch. Es wurden also an vier Berliner Bühnen Lortzingsche Werke unter stets gleichem Beifall seiner Mitbürger gegeben, während der Componist in Noth und Kummer unter ihnen weilte und der Sorge um die Zukunft der Seinen unterlag. Mitte August kam Düringer in Geschäften nach Berlin und suchte natürlich sogleich Lortzing auf; er fand, wie er berichtet, wohl den alten guten, herzlichen Freund, aber nicht den alten seelenfrohen Menschen. Auch äusserlich war er verändert: garstiger Staub lag auf den dunkeln Locken, deren Ergrauen er früher durch eine Haarverschönerungstinctur zu verbergen pflegte. Sorgenvoll und trübe schlich er einher und hatte stets zu klagen, das erfrischende herzliche Gelächter war verstummt. Die andauernde Geldnoth liess keine frohe Stimmung mehr aufkommen. Zu anständig, zu stolz, sich seinen bemittelteren Bekannten anzuvertrauen, liess er sich von Nahrungssorgen fast erdrücken; er wollte nichts geschenkt, er wollte verdienen, weil er überzeugt war, dass er verdiente — mehr als er zu erringen vermochte. Er war mit allem künstlerischen Selbstgefühl ein edler, hochherziger Mensch auch im grössten Unglück noch geblieben. Sein versöhnliches Gemüth liess selbst gegen Solche, die ihn kränkten, ihn nur bitter werden, niemals feindselig sein. Bosheit war seiner Natur so fremd als Eigennutz; er war, was man sagt, ein unpraktischer Mensch, verschmähte zu jeder Zeit sich selbst zu preisen oder Vortheil aus günstigen Umständen, aus seiner momentanen Stellung zu ziehen.

Die Aussichten auf Errichtung einer Oper verminderten sich immer mehr, da Director Deichmann nicht nur das Personal nicht vergrössern, sondern sogar das Orchester noch verkleinern, Oboe und Fagott ganz unbesetzt lassen wollte. In einer Art Galgenhumor schreibt er da im September an Düringer:

»Also Dir ist das Bühnenwesen zuwider? Merkwürdig! — Ich könnte gleich morgen wieder anfangen. Au! au! au! — Ja, mein liebes Bruder, nur ein lausiges Viertel vom grossen Loose als Badewanne, um diesen Theatermist drinnen abwaschen zu können — schönes Gleichniss — ganz Shakespeare — — hoffen wir auf den Herbst, da wird das grosse Loos in Leipzig gezogen, denn wenn wir uns auch alle Mühe gäben, nicht darauf zu hoffen, wir würden doch hoffen! — Wieder sehr schön — aber mehr Kant. Jetzt muss ich mich rasiren und ins Geschäft gehen. Ich habe Pech. Mein Chordirector ist krank, auch mein Musikdirector; da muss ich Alles allein thun. — — Grossmaul! — Am nächsten ersten Mai wird's wohl bei mir heissen, wie bei Toggenburgen: Und ein Jahr hat ers getragen, trägt's nicht länger mehr etc. etc.«

Seine Ahnungen täuschten ihn nicht, nur noch früher sollte sich sein Geschick erfüllen.

Die Opernvorstellungen bei Kroll wurden in dem neu erbauten Saaltheater fortgesetzt und hier dirigirte Lortzing zuerst wieder eine Oper und zwar am 12., 13. und 15. October seinen Zaren. Am 18. fand dann im Friedrich-Wilhelmstädtischen Theater zu Lortzings Benefiz die Aufführung der »Beiden Schützen« statt, welche freilich nur durch Mitwirkung zweier Sänger von Kroll, des Tenoristen Beyer und des noch lebenden Baritonisten Heinrich Bertram ermöglicht wurde. Mochte nun das Publikum noch Misstrauen gegenüber dem Opernproject hegen, oder was der Grund auch war — kurz, das Theater war leer, so leer, dass von dem Benefizantheil nicht einmal Lortzings Vorschussrest gedeckt wurde. Die zweite Aufführung am 24. October wurde nun zum Benefiz bestimmt, aber trotzdem die Recensionen günstig ausgefallen waren — Rellstab hob wieder die geschickte Leitung hervor — und die Blätter zum Besuch aufforderten, das Haus war noch leerer als am ersten Abend; nur das festlich geschmückte Dirigentenpult und die Blumen- und Lorbeerspenden, welche das Orchester am vorhergehenden Abend zur Feier von Lortzings Geburtstag — dem letzten — dem Meister gestiftet, gaben Zeugniss von seiner Beliebtheit. Erst die dritte Aufführung, an der Lortzing keinen Antheil hatte, sah ein überfülltes Haus. Am 12. November folgte »Der Wildschütz«. Wenn die Kritik auch eine durchgreifende Recrutirung des Sängerchors für nothwendig erachtet, so gewährt sie doch dem Opernunternehmen volle Unterstützung. Rellstab schreibt: »Die Königliche Bühne ist jetzt in ihrem Repertoire so beengt, dass das Bedürfniss einer zweiten Oper ein entschieden hervortretendes ist (1850!). Schliesslich sei uns erlaubt, dem Dirigenten, Herrn Lortzing, Glück dazu zu wünschen, dass er auch sein Orchester schon auf einen so guten Höhepunkt gebracht hat.«

Am 20. November gab man zum Benefiz Anton Aschers ein neues Drama von Gottschall »F e r d i n a n d v o n S c h i l l«. Die »Ouverture und das Arrangement der zur Handlung gehörigen Musik ist von Herrn Capellmeister Albert Lortzing«. »Dies vaterländische Drama« wurde jedoch nach zwei Vorstellungen polizeilich verboten und die Musik scheint verloren gegangen zu sein. Gottschalls Name steht bekanntlich auch zur »Undine« in Beziehung, für die er 1847 in Königsberg das »Lied von der Flasche« dichtete, das, vom damaligen Capellmeister Pabst componirt, heut noch an den meisten Bühnen als Einlage gesungen wird.

Kurz vor Schluss des Jahres stand noch einmal eine neue Composition Lortzings auf dem Theaterzettel, eine Einlage in »Müller und Schulze oder Die Einquartirung«. Die Ankündigung lautet: »Das in der vierten Scene eingelegte Lied mit Chor »Das neunte Regiment« ist gedichtet von Dr. Strass, in Musik gesetzt von Albert Lortzing.« Das Lied feiert die Vertheidiger Kolbergs anno 1807, deren Jeder »ein zweiter Schill« als ein tapferer Held kämpfte. So weht auch durch seine letzten Schöpfungen noch ein patriotischer Geist und deutscher Muth und deutsche That ist's, die sie preisen. Die Erinnerungen der Kinderseele an eine grosse Zeit nationalen Aufschwunges traten noch einmal vor sein Auge, als in Deutschland die Tragikomödie der »Schlacht von Bronzell« und der Rückkehr zur Bundestagsverfassung sich vollzog. Lortzings letztes Lied sollte als nationaler Volksgesang zu Ehren gebracht werden; es ist ein echtes Soldatenlied, frisch und kräftig in seinem marschmässigen Rhythmus:

Ein eigenes Zusammentreffen ist es auch, dass der Meister des musikalischen Humors im Vorspiel seines letzten Liedes einige Phrasen erklingen lässt, die heut überall ertönen, wo deutscher Geist das Panier der Freundschaft, der Kunst und des Humors entfaltet hat, in den Burgen der 1859 gegründeten Schlaraffia. Und den Tausenden von Uhusöhnen sei hierdurch kund, dass es Lortzingsche Klänge sind, wenn es im »Oberschlaraffenlied« heisst:

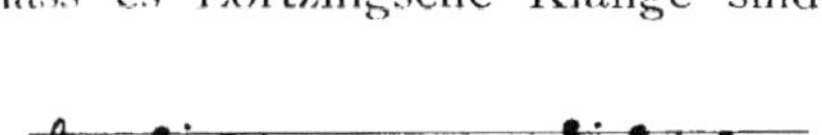

und die drei gehaltenen Accorde:

aus der düsteren Stimmung der »Ballade« in das Tralala des Refrains überleiten. Wie in der Loge, so singt man auch in Schlaraffia sein Zarenlied mit entsprechendem Text und wie oft gelangen Gesänge aus seinen Opern dort zum Vortrag. Auch von dieser Seite schuldet man Lortzing noch die verdiente Ehrung; denn auf welchen Componisten passte wohl besser der schlaraffische Wahlspruch: In arte voluptas?

Das neue Jahr 1851 fand Lortzing in der alten trostlosen Lage und so künstlerisch erniedrigend auch seine Stellung war, so wenig sie ihn vor der Sorge um das tägliche Brod nur schützte, stand doch der 1. Februar, der Kündigungstermin seines Contractes, wie ein Schreckgespenst vor ihm. Schon Mitte Januar klagte er zuweilen über Beklommenheit, über Andrang des Blutes nach Brust und Kopf; wiederholt sprach er die Absicht aus, sich schröpfen zu lassen, es wurde aber die Operation von Tag zu Tag verschoben — vielleicht um die Kosten so lange als möglich zu sparen.

Am 18. Januar — es war der Tag, an dem vor 150 Jahren Kurfürst Friedrich zum ersten Könige von Preussen gekrönt worden war — dirigirte Lortzing zum letzten Male im Theater sein letztes Lied; drei Tage darauf, an seinem Todestage, gab man in der Friedrich-Wilhelmstadt ein neues Stück, das den Titel führte: »Hohenzollern und Habsburg«, dazu wieder den Einacter mit Lortzings Schwanengesang.

Am 20. Januar, da von Zürich aus der Verbannung Richard Wagner sein Manuscript »Oper und Drama« in die Welt sandte, das ideale Bild des Gesammtkunstwerkes vor ihren Augen entrollend, fand die letzte Lortzing-Première statt, die Aufführung der »Opernprobe«, in der Lortzing auf seine Art die Abgelebtheit der alten Opernschablone durch die Carricatur derselben demonstrirt. Wieder musste er »sein jüngstes Kind auswärts taufen lassen« und die Nachricht von dem günstigen Erfolge traf den Schöpfer nicht mehr unter den Lebenden.

Am Stadttheater zu Frankfurt a. M. zum Benefiz für den berühmten Komiker, den ersten Darsteller der »Hampelmanniaden«, Fried. Sam. Hassel, ging mit dem zweiactigen Lustspiel Friedrich Kaisers, »Junker und Knecht«, Lortzings 14. Oper zuerst in Scene. Der Zettel lautet:

Die vornehmen Dilettanten,

oder:

Die Opern-Probe.

Komische Oper in einem Act, nach Jünger frei bearbeitet.

Musik von Lortzing.

Personen:

	Besetzung in Frankfurt:	Besetzung in Berlin:
Der Graf	Herr Hassel.	Herr Düffke.
Die Gräfin	Fr. Röhrig.	Fr. Weirauch.
Louise, ihre Tochter	Frl. Tietjens.	Frl. Genée.
Hannchen, Louisens Kammermädchen	Fr. Dennemy-Ney.	Frl. Picker.
Der alte Baron Reinthal	Herr Leser.	Herr Greisheim.
Der junge Baron Reinthal	Herr Caspari.	Herr Czechowsky.
Johann, des Letzteren Bedienter	Herr Meinhold.	Herr Ueberhorst.
Martin, } Diener des Grafen	Herr Krug.	Herr Harrig.
Christoph, } Diener des Grafen	Herr Wimmer.	Herr Mockwitz.

Die Handlung, dass der junge Baron Reinthal dem Hause seines Oheims entflieht, um einer Convenienzheirath zu entgehen, dass er gerade in das Haus der ihm bestimmten Braut geräth und weil sie ihm gefällt sich sammt dem Diener Johann in der Maske von reisenden Sängern bei dem opernfreundlichen Grafen einführt; dass der Entdeckung die Verlobung folgt und auch der Diener und das als Capellmeister fungirende Kammermädchen ein Paar werden, ist, bis auf die Versetzung in die musikalische Sphäre, getreu dem früher erwähnten Lustspiel »Die Komödie aus dem Stegreif« entnommen. Die Musik dieser kleinen Lustspieloper ist harmlos und einfach wie das Sujet; sie verleugnet ihren Schöpfer nicht und schlägt den leichten Conversationston sehr geschickt an, gegen den sich die antiquirten Recitativ-Phrasen, in denen Lortzing die opera seria parodirt, höchst komisch abheben. Wieder sind es die Ensemblenummern die am meisten interessiren, die drollige Orchesterprobe (No. 1), noch mehr aber das flüssige Sextett (No. 5) und das die Handlung wirksam zu Ende führende, musikalisch gut gefügte Finale (No. 10). Zwei humorvolle Duetts (No. 2 und 9) und zwei zierliche Solonummern, das Lied Hannchens von der »Bestimmung« (No. 3) und eine melodisch-zärtliche Cavatine Adolfs (No. 6) und eine flotte einsätzige Ouverture vervollständigen die musikalische Ausstattung. Stoff und Umfang des Werkchens schliessen aus, dass der Componist uns künstlerische Ueberraschungen bereite, Alles ist auf möglichst leichte Ausführbarkeit angelegt; aber er scheidet von uns mit einem freundlichen Lächeln seines liebenswürdigen Humors als ein Meister jener Kunst, die gefällige Formen mit anmuthigem Inhalt zu erfüllen weiss. Das merkwürdige Bühnenschicksal der »Opernprobe«, welche nach einer Reihe erfolgreicher Aufführungen im Entstehungsjahr der Vergessenheit anheim fiel und nach mehr als 40 Jahren, wieder ausgegraben, an allen hervorragenden Bühnen ihre Lebensfähigkeit erwies, sollte ein Fingerzeig sein, dass auch in den übrigen vergessenen Lortzingopern noch mancher Schatz vergraben liegt, der ans Licht gefördert werden könnte.

Der Abend, da seine letzte Oper ins Leben trat, war der letzte Lebensabend Lortzings. Er war, obwohl einmal nicht beschäftigt — man gab das französische Drama »Bajazzo« — im Theater gewesen, verliess dasselbe aber bald in Gesellschaft des Schauspielers Stotz, der ihn bereden wollte, mit ihm die italienische Oper in der Königsstadt noch zu besuchen, wo die Castellan die Rosine sang.

Er war sehr unmuthig und fühlte Langeweile; an der nächsten Ecke blieb er stehen und sagte: »Ich bin heute nicht so musikwüthig — ich werde mich zu meiner Familie begeben und um 10 Uhr im Bette liegen. Euer Berlin ist recht langweilig.« Um 1/2 8 Uhr kam er wieder nach Hause, ass mit seinem kleinen Bubi und legte sich um 1/2 9 Uhr zu Bette. »Er liess Hänschen das »Vaterunser« beten«, so schildert die Gattin die letzten Stunden, »ich sagte Beiden gute Nacht und liess sie ruhig schlafen. Um 9 Uhr kamen Lottchen und Fränzchen, welche im Königlichen Schauspiel waren, nach Hause und frugen nach Papa; ich sagte, er schläft noch nicht ganz fest, ihr könnt ihm noch gute Nacht sagen. Sie gingen an sein Bett, gaben ihm noch einen Kuss, er frug sie noch, wie es ihnen im Theater gefallen, und legte sich dann zum Schlafen. Die ganze Nacht schlief er ruhig bis Morgens 1/2 7 Uhr, wo wir Beide aufstehen wollten. Ich war schon im Ankleiden begriffen, als ich ihn mit einem Male schmerzlich stöhnen hörte, nachdem wir kurz vorher uns einen guten Morgen gewünscht und miteinander gesprochen. Ich wandte mich nach ihm um, fühle ihn an — kalter Schweiss steht auf seinem Antlitz. Ich rufe, ich rüttele ihn — keine Antwort; schnell rufe ich das Mädchen, sie solle Essig bringen und zum Arzte gehen, der bei uns im Hause wohnte. Währenddem wecke ich die Kinder, Fränzchen läuft noch zum Arzt. Endlich kommt er mit dem Chirurgus; sie schlagen ihm an beiden Armen die Ader, es kommt auch noch Blut, er giebt noch einige Laute, schlägt das Auge auf — ach! wie froh war ich — ich glaubte Hoffnung schöpfen zu können — aber es war nur ein Augenblick, das letzte Aufflackern — da schloss sich sein liebes Auge auf ewig — auf ewig! Seine edle Seele war entflohn. Um 1/2 8 Uhr war er verschieden. Der arme Hans weinte und sagte: »Wacht Papa denn nicht wieder auf?«

Am nächsten Tage las man in den Blättern:

> Statt besonderer Meldung allen meinen Freunden und Bekannten die traurige Anzeige, dass gestern Morgen 8 Uhr plötzlich ein Schlagfluss das theure Leben meines geliebten Mannes, des Capellmeisters
>
> Albert Lortzing
>
> im 47. Jahre endete. Wer den Verewigten kannte, wird unsern unendlichen Schmerz zu würdigen wissen.
>
> Rosine Lortzing geb. Ales
> mit 6 Kindern.
>
> Die Beerdigung findet Freitag, den 24., früh 9 Uhr vom Trauerhause aus statt.

Nun Lortzing todt war, schien es plötzlich Allen bewusst zu werden, was man an ihm verloren hatte, und wenn es auch an dem trüben Geschick des Meisters nichts mehr ändern konnte, so war es doch ein Trost für seine Hinterbliebenen, den theuren Entschlafenen in so erhebender Weise geehrt zu sehen, wie es in der Folge geschah.

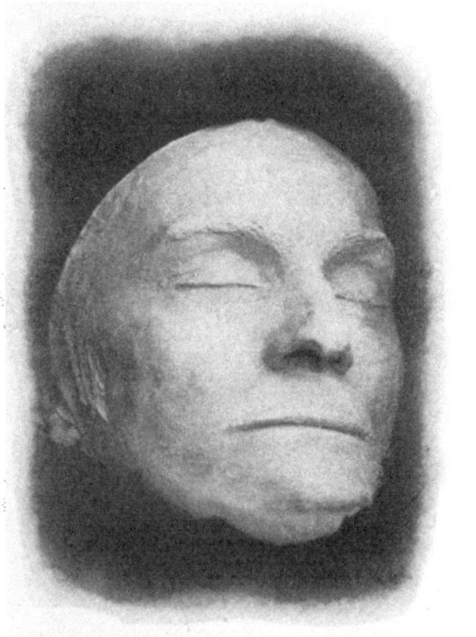

Todtenmaske Lortzings.
Nach einer Photographie von A. de Veer, Berlin.

»Sein Tod«, berichtet Otto Stotz, »wirkte wie ein elektrischer Schlag. Allen fielen förmlich die Schuppen von den Augen — so viele Thränen wahrhafter Theilnahme sind Wenigen geflossen. Das in die Zeitungen übergegangene Gerücht, der Prediger Vater habe sich aus bösem Willen bei Lortzings Leiche zu sprechen geweigert, ist unwahr; — ich selbst forderte ihn auf und nur Amtsgeschäfte hielten ihn zurück. Lortzing, mit einem frischen Lorbeerkranz gekrönt, mit duftenden Blumen fast bedeckt, lag unverändert mit edel erhabenem Ausdruck in einem schönen, gelb ausgekehlten, mit schwarzem Flor reich drapirten Sarge, den noch eine grosse Lorbeerkrone schmückte. Ein vierspänniger Leichenwagen brachte ihn nach dem Sophienkirchhofe. Dem voraus wurde auf schwarzsammetnem Kissen der Taktirstab getragen, den er in Mannheim, und der silberne Lorbeerkranz, den er in Leipzig zum Geschenk erhalten.« Den Leichenwagen umgaben die Orchestermitglieder mit Marschallstäben, ihm folgte ein langer Zug; ausser den Mitgliedern und dem Director, seinen Freunden und Verehrern, fast alle Kunstnotabilitäten Berlins, darunter: Meyerbeer, v. Küstner, Dorn, Taubert, sein ehemaliger Lehrer Rungenhagen etc., sämmtlich zu Fuss. Auch die drei jüngsten Kinder, Charlotte, Franziska und Hans geleiteten den Vater zur letzten Ruhestätte. Dem Wagen voraus alle hier befindlichen Cavallerie-Musikchöre unter Wieprechts Leitung; den Schluss machte eine nicht aufhören wollende Reihe Wagen. Den Sarg hoben die Mitglieder vom Wagen und trugen ihn auf den Schultern auf den Kirchhof zu seiner letzten Ruhestätte. Nachdem schon im Hause Choräle von dem Chor der Königlichen Oper gesungen worden, hielt der Prediger Alt eine kleine

Rede, die die Hinterbliebenen der Liebe und Theilnahme empfahl; — darauf sangen Mantius, Zschiesche, Heinrich und Mickler ein von Lortzing selbst componirtes Quartett und Regisseur Anton Ascher sprach im Namen der Kunstgenossen die letzten Worte. Frische Blumen bedeckten den Sarg, ehe die Erde ihn den Blicken entzog.

Von den Nachrufen, welche in prosaischer und poetischer Form den Verewigten feierten, ist einer besonders bemerkenswerth, der die politische Situation kennzeichnet und die Klage der deutschen Patrioten am Grabe Lortzings noch einmal schmerzlich erklingen lässt. Er erschien am 23. Januar in der Vossischen Zeitung, unterzeichnet C. F. B. und lautet:

Den Manen Albert Lortzings.

Der Meister todt! — Du solltest unsern Klagen
Um unsres Landes hoffnungsloses Ringen
Zu mildem Troste, sanfte Weisen singen,
Nun müssen wir in stummer Noth verzagen.

Ach, Du auch hast Dein Theil daran getragen!
Dein Lied, es wollte nur zum Herzen dringen,
Sie aber schrie'n: »Hie Welf, hie Waibelingen!«
O Sängerleid, in der Parteiung Tagen!

Verschlaf in Frieden nun den Schmerz, den herben!
Es wird dort oben in der Engel Chören
Kein trüber Zwist Dein reines Streben stören;

Uns aber wird der alte Streit verderben. —
Ach armes Deutschland, Land der alten Ehren!
Die Helden schlafen und die Sänger sterben!

Für die in so traurigen Verhältnissen zurückgebliebene Familie veranstalteten die meisten deutschen Bühnen, auf einen öffentlichen Aufruf hin, Benefiz-Vorstellungen und Concerte, deren Erträgnisse der Wittwe ein jährliches Einkommen von etwa 400 Thlrn. sicherte. Sie starb nach schweren Leiden am 13. Juni 1854.

Diese Benefiz-Vorstellungen brachten naturgemäss fast immer eine Lortzingsche Oper und meist wurde einem der darin enthaltenen Strophenlieder ein Da capo-Vers beigefügt, welcher des Meisters trübes Loos beklagt und ihm selbst die Unsterblichkeit prophezeit. Es ist charakteristisch, dass, auch nachdem die Veranlassung wegfiel, diese Da capo-Verse sich erhalten haben und noch heute mit dem grössten Beifall gesungen werden, ja sogar der erwartete Höhepunkt dieser Lieder sind. Die Einleitung bildete gewöhnlich ein scenischer Prolog, häufig folgte dann Lortzings Lied vom neunten Regiment. Von den für diese Gelegenheit entstandenen Dichtungen sei wiederum eine mitgetheilt, welche nicht nur, weil sie Lortzings Gestalt noch einmal in ihrer ganzen Erscheinung zeigt, sondern auch um ihrer selbst willen erhalten zu werden verdient. Sie stammt von dem Dichter der »Gepanzerten Lieder«, Karl Beck, einem einst viel bewunderten Poeten, der zu Lortzings Zeit, zur Gruppe der Jungdeutschen gehörend, Mitarbeiter der Zeitung für die elegante Welt war und jedenfalls in persönlichem Verkehr mit ihm gestanden hat. Sein Gedicht bildete den Epilog der 1851 am Breslauer Stadttheater veranstalteten Erinnerungsfeier zum Besten der Hinterbliebenen und schloss sich an ein lebendes Bild »Lortzings Verklärung« an.

Dass er gestorben, lasst uns nicht beklagen!
Beneidenswerth, wem es das Schicksal gönnt,
Zu scheiden im Gefühl der reifen Mannheit,
Ein Heissgeliebtes nicht zu überleben,
Wem es vergönnt, dem Theuersten auf Erden
Vorauszugehen in das Reich der Schatten.
Ihm ward die Gnade! Denn die deutsche Freiheit,
Die er geliebt von Herzen und mit Schmerzen,
Er sieht sie nicht verderben in der Jugend
Und zwischen Lebenslust und Todesangst
Auf schlafverwaistem Krankenbette fiebern;
Gebrochen ist sein treues, warmes Auge,
Er darf es nicht beschämt zu Boden senken,
Denn nimmer sieht es, wie die Weltgeschichte
Der deutschen Kraft das reiche Haar verschneidet,
Und deutsches Weh das Alter deutscher Eichen
Erreichen kann und überdauern will.
Drum, dass er starb, beklagen wir es nicht!
Nur trauern lasst uns, dass der fromme Meister
In Noth gelebt! Dass von der schönen Stirne,
Darauf in hohem, ungestörten Rath
Zur Lust des Volks, zu Gottes grössrer Ehre,
Unsterbliche Gedanken tagen sollten,
Die Sorge schwer und düster niederhing.
Er war zu stolz, um auf dem offnen Markt
Ein Lied zu singen von der Nächstenliebe.
Er litt und — schwieg. — — Die Sage meldet uns,
Dass hohe Fürsten, die in Noth versanken,
Verbannt und flüchtig durch die Länder irrend,
Um eine Streu, um Trank und Speise flehten;
Die Sage weiss von manchem Künstler auch,
Den Gram und Elend durch die Welt gehetzt,
Doch weiss sie, dass er je gebettelt? Nein!
Sein hangend Haupt, sein Dulderangesicht,
Sein traurig Lächeln und der scheue Blick,
Die sprachen wohl beredt genug: »O Welt!
Was ihm von oben ward, er lieh es dir,
Vergiss es nicht! Denn seine stolze Lippe
Sie wird dich nie an deine Schuld erinnern!«
So unser Meister auch! — Er litt und schwieg.
Die Wenigen, die seinen Gram erriethen,
Sie waren selber arm: Die Sterne wollen,
Dass meist der Freund des Armen wiederum
Ein Armer sei! —

Vom Baume fliegt der Vogel
Und schafft inmitten süssester Gesänge,
Und sucht den Halm, das Blättchen und den Faden
Und kehrt zurück und baut das theure Nest.
Der Meister sang, wir hörten seine Weisen,
Doch spärlich fand er, was er bang gesucht:
Sein Nest, begonnen kaum zum Schutz der Kleinen,
Zerfallen kann es über Nacht, das schwanke, —
Nun — deutsches Volk, vollende Du den Bau!

O, lasst uns dankbar sein! Er hat wie oft,
Wie gern uns wohlgethan in schwerer Zeit;
Ein heitrer Freund ist gar ein freundlich Licht,
Wenn drohend uns das Missgeschick umnachtet:
Zwar leuchtet er mit goldnen Sprüchen nicht,
Und stützt uns nicht mit ewigen Gedanken,
Und lehrt uns nicht im Kampfe männlich stehn.
Doch zarter ist des heitern Freundes Hand
Und williger als die des weisen Freundes.
Er reicht uns lächelnd einen Trunk Vergessen,
Ja, schäkernd hüpft er uns voran und wir,
Wir hüpfen nach und werden Kinder. O!
Und das ist mehr und das ist Alles, ist
Der Erde höchster Schatz!
So unser Meister!
Erheiternd flog, wie Lerchen aus dem Korn,
Sein Lied uns zu mit kindlichem Gekicher,
Lud auf die zarten Schwingen unsere Sorge,
Und trug sie fort, und wir genasen wieder.
Dem Armen, der den deutschen Boden floh,
Jenseits der grossen Wässer — arm zu bleiben,
Gab er sein Lied zum Angedenken mit.
Den Jüngling, der sich riss vom Vaterlande,
Das er nicht sehen kann so bitter weinen,
Und trotzig nun und zwiefach gottverlassen,
Im wilden Wald die Hütte zimmert, — ihn
Umrauscht sein Lied: ein Traum, ein Lebewohl,
Ein Scheidegruss aus der geliebten Heimath.
O lasst uns dankbar sein dem braven Freunde!
Sein Herz, es schlägt so treu an unserm Herzen
Und seine Seele schwebt auf unsern Lippen.

Was der Dichter hier prophetisch von »jenseits der grossen Wässer« verkündet, war, trotzdem er es wohl nie erfahren hat, die volle Wahrheit und es steht sicherlich in innerem Zusammenhange, dass in der deutschesten Stadt der Vereinigten Staaten die Anfänge des musikalischen Lebens an Lortzings Namen anknüpfen. Milwaukee am Michigan-See war kaum eine Stadt, Wisconsin eben erst ein Staat geworden, als die durch die 48er Einwanderung stark vermehrten deutschen Ansiedler sich zu einem Musik-Verein zusammenschlossen. Ein junger Deutschböhme, der noch in Chicago wirkende Hans Balatka, der wirklich im wilden Walde sich die Hütte zimmerte, wurde von einem Milwaukeer, Namens Kemper, dem Vater der Sängerin Lillian Sanderson, gewissermaassen entdeckt und Balatka, der stets Frau Musica hochverehrt hatte, wurde veranlasst, die Leitung des Vereins zu übernehmen. Am 1. Mai 1850 fand das erste Concert statt, das mit der Ouverture zu »Zar und Zimmermann« eröffnet wurde und am 8. April 1853 wurde mit der Bühnenaufführung derselben Oper die Institution einer deutschen Oper im wilden Nordwesten begründet. Der »Waffenschmied« folgte noch in demselben Jahre und etwa ein Decennium, bis berufsmässige Operngesellschaften die junge Stadt besuchten, vermittelte der Musik-Verein den Bewohnern die Bekanntschaft mit den Werken der dramatisch-musikalischen Literatur. Die Erstaufführung des »Zaren« mit Balatka in der Partie des Bürgermeisters bildet noch heut den

Stolz von »Deutsch-Athen« und in der Chronik der Stadt findet sich auch bildlich die Erinnerung daran aufbewahrt.

Aufführung von »Zar und Zimmermann« durch den Musikverein in Milwaukee 1853.
Nach einem Stich in Rud. A. Koss' „Milwaukee".

Das Grab Lortzings bezeichnete Jahre lang nur eine einfache Porzellantafel mit dem von Dr. Max Ring gedichteten Spruch (Düringer gab nur dem letzten Verse die jetzige Fassung):

»Sein Lied war deutsch und deutsch sein Leid,
Sein Leben Kampf mit Noth und Neid.
Das Leid flieht diesen Friedensort,
Der Kampf ist aus, sein Lied tönt fort!«

Die Anregung Düringers in seiner 1851 erschienenen Biographie, die Ruhestätte mit einem würdigen Denkmal zu schmücken, blieb lange unbeachtet, und als endlich ein solches erstanden war, fehlten die Geldmittel, es zu bezahlen und am Orte seiner Bestimmung aufzustellen. Da gab man denn in Braunschweig am 8. December 1859 ein fast ausschliesslich mit Lortzing-Compositionen zusammengestelltes »Grosses Vocal- und Instrumental-Concert«, dessen Einnahme »zur Auslösung von Lortzings in Berlin versetztem Grabdenkmal« bestimmt war. Ein in den »Gedichten« von Adolf Glaser enthaltener Prolog eröffnete den Abend.

»Sein gemüthvoll Lied
Wird selber nun die Mittel endlich leihen,
Dass man dem Grab den Schmuck nicht mehr entzieht!«

heisst es darin und so geschah es auch. Mit Lortzings in Erz gegossenem, vom Bildhauer Dehns modellirten Medaillonportrait geziert, steht das aus Sandstein gehauene Grabmal an dem von Epheu bedeckten Hügel; es trägt die Widmung:

»Dem Meister deutscher Tonkunst von den Mitgliedern
des Herzogl. Hoftheaters zu Braunschweig im Jahre 1859.«

Jahrzehnt auf Jahrzehnt verging, der Name Lortzings aber verschwand nicht; seine anspruchtslosen Opern zeigten eine staunenswerthe Lebenskraft und Alle, die ihnen nur ein vorübergehendes Dasein prophezeit, sahen sich selbst von Lortzings Geisteskindern überdauert. Der Mann, der im Leben Allen so klein erschienen war, für dessen reichen musikalischen Nachlass sich nicht einmal ein Verleger fand, den man zu ehren glaubte, wenn man ihn den deutschen Adam nannte, den auch Rellstab in seinem Nekrolog noch ein gutes Stück unter Boieldieu stellte, er wurde im Tode immer grösser. Neben dem stets gegebenen Zaren und Waffenschmied trat auch der Wildschütz und noch mehr die so viel verlästerte Undine in die Reihe der ständigen Repertoireopern; die Königlichen und Kaiserlichen Kunstinstitute brachten 40 und 50 Jahre nach dem Entstehen die früher verschmähten, allzu bürgerlichen Kinder von Lortzings Muse als erfolgreiche Novitäten und heut gehören seine Opern zu den Selbstverständlichkeiten des Repertoires, wie diejenigen Mozarts, Beethovens und Webers. An Zahl der Aufführungen den Klassikern weit voraus rangiren sie, von Tagesneuheiten natürlich abgesehen, unmittelbar nach Wagners Werken; und wie man mit Glück die kleine »Opernprobe« wieder hervorgesucht hat und genau ein halbes Jahrhundert, nachdem sie geschrieben, auch die »Regina« zum Bühnenleben erweckt, so vergrössert sich der Kreis seiner gegebenen Opern wahrscheinlich noch mehr und vielleicht findet man es mit der Zeit auch der Mühe werth, seine andern Werke an die Oeffentlichkeit zu bringen. Man hat, und Jeder wird es billigen, von Strauss' Tänzen eine prächtige Gesammtausgabe veranstaltet und der »Walzerkönig« steht mit seinen Werken neben denen unserer grössten Tondichter als ein Meister seiner Kunst. Von Lortzings Opern existirt noch heut keine einzige gestochene Partitur und vier derselben sind nicht einmal im Clavierauszug erschienen; der Nachlass ist verstreut und ein Theil der Werke schon heut nicht mehr aufzufinden.

Lortzings Grabdenkmal auf dem Sophienkirchhofe in Berlin.
Originalzeichnung nach einer Photographie von Emil Tiedemann, Braunschweig.

Darum sollte man nicht länger zögern, Lortzings Schaffen in seiner Gesammtheit zur Kenntniss des Publikums zu bringen. Die Stimme des Volkes hat Lortzing eine Stellung in der Musikgeschichte zugewiesen, die ihn längst über die Urtheile seiner Kritiker erhob und seine Bedeutung ein für allemal festgesetzt hat. Diese Stimme verlangte lauter und immer lauter, dass man den Mann auch äusserlich ehre, dessen Lieder in Aller Munde, der als ein heiterer Genius der deutschen Kunst mit seinem lauteren Charakter, seiner nationalen Gesinnung einen Ehrenplatz unter den deutschen Meistern sich erworben hat. Beinahe 40 Jahre nach seinem Tode schmückte man dann die letzte Wohnstätte Lortzings, das Haus Louisenstrasse 53, mit einer Gedenktafel:

»Hier starb am 21. Januar 1851 der Tonkünstler Albert Lortzing.
Seinem Andenken die Stadt Berlin 1889.

Auch in Coburg, Münster und Osnabrück versah man die Wohnhäuser, in letzterer Stadt auch das Theater mit Erinnerungstafeln; Leipzig, Dresden, Osnabrück, zuletzt auch Berlin erhielt eine »Lortzingstrasse«, Münster ein »Lortzing-Theater« und noch andere Städte seines Vaterlandes gedenken den Meister in ähnlicher Weise zu ehren. Als dann im Jahre 1896 die fünfte der gangbaren Lortzing-Opern in voller Jugendfrische ihr 50jähriges Bühnen-Jubiläum zu feiern sich anschickte, gab Schreiber dieses die Anregung, die Gedenkfeier des »Waffenschmied«[27]) zum Ausgangspunkt von Sammlungen für ein öffentliches Lortzing-Denkmal zu machen; ein Gedanke, der durch das Präsidium des Deutschen Musiker-Verbandes zur That wurde. Von ihm erging ein Aufruf an die Bühnen und an die Musiker Deutschlands, und die Beiträge aus diesen Kreisen bilden bereits den Grundstock von einigen Tausend Mark. Ein Comité wird demnächst an die Oeffentlichkeit treten und sich an die Allgemeinheit wenden, um das erforderliche Capital aufzubringen, damit vielleicht schon zur Centennarfeier von Lortzings Geburtstag sein Denkmal enthüllt werden könne.[28]) Hat es doch bereits feste Gestalt gewonnen, in dem ein junger, für des Meisters Weisen begeisterter Künstler, Hans Everding in Kassel, das erste Modell entworfen hat.[29])

Hans Everdings Entwurf zu einem Lortzing-Denkmal.

Die Muse Lortzings, das volksthümliche Lied, wird hier durch eine seiner lieblichsten Gestalten, das deutsche Bürgerkind Marie aus dem »Waffenschmied« verkörpert, während die grotesken Masken am Postament die lustigen Gesellen aus seinen Werken darstellen, den Bürgermeister aus dem »Zar«, den Schulmeister aus dem »Wildschütz«, den Knappen und den Kellermeister aus »Undine«, so dass auf den ersten Blick seine vier Hauptopern vor uns lebendig werden.[30]) Möchten nun die Spenden recht reichlich fliessen, damit das Monument bald in Stein und Erz erstehe und Kunde gebe, dass das deutsche Volk seinen Sänger nach Verdienst zu ehren weiss und Lortzings Wort, das er seinem Zaren in den Mund legt, sich erfülle:

Was auch die Mitwelt nicht erkannte,
Vom Nebelschleier noch umhüllt,
Wir sehen dann aus jenem Lande
Das Volk der Nachwelt dankerfüllt.

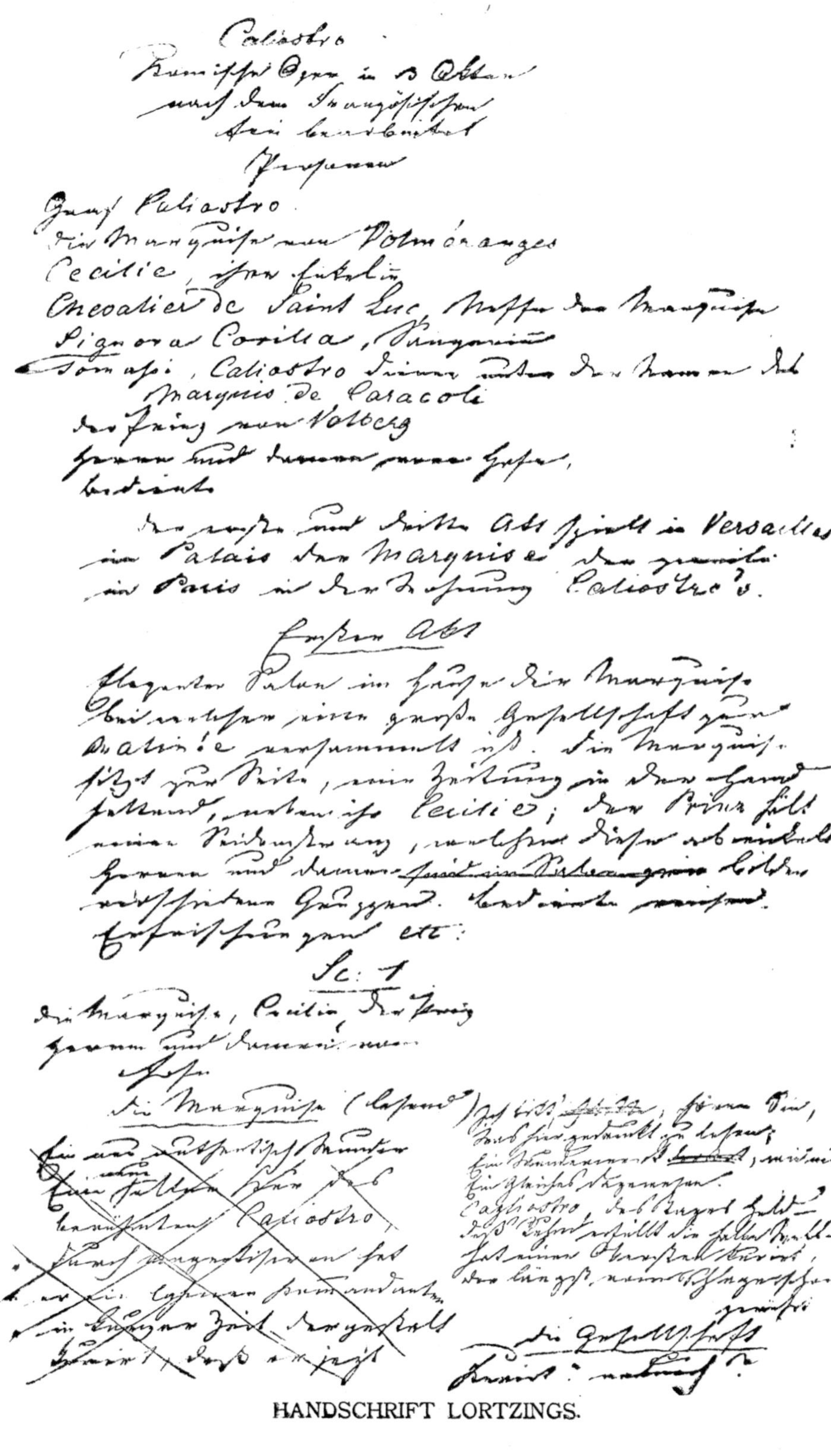
Cagliostro
Komische Oper in 3 Akten
nach dem Französischen
frei bearbeitet
Personen
Graf Cagliostro
die Marquise von Volmeranges
Cecilie, ihre Enkelin
Chevalier de Saint Luc, Neffe der Marquise
Signora Corilla, Sängerin
Tomasi, Cagliostro Diener unter dem Namen des Marquis de Caracoli
der Prinz von Volberg
Herren und Damen vom Hofe,
Bediente
Der erste und dritte Akt spielt in Versailles im Palais der Marquise, der zweite in Paris in der Wohnung Cagliostro's.
Erster Akt
Eleganter Salon im Hause der Marquise worin sich eine große Gesellschaft zur Matinée versammelt ist. Die Marquise sitzt zur Seite, eine Zeitung in der Hand haltend, neben ihr Cecilie; der Prinz hält eine Unterredung, welche dieser [illegible] Herren und Damen [illegible] bilden verschiedene Gruppen. Bediente [illegible] Erfrischungen ect.
Sc: 1
die Marquise, Cecilie, der Prinz
Herren und Damen vom Hofe.
die Marquise (lesend)

HANDSCHRIFT LORTZINGS.

zu Fandangotanz!"

Mehrere Herren

Gar ein Charlatan wär' er

Marquise

In der That! höchst wunderbar!

Prinz

Ja! fürwahr ein großer Mann fürwahr!

Mehrere Herren

Zu betrügen ist [illegible] ich weiß.

Prinz

Diesem Mann ist alles möglich

Cecilie

Ach! der Prinz ist schon [illegible]

Marquise

Der auch ist ein [illegible] gekommen
Und frisch fanatisiert

Prinz (zu seiner Umgebung)

Nun seht Ihr, diesen Menschen sehe
Wieder Ihr nun einzusehen,
daß nichts Unmögliches existiert.

Vers I

Keinen Schritt und keine
Räder kostet nichts auf Erden
Alle Übel kann er heilen
Ganz durch Pflanzen, Minera-
lien
Magnetismus, Alchimie
durch ein tief geheimes Wissen
bringt er glänzend Gold hervor.
Gilt es aber [illegible],
So geschieht es ganz im Stillen
Und es schwinden alle Leiden
Wo sein tröstend Wort erschallt
Dies ist Cagliostro's Walten
Seine ganze Wissenschaft

#

Marquise

Durch Magnetismus ward befreit
Von nimmer [illegible] Leid,
So daß der [illegible] Mann
Jetzt wird [illegible]

Ein Theil der Gesellschaft

O Wundermann!

Ein anderer Theil

O Charlatan!

Der Prinz

Ja, in der That, höchst wunderbar

Marquise

Ein großer, großer Mann,
fürwahr

Mehrere Herren

Nun spricht auch [illegible]

Der Prinz

Es soll [illegible] nicht unmöglich sein.
[illegible] sicher verlaßt.

Cecilie (zum Prinzen)

Auch Sie, mein Prinz, [illegible]
für ihn begeistert.

Marquise

Prinz
Sieh, ich schwärme nur für
ihn

(Der Chor wiederholt die letzten Zeilen)

Zweiter Vers

Die Tränke, welche er bereitet
Die spenden die ewige Kraft
befestigen das Band der Liebe
besiegen jede Leidenschaft

(zur Marquise)

Ein Elixir ist mir bekannt
Welches verjünget auf der Stelle
Und dieses Wasser wir zur [illegible]
Und wenn der ärgste Qualité
[illegible] und in der Kindheit Auge
Wenn man nicht daran zu zweifelt.
Dies ist Cagliostro's Walten
Seine ganze Wissenschaft.

Scene 2

(Vorige. Der Chevalier de Saint Luc tritt lachend ein)

Chevalier

Ha! ein köstlich Abentheuer!

Marquise

~~Mein Herr, der Chevalier. Sprecht, was giebt's?~~

~~Chevalier~~

~~Gnädigste Marquise~~

~~Lassen Sie mich [illegible] lachen~~
~~'s ist fürwahr ein wahrer Witz!~~
~~Dieser große Cagliostro,~~
~~der sich bald ihr Herz erobert –~~

~~Prinz (lacht)~~

Die Gesellschaft

Wie, so heiter Herr Chevalier!

Chevalier

O fürwahr, es ist zum Lachen –

Marquise

Sprecht, was giebt es; eine Neue?

Chevalier

Hätten Sie, was wir ich gesehn –

Alle

Was ist eigentlich geschehn?

Chevalier

Jener große Cagliostro,
Jener vielbewunderte Mann,
der ~~[illegible]~~ Alter [illegible],
alles weiß und alles kann –

~~[illegible crossed-out passage, 5 lines]~~

Chevalier

Nun Doktor, so nennt Sie
Jener großer Alchimist,
Magier, Doktor und Prophet
verstehen die Kunst man sagt
Gold und Silber zu erzeugen
dieser Mann, so ehrenwerth
wurde aber eingesperrt.

Marquise

Ist unmöglich!

Chevalier

Arretiert
und von Häschern fortgeführt,

Prinz

Ein Spaß –

Chevalier

O nein, ich bitte
Schreiben selber ~~[illegible]~~
ich's gesehen.

Marquise

Mein Mann, du wirst –

Chevalier

Ich selber
hab das mit angesehen

3te Strophe

Dieser hochgelehrte Doktor
Abgefeimt wie keiner mehr
~~[illegible]~~
Macht von Golde ~~[illegible]~~
Geld für andre dumme Leute der einfältigen
doch das kann ihm nur gelingen
so lang andre ihm [illegible] bringen
Einfalt und Betrug gemein
[illegible] ihm gut und [illegible] bei

Prinz u. Marquise

bitte keine [illegible]
Erklärung diesem Mann gebührt.

Chevalier

bitte gütigst [illegible]
alle [illegible] wir angeführt

Alle

angeführt? Erklärung? Nein?

Nota bene – [illegible]

ANHANG I.

ANMERKUNGEN.

[1]) Die Nachrichten über die Vorfahren Lortzings sind gesammelt vom jüngsten Sohne des Componisten, dem Schauspieler Hans Lortzing, der dem Verfasser auch die Familienbriefe sowie eine Anzahl handschriftlicher Compositionen freundlichst zur Verfügung stellte und durch bereitwillige Auskunft auf unzählige Anfragen die Zuverlässigkeit dieses Buches in dankenswerther Weise gefördert hat. Zur Ergänzung der Familienchronik sei hier nachträglich mitgetheilt, dass zur Zeit (1898) ausser Hans Lortzing noch folgende Kinder des Tondichters leben: Fr. Caroline Krafft in Wien, Theodor Lortzing in Berlin, Charlotte Lortzing in Schwerin.

[2]) Das Leben Richard Wagners. Von C. F. Glasenapp.

[3]) Am 26. Juli 1898 wurde an dem Gerbergasse 6 gelegenen Wohnhause, Dank der Anregung des Hoftheaterdirectors C. F. Wittmann, eine Gedenktafel angebracht mit der Inschrift: »Albert Lortzing, der vaterländische Componist, wohnte 1813 mit seinen Eltern in diesem Hause. Seine Verehrer weihen ihm diese Gedenktafel.«

[4]) Vergl. den Aufsatz: »Lortzings Zar und Zimmermann« von Dr. Allwill Räder, Deutsche Bühnengesellschaft No. 50. 1887.

[5]) Albert Lortzing, sein Leben und sein Wirken. Von Ph. J. Düringer. Leipzig. In Commission bei Otto Wigand. 1851.

[6]) Ein freilich nicht sehr zuverlässiger Erzähler, Fröhlich, berichtet in »Vierzig Jahre aus dem Leben eines Todten« als eigenes Erlebniss eine abenteuerliche Geschichte, der zufolge Derossi, um sein beliebtes Mitglied Dem. Ahles zu veranlassen, bei ihm zu bleiben, sie mit ihrem Bräutigam, dem jungen Lortzing, durch boshafte Verläumdung desselben zu entzweien suchte. Wirklich blieb sie auch in Elberfeld und Ringelhardt kam durch das Nichteintreffen seiner Liebhaberin in grösste Verlegenheit. Er fuhr darauf mit Fröhlich selbst nach Elberfeld, sie klärten die betrogene Braut auf und beredeten sie, noch am selben Abend mit ihnen heimlich nach Cöln abzureisen. Während Ringelhardt mit Derossi an der Theaterkasse sich unterhielt und dann scheinbar seinen Platz im Parterre einnahm, wurden von Fröhlich alle Vorbereitungen zur Flucht getroffen, dann holte er Ringelhardt ab, beide stiegen zu Dem. Ahles in den Wagen und jagten nach Cöln zurück, wo sie nach Mitternacht die glücklich Entführte ihren künftigen Schwiegereltern übergaben.

[7]) Ludwig Schäfer, ursprünglich Baritonist, wurde später Director des Detmolder Hoftheaters und des Crefelder Stadttheaters, und begründete Anfangs der vierziger Jahre im Verein mit Karl Köchy eine Bühnenschule mit Uebungstheater zu Braunschweig. Er starb daselbst 1885. Seine Tochter, Lina Schäfer, einst eine Zierde des Leipziger Stadttheaters, wirkt als Darstellerin am Herzogl. Hoftheater.

[8]) Die Freude an eleganter Kleidung, die Lortzing mit Mozart gemein hatte, äussert sich wiederholt in seinen Briefen: »Mein liebes Röschen hat mich mit einem Oberrock aus Braunschweig nach allerneuester Mode überrascht. NB. ich lasse, seit ich in Braunschweig war, schon

seit einem Jahre dort arbeiten. Man macht dort die schönsten Kleider; ich habe nie welche gefunden, die den Körper so kleiden, wie diese. Ich liess dort mein Maass, es ist derselbe Schneider, wo auch der Herzog arbeiten lässt; es kostet weiter nichts als das Porto, und das giebt man gern für einen schön gemachten Rock. Der in Rede stehende Oberrock ist olivenfarben mit übersponnenen Knöpfen, auf jedem Knopf ein silbernes Kreuz; er sitzt wundervoll; ausserdem bekam ich eine schwarze Sammetweste, die ich sehr nothwendig hatte. Nachdem ich mich am Morgen des 23. mit meinem Oberrock auf allen Plätzen und in allen Strassen herumgetrieben hatte, um ihn zu produciren« — (Münster 28. 10. 28). »Die Casimirhose ist mir gleichfalls sehr willkommen« (8. 11. 28). »Grüsse Wohlbrück vielmals von mir und meiner Frau; wenn es ans Packen geht, werde ich ihn kommen lassen, denn noch nie hat sich mein Oberrock auf einer Reise so conservirt, wie auf dieser, wo er ihn packte« (Pyrmont 10. 6. 29). »Von meiner Frau bekam ich mehrere schöne seidene Cravatten und seidene Westen« (Osnabrück 7. 11. 30). In Bezug auf Lortzings Aeusserlichkeit sei noch folgende Briefstelle erwähnt: »Dass Du mir keinen Siegelring geschenkt, war sehr klug. Du wirst Dich erinnern, dass ich gar keine Ringe trage, erstens, weil sie mich geniren, denn ich trage ja nicht einmal meinen Trauring, und zweitens sind meine Finger gar nicht zu Ringen geeignet. Ich habe starke Knöchel an den Fingern und wenn ich einen Ring mit Mühe aufgepresst habe, so sitzt er mir auf dem Fleische doch nicht fest, weil ich keins an den Fingern habe.«

[9]) Es ist Hoffnung vorhanden, Lortzings geistliche Werke an die Oeffentlichkeit gebracht zu sehen. Der Königl. Musikdirector W. Rudnick in Liegnitz hat in dankenswerther Weise die Partituren einer sorgfältigen Revision unterzogen, sie von zahlreichen Flüchtigkeitsfehlern gereinigt und bereitet die Herausgabe der Clavierauszüge vor.

[10]) Zur Bühnengeschichte von »Don Juan und Faust« giebt Theodor Mehring im Neuen Theater-Almanach von 1897 noch folgende Daten: 1838 soll die Tragödie in Wien (nicht am Hofburgtheater, vielleicht im Theater an der Wien), 1841 in Graz gegeben worden sein. Am 30. October 1877 wurde sie am Hoftheater in Schwerin, am 28. October 1879 am Stadttheater in Riga, bearbeitet von Alfred von Wolzogen, zur Aufführung gebracht. In neuester Zeit machte das Stadttheater in Nürnberg (20. Januar 1896) und das Hoftheater in Meiningen (8. März 1896) den rühmlichen Versuch, die geniale Dichtung der Bühne zu gewinnen. Nürnberg benutzte eine Bühneneinrichtung von Victor Léon mit Musik von Alfred Kaiser; Meiningen eine Bearbeitung von Paul Lindau mit Musik von Moritz Moszkowski.

[11]) Josef Eichberger, Tenorist, † 5. März 1862 zu Bremen, Vater des pensionirten Hofopernsängers Wilhelm E. in Dresden.

[12]) Düringer, geb. 1809 zu Mannheim, studirte zu Heidelberg Medicin, ging aber schon 1826 zur Bühne und starb als pensionirter Regisseur des Berliner Königl. Schauspielhauses zu Coburg, 12. Mai 1870.

[13]) Reger, geb. 1804 zu Strassburg, wurde ebenfalls Mitglied des Schauspielhauses zu Berlin und starb daselbst 23. Februar 1857.

[14]) Herlosssohn, der überaus fruchtbare Schriftsteller, war 1. September 1804 zu Prag geboren, 1825 nach Leipzig gekommen und redigirte seit 1830 verschiedene Zeitschriften und Taschenbücher. Sein Bild befindet sich im Besitz der Tunnel-Gesellschaft und bildet das Pendant zu dem Portrait Lortzings am Anfang dieses Buches.

Der Maler beider Bilder, Wilhelm Souchon (geb. 17. Januar 1825 zu Halberstadt, † 25. October 1876 zu Weimar), wurde in Anerkennung seiner künstlerischen Leistungen zum Ehrenmitglied des Vereins ernannt.

[15]) Ein Programm der Tunnel-Gesellschaft vom Jahre 1843 verzeichnet noch »Die Uebergabe des Zopfes Karls des Grossen an die Friseur-Innung zu Schilda« von Lortzing; der Titel wurde dann aber verkürzt in »Das Ehrengeschenk«, eine Handlung in zwei Auftritten mit Musik von A. Lortzing. Von dem Werke selbst fehlt jede Spur. — Auf einem Maskenfest des Tunnel erschien Lortzing als spanische Hoftänzerin.

[16]) Nachdem Peter der Grosse seine Lehrjahre als Schiffszimmermann in Amsterdam beendet, liess er sich von seinem Lehrherrn ein Zeugniss über seine erlangten Fähigkeiten und Fertigkeiten ausstellen. Dies Schriftstück, in holländischer Sprache abgefasst, ist noch heute vorhanden, es ruht im Archiv des Kreml zu Moskau. Der Text dieses Zeugnisses lautet in deutscher Uebersetzung folgendermassen: »Ich, unterschriebener Gerrit Claesz Pool, Meister-Schiffszimmermann der octroyirten ostindischen Compagnie zur Kammer von Amsterdam, bescheinige und bezeuge als die Wahrheit, dass Peter Michaeloff (zum Gefolge der grossmoskowitischen Gesandtschaft gehörig, und daraus unter denjenigen, die allhier zu Amsterdam auf der ostindischen Schiffszimmerwerft vom 30. August 1697 bis heute gewohnt und unter unserer Aufsicht gezimmert haben), sich während der Zeit seines edeln Aufenthaltes dahier als ein fleissiger und tüchtiger Zimmermann benommen hat, als da ist im Rauharbeiten, Stosshölzeranlegen, Abkrabben, Bröwen, Hobeln, Einfügen, Behauen, Abschlichten, Bohren, Sägen, Planken- und Stosshölzerbrennen und was einem guten und vortrefflichen Zimmermann zu thun zukommt, und hat eine Fregatte, Peter und Paul, über 100 Fuss lang, von Anfang an (am Vorderstewen und am Steuerbord) bis sie beinahe fertig war, machen helfen, und das nicht allein, sondern ist durch mich überdies noch in der Schiffsarchitectur und Zeichnenkunst vollkommen unterwiesen worden, so dass Se. Edeln dieselben aus dem Grunde versteht, und das, so weit als sie unseres Dafürhaltens practicirt werden kann. Zum Zeugniss der Wahrheit habe ich dies mit meiner eigenen Hand unterschrieben. So geschehen in Amsterdam an unserem gewöhnlichen Wohnplatz bei der ostindischen Werft, den 15. Januar im Jahre unseres Herrn 1698. Gerrit Claesz Pool, Meister-Schiffs-Zimmermann der E. E. octroyirten ostindischen Compagnie in Amsterdam«.

[17]) Vergl. »Die Genealogie einer Oper« von Ernst Pasqué in »Deutsche Bühnen-Genossenschaft« vom Jahre 1886, den schon erwähnten Aufsatz von A. Räder und Riemanns »Opernhandbuch«.

[18]) Der »alte Lobe« (Professor J. C. Lobe, Componist und Theoretiker, † 1881 in Leipzig) giebt in seinen Schriften den Inhalt eines gelegentlichen Gespräches mit Lortzing wieder, das, soweit es das Zarenlied betrifft, folgendermassen lautet:

Lortzing: Damit ist es mir sonderbar ergangen. In der Probe zu »Zar und Zimmermann« schüttelte mancher der Herren im Orchester bedenklich den Kopf über dieses Lied und endlich rieth mir Stegmayer geradezu, es wegzulassen, weil es — nichts machen werde. Ich stutzte. Die Leute meinens gut mit dir, dachte ich, und sind doch Sachverständige. Schon wollte ich das Ding weglassen, doch besann ich mich anders und sagte: Wir wollen's doch mal wenigstens in der ersten Vorstellung damit probiren. Was thuts denn, wenns durchfällt. Man kanns in diesem Fall später immer noch weglassen.

Auf Lobes Einwurf über den unerwarteten Erfolg fährt er fort: »Ja, es schlug durch, wie man zu sagen pflegt, und ist wohl in 20 000 Exemplaren durch die Welt geflattert«.

Dem schon oben angedeuteten Vorwurf, es entspreche nicht dem Charakter des Vortragenden, entgegnete Lortzing: »Und ist denn das Lied in der That so unwahr? Kennen wir denn irgend einen Menschen so genau, um behaupten zu dürfen, diesen Gedanken und diese Empfindung kann er absolut in keinem Momente seines Lebens gehabt haben? Und zumal, wenn es sich um öffentliche Charaktere, Staatsmänner, Herrscher, Kaiser, Könige handelt! Was erfahren wir von ihnen?! Ihre politischen Thaten, die von dem Amt, nicht von dem Herzen dirigirt werden, dazu einige Anekdoten, flüchtige Züge, oft erfunden, oft verdreht, von Schmeichlern oder Feinden!

Der Mensch soll noch geboren werden, der niemals eine weiche, wehmüthige Stunde hätte. Selbst der verstockteste Bösewicht fühlt zuweilen sanfte Regungen. Warum soll ein Fürst wie Peter der Grosse, in dessen Seele zwar das Gemeine und Rohe, daneben aber auch das Grosse und Erhabene wohnte, nicht einmal beim Rückblick in die goldene Jugendzeit durch den Kontrast mit den laufenden Herrschersorgen weich und wehmüthig gestimmt worden sein?

Potztausend! Ein Zar von Russland, der um des Besten seines Volkes willen, sich eine Zeitlang seiner hohen Würden begiebt und in fremdem Lande als gemeiner Matrose lebt und arbeitet, wäre es nicht geschichtlich beglaubigt, man würde es für eine der gröblichsten Unwahrscheinlichkeiten erklären. — Aber da soll der Bösewicht nur schlechte Gesinnungen und Gefühle, der Gute nur edle Gedanken und Empfindungen haben. So ist es nicht in der Natur. Jener kann auch einmal wie Dieser, Dieser auch einmal wie Jener denken und fühlen. Jagt nur Eure allgemeinen Ideen zum Teufel und dringt ins wirkliche Leben ein, wie Shakespeare und Goethe gethan, da werden die schroffen Kategorienmenschen von der Bühne verschwinden und wirkliche darauf erscheinen«.

[19]) Herlosssohn feiert Pohlenz, den Componisten der volksthümlichen Lieder: »Auf Matrosen, die Anker gelichtet«, »Bin der kleine Tambour Veit«, in einem Gedicht vom 24. Juni 1843:

Wir schmücken heut zum Fest der Gräber
Auch deinen Hügel duftig aus,
Und Dank und treue Liebe weihet
Dem armen Todten Kranz und Strauss.

Dass von der Pracht, die rings die Erde
Mit tausend bunten Farben kränzt,
Ein Strahl auch in die dunkle Klause
Zu dir, Geliebter, niederglänzt.

Du ahnst, wie Leid und Lieb und Treue
Aus uns'rer Blumengabe spricht,
Denn ob sie auch den Leib begraben,
Begruben sie dein Herz doch nicht!

Es pocht und glüht und lebt und liebet
In deinen Liedern ewig jung,
Und treuer Freunde Brust bewahrt es
In heiliger Erinnerung.

Das Thema des »Tambour Veit« findet sich auch notengetreu in einem Lortzingschen Marsch wieder, der beginnt:

Das Autograph befindet sich in der Manskopfschen Sammlung in Frankfurt a. M.

[20]) An Gollmick hat Lortzing eine Reihe interessanter Briefe gerichtet, die theils von ihm, theils von Düringer, theils von Hermann Erler veröffentlicht worden sind. Sie beziehen sich zumeist auf Operntexte, die Gollmick anbietet (Donna Diana, Floris von Namur), Lortzing aber stets in liebenswürdiger Form ablehnt. »Ich zweifle übrigens nicht, dass Du für Deinen Floris bald einen guten Abnehmer findest, denn die Herren Compositeure sind nicht alle so scrupulös, wie ich. Dank Dir für Dein Vertrauen wegen des Textes und wünsche Dir ein unsinniges Honorar dafür. Klopfe doch einmal bei Mendelssohn an, der sucht ja etwas Romantisches«. — Floris wurde schliesslich von dem Harfenvirtuosen Oberthür componirt.

Eine lustige gereimte Epistel Lortzings an Gollmick vom 17. November 1844 finde hier noch Platz:

Mein lieber Freund Gollmick!
Wär' mir zu Theil das Glück,
Dass Verse wie besessen
Mir auch vom Munde flössen,
Ich schmierte Bogen voll,
Dass Du Dich wundern soll-
test; doch ich hab' Momente,
Wo mich dieses Talente,
Grad' wo es nöthig ist,
So ganz und gar verlässt.
Möcht' nämlich gern dafür
In Reimen danken Dir,
Dass Du warst so gescheidt
Und mir Dein Du verleiht.
(Soll nämlich heissen: lieh'n.)
Doch konnte ich nicht fin-
den einen besseren Reim;
Musst d'rum zufrieden sein.
Der Zeilen schöner Sinn
Soll deuten darauf hin,
Dass nicht im Brief allein
Wir wollen Brüder sein —
Nein — überall und immer,
Bei Tag und Sternenschimmer —
(Jetzt werde ich poetisch)
Beim Weine und beim Theetisch,
In Versen wie in Prosa
Sei Carlos Du, ich Posa.
Es ist ja garnicht nöthig,
Dass wir so übermöthig (müthig)
Und wie die beiden Herren,
Jahrhunderte begehren;
Wir können Freunde bleiben
Ohne solch' Uebertreiben!
Denn das bleibt stets was Fades.
Orestes und Pylades,
Die jener Gluck besungen,
Sie war'n auch brave Jungen;
Doch fiel es keinem ein,
So arrogant zu sein,

Jahrhunderte zu wollen.
's ist doch zum Teufel hollen!
D'rum also abgemacht,
Es bleibt, wie ich gesagt,
Dass es von meiner Seit'
Mich ganz entsetzlich freut. —
Nun aber muss ich schliessen,
Thu mir vor Allem grüssen
Deine Familie, Bester,
Sowie das ganz' Orchester,
Auch Deinen Chef, Guhr heisst er,
Grüss' mir den Kapellmeister,
Ich thu' vor Freude brennen,
College ihn zu nennen.
Und gehst Du einmal hin
Zum guten Valentin,
Wo auch mein Herzensfreund,
Der Reger oft erscheint,
So stosse mit ihm an
Und denket, dass ein Mann
In Leipzig sich aufhält,
Der's gut meint mit der Welt,
Der stets sich freuet mit,
Wenn Ein'm was Gut's geschieht.
(Der Gedank' ist nicht von mir —
Kotz'bue hatt' ihn schon früh'r,
Doch das ist Einerlei —
Das Gut' bleibt ewig neu.)
Leb' wohl, Familienvater!
Jetzt muss ich ins Theater
Und dorten den Barbier
Sevillas dirigir' (en),
Leb' wohl, bleib' mir gewogen
Und sei fest überzogen,
Dass ich mich freue sehn-
lichst, Dich bald hier zu seh'n,
Der letzte Reim war schön.

Dein Albert Lortzing.

[21]) H. Riemanns »Opernhandbuch« und C. F. Wittmanns Einleitung zum Textbuch der »Undine« (Ph. Reclams Universal-Bibl. No. 2626).

[22]) Vincenz Lachner, Capellmeister in Mannheim, Componist verschiedener Einlagen für Lortzings Opern, darunter das »Schwabenlied« für Adelhof im »Waffenschmied«, ein Eingangschor und Arien für Bertalda und Hugo in »Undine«.

[23]) Lortzings Wohnung befand sich auf der Wieden, Hauptstrasse 50, Ecke der Fleischmannsgasse, im II. Stock.

[24]) Von Dr. Jurende stammt eine originelle Huldigung für Lortzing in Gestalt eines Doppelakrostichons:

Lebend'ger Quell der Töne
Ohn' all' Gezier **A**us Herzensgrund
Regt sich in dir, **L**ust deutscher Söhne.
Thu sie noch lang **B**eruf'nen kund!
Zum Abschied reicht **E**rinn'rungs-Weihe
Im Lied die Hand, **R**eich sie im Sinn,
Nimm sie, du **T**ücht'ger, und verzeihe,
Geb' ich für Gold mein Kupfer hin.

Das Gedicht, mit Bleistift geschrieben und jedenfalls bei einem Abschiedstrunk improvisirt, wie schon das Datum 17./18. V. 46 verräth, trägt die Ueberschrift: »Ein Wort der Erinnerung an Herrn Capellmeister Albert Lortzing«.

[25]) Das Manuscript zeigt, wie Lortzing die Gesangstexte zuerst in Prosa entwarf und dann an die Versificirung ging. Nicht ohne Interesse ist die Skizze der Arie Cagliostros:

Unbeständig und flüchtig Glück,
Du schienst mich zu fliehen!
Dessen ohngeachtet aber
Hab' ich dich zu fassen gewusst.
Ich halte dich nun,
Ich halte dich fest.
In London pfiff man meine magische Kunst aus,
In Madrid musste ich mich verstecken,
Selbst in Italien riskirt ich verbannt zu werden!
(Gesprochen): Aber in Paris!

Cavatine.

O leichtfert'ge Stadt,
So elegant als närrisch,
Die Du Deine Götzen
Jeden Augenblick wechselst,
Immer fanatisirt.
O klassischer Boden Du,
Dir streu' ich Weihrauch hin!

Charlatans, Ihr meine Mitbrüder,
Wollt Ihr Collegen finden
In der schönen Welt,
Im Frack wie im Weiberrock
Giebt's Narren in Fülle,
D'rum kommt Alle nach Paris!
etc. etc.

26) Der Tag der silbernen Hochzeit fiel eigentlich in das Vorjahr 1848, es bestanden aber in Bezug auf Jahreszahlen vielfache Irrthümer im Kreise der Familie. So nahm man als Geburtsjahr Lortzings selbst stets das Jahr 1803 an, wie auch aus der Todesanzeige hervorgeht; seine Frau galt stets für fünf Jahre, sein Vater für ein Jahr jünger, als sie wirklich waren, bis es Hans Lortzing gelang, diese Zahlen richtig zu stellen. Von der Geburt und dem Tode des ersten Kindes findet sich gar kein Datum vor.

27) Die meisten Bühnen begingen das Jubiläum durch Aufführung des »Waffenschmied« mit vorhergehendem Prolog. Das Münchener Hoftheater feierte den Componisten durch eine »Lortzing-Woche«, in der alle seine Hauptwerke gegeben wurden.

Prolog,

gedichtet von Hermann v. Lingg.

Gesprochen am 30. Mai im Königl. Hoftheater zu München zur Erinnerung an die vor 50 Jahren erfolgte erste Aufführung des »Waffenschmied«.

Was ist Genie? Was ist das Geniale?
Es ist der Blume Duft in dunkler Nacht
Die Perle, eingesargt in harter Schale,
Der Edelstein im tiefen Erdenschacht.
Es ist der Blitz, erleuchtend und verschwunden,
Es wird geahnt im schönsten Augenblick,
Ergründet nie und immer nur empfunden
Und siegreich über jedem Missgeschick.

Ihr sucht es auf den höchsten, steilsten Wegen,
Und wo Ihr achtlos ihm vorübergingt,
Da tritt es unversehens Euch entgegen
Im frohen Muth, der Allen Freude bringt.
Und nirgends mehr als aus dem Quell der Töne
Verströmt er seine hohe Götterkraft,
Und dass es auch mit tiefem Schmerz versöhne
Genügt sein Lächeln hold und zauberhaft.

Ja, so war Lortzings Muse, Widerhallen
In allen Hörern findend, weckte sie
Die Anmuth und das süsse Wohlgefallen,
Das seinen Opern ihren Reiz verlieh.
Ihr wisst es und Ihr habt es oft bekundet,
Wenn Ihr hervorrieft seinen Waffenschmied,
Wie Euch der Trank, von ihm credenzt, gemundet,
Wie Euch entzückte sein hinreissend Lied.

Nie haben voller die Erinnerungen
An Jugendtage uns're Brust bewegt,
Als wie aus seiner Melodie erklungen!
Das sagten Kränze, dankend hingelegt,

Das sagten Blicke, leuchtend vor Entzücken,
Das sprach der Beifall, stürmisch dargebracht;
Was Tausende vermochte zu beglücken,
War einer reingestimmten Seele Macht.

Erschütternd bis zu Thränen stieg die Wonne.
O glücklich, wer aus sich, so reich, so ganz
Zum Mitgefühle spricht, so wie die Sonne
Erneut in allen Augen ihren Glanz!
So feiern wir sein Angedenken, wieder
Und immer wieder frisch, so bleibt es wahr,
Dass selbst den Tod besiegt die Macht der Lieder
Und wird an grossen Tagen offenbar.

Hoch Lortzing, hoch! Mit Deinem Namen tauchen
Uns Bilder auf aus einer schönen Zeit,
Denn wie der Rebe Blüthen — Duft verhauchen,
Sind Deine Schöpfungen voll Lieblichkeit;
So von Geschlechtern zu Geschlechtern lebe
Als Erbtheil fort Dein herrlicher Humor,
Und Deinen Ruhm im deutschen Volk erhebe
Einmüthig »Lortzing hoch!« ein Jubelchor.

Es seien noch die gelegentlich dieser Feier entstandenen Prologe von Carl Ueberhorst (Dresden), H. Teweles (Prag), A. Gerstmann (Stuttgart), A. Philipp (Hamburg), sowie eine humoristische Dichtung von Paul Marsop (Berlin), »Meister Lortzings Erdenflug« erwähnt.

28) Die Adresse für die Einsendung von Geldspenden für das Lortzing-Denkmal lautet: An das Präsidium des Deutschen Musiker-Verbandes, Berlin SW., Besselstr. 20. Quittung erfolgt in dem officiellen Organ des Verbandes »Deutsche Musiker-Zeitung«.

29) Auch für Detmold steht ein Lortzing-Denkmal in Aussicht; Bildhauer Meyer daselbst arbeitet an einem Entwurf.

30) Dem allgemeinen Schicksal berühmter Männer, dramatisirt zu werden, ist auch Lortzing nicht entgangen. Wir verzeichnen:

»Albert Lortzing«. Genrebild mit Gesang in 1 Act von A. Oppenheim. Verlag von A. Kühling, Berlin.

»Albert Lortzing«. Genrebild in 1 Act nach einer älteren Idee von Heinrich Jantsch. Verlag der Autoren-Genossenschaft, Leipzig.

ANHANG II.

Recension aus Münster vom Jahre 1827.

Mit dem Anfang des neuen Jahres ist Thaliens Tempel zur Freude aller Theaterfreunde wieder eröffnet worden. Die Mitglieder der Bühne unter der Direction des nunmehrigen Hof-Schauspiel-Directors Herrn Pichler sind grösstentheils die nämlichen, wie im verflossenen Winter. Die von Bedeutung hinzugekommenen sind Herr und Madame Lortzing, über deren Künstlerwerth wir uns hier einige Worte erlauben. Herr Lortzing hat in den beiden Rollen: als Lieutenant Werther in der beschämten Eifersucht und als Carl Ruf in der Schachmaschine Proben seines nicht unbedeutenden Talents für die Bühne an den Tag gelegt. Eine ausgezeichnete Bühnengewandtheit, eine angenehme Leichtigkeit im Vortrage und ein jugendliches angenehmes Aeussere, sind die vorzüglichsten Lichtseiten in den Darstellungen des jungen Künstlers. — Dagegen ist seine Declamation nicht immer frei von allem Tadel; diese, so wie eine häufig stattfindende Monotonie machen die Schattenseiten seiner Darstellungen aus. Durch das starke, einförmige Betonen langer Phrasen verfehlen gehaltvolle Worte häufig ihre Wirkung und gehen bedeutungslos am Publikum vorüber. Möchte Herr Lortzing in dieser Beziehung sich Herrn Braunhofer sowie den in Väter- und ernsten Charakterrollen sich stets auszeichnenden Herrn Greenberg als Vorbild nehmen. Bei seinem weichen und biegsamen Organe kann ihm die Ablegung einer, der Declamation so nachtheiligen Angewohnheit nicht schwer werden. Hat derselbe es in der Kunst dahin gebracht, sein Organ gehörig zu beherrschen und zu gebrauchen, so wird er bei seinen übrigen Talenten, und bei der, wie wir glauben, ihm nicht fehlenden Bildung, den Geist einer jeden Rolle richtig aufzufassen, — mit der Zeit einen ehrenvollen Platz unter Thaliens Priestern einnehmen.

Madame Lortzing, die für das Fach der Heldinnen und ersten Liebhaberinnen bestimmt zu sein scheint, gehört zwar nicht zu den ausgezeichneten Künstlerinnen, aber auch keineswegs zu den ganz mittelmässigen. Talent für die Bühne kann ihr nicht abgesprochen werden. Ihre Actionen sind nicht unedel, so wie ihre Declamationen oft Beweise an den Tag legen, dass sie über ihre Rollen nachdenkt, und wohl versteht, was sie sagt. Als Bertha in der Ahnfrau hatte sie einige höchst gelungene Momente, und theilweise den feurigen Geist des Dichters richtig aufgefasst. Doch ist auch ihrem Organe mehr Modulation, mehr Kraft und Fülle, sowie ihrem Spiele mehr Lebendigkeit und Theilnahme am Ganzen zu wünschen.

Brief von Rosine Lortzing an ihre Nichte Christine Kupfer.

Albert Lortzings Ableben schildernd.

Der harte Schlag der uns alle getroffen, den edelsten, besten Gatten und Vater verloren zu haben, drückt mich tief, sehr tief zu Boden, mein Schmerz um ihn, der das beste Herz besass, ist nicht zu beschreiben und manchmal denke ich, es kann nicht sein und dass ich ihn verloren habe für diese Welt; ich muss ihn rufen: Ach Gott! Gott! erhalte mir meine Sinne, damit ich meinen Kindern beistehen kann. Und was mir so weh thut, dass er die letzten Jahre soviel Sorgen zu tragen hatte, unsere Verhältnisse wurden immer misslicher; durch die grossen Umzüge haben wir immer zusetzen müssen und das Allerkränkendste haben wir in Leipzig erfahren müssen ach mir schnitt es ins Herz! Und wie ich hoffte hier, wo er so allgemein beliebt war, würden auch unsere pekuniären Verhältnisse sich freundlich gestalten, bricht — das allerschwerste auf uns herein, ja, du hast wol Recht, er war zu gut für diese Welt, da hat ihn der allmächtige Gott zu sich gerufen; oft sage ich mirs, warum hat Gott mich nicht von der Erde genommen, denn er konnte noch soviel schönes und edles schaffen, und ich bin doch ganz unbedeutend, aber ich will nicht murren, ich will tragen und Gott bitten, dass er mir die Kraft dazu verleiht. Ich weiss nicht ob Fränzchen Dir den Tod des seeligen Onkels genau beschrieben, ich zweifele fast. Er fühlte sich schon seit längerer Zeit so beklommen auf der Brust und wollte sich desshalb schröpfen lassen, ich bat ihn erst desshalb den Arzt zu fragen, darauf nahm er zum Abführen ein und fühlte sich etwas leichter und so vergingen wieder einige Tage ohne dass er sich schröpfen liess, er fühlte sich wieder wohl; am Montag, den 20. Januar, ging er, nachdem er den ganzen Tag zu Hause war, in's Theater, kam um halb 8 Uhr wieder nach Hause, ass mit seinem kleinen Bubi und legte sich $^1/_2$9 Uhr in's Bette, lies Hänschen Vater Unser beten. Ich sagte beiden »Gute Nacht« und lies sie ruhig schlafen. Um 9 Uhr kamen Lottchen und Fränzchen, welche im Königl. Schauspiel waren, nach Hause, frugen nach Papa, ich sagte er schläft noch nicht ganz fest: Ihr könnt ihm noch gute Nacht sagen, sie gingen an sein Bett, gaben ihm noch einen Kuss, er frug sie noch, wie es ihnen im Theater gefallen und legte sich dann zum Schlafen: Die ganze Nacht schlief er ruhig bis Morgens $^1/_2$7 Uhr, wo wir beide aufstehen wollten — ich war schon im Ankleiden begriffen — als ich ihn mit einmal schmerzlich stöhnen hörte, ich wandte mich nach ihm um, fühle ihn an, kalter Schweiss steht auf seinem Antlitz, ich rufe, ich rüttle ihn, keine Antwort, schnell rufe ich das Mädchen, sie soll Essig bringen und zum Arzt gehen, der bei uns im Hause wohnte, während dem wecke ich die Kinder. Fränzchen läuft auch zum Arzt, endlich kommt er mit dem Chirurgus, sie schlagen ihm an beiden Armen die Ader, es kommt auch noch Blut, er gibt noch einige Laute, schlägt das Auge auf, allein nur auf kurze Zeit, um es auf ewig zu schliessen, seine edle Seele war entflohen, $^1/_2$8 Uhr war er verschieden. — Den Jammer erlasse mir zu schildern, der kleine Hans weinte und sagte: Wacht Papa denn nicht wieder auf? Es war eine allgemeine Trauer: — Dem Edlen sein Leichenbegängniss war so ehrenvoll, alle Musikchöre begleiteten ihn: Generalintendant Küstner, Generalmusikdirector Meyerbeer, sowie die Sänger und Musiker d. hiesigen Kapelle. Die beiden Kapellmeister Dorn und Taubert, alle waren erschienen um seine Hülle zu Grabe zu geleiten. Ich blieb zu Hause, es hätte mich zu sehr erschüttert. Lottchen und Fränzchen und Hänschen aber begleiteten ihren Vater noch den lezten Gang. Nun ruht er — im kühlen Schooss der Erde von des Lebens Sorgen erlöst! Wir trauern und weinen ewig um ihn.

Deine Dich liebende Tante

Rosine Lortzing
Wittwe.

Berlin, d. 12. 2. 1851.
Louisenstr. No. 53.

Nachträge.

Zu Seite 90: Zeile 1—2 von oben:

Ein Theaterzettel dieser Erstaufführung ist nicht mehr zu ermitteln. Ueber die Besetzung schreibt die Wiener Musikzeitung:

»Herr Gehrer als Georg war wider Erwarten befriedigend, mehr noch im Spiele als im Gesange. Fräulein Eder ist nicht natürlich genug, um durch ihre Darstellung besonders anzusprechen, im Gesange fehlte der Stimme Wohlklang und Frische, übrigens leistete sie nach Kräften das Beste. Herr Becker sang seine Partie ganz vorzüglich, sein Spiel ist jedoch zu kalt und theilnahmslos. Lobend muss Fräulein Dielen als Irmentraut erwähnt werden; sie amüsirte durch ihr charakteristisches Spiel und ihren bezeichnenden Gesangsvortrag.«

Zu Seite 94: Zeile 3 von unten:

Lortzing schreibt:

»Also ich lebe in Wien. Wie — davon hat Dir Reger vielleicht erzählt. Behaglich fühle ich mich nicht. Ja — in keiner Beziehung. Der sogenannte gemüthliche Wiener gefällt mir nicht, oder vielleicht habe ich ihn noch nicht erkannt, und das Gefallen kommt noch pro primo. Pro secundo: Das Musikwesen gefällt mir gar nicht. Der Geschmack ist schauderhaft. Bei uns, ich meine in Norddeutschland, amüsirt sich der grosse Haufen am Ende auch mehr in der »Norma« als im »Fidelio«, aber es existirt doch noch immer ein guter Theil im Publikum, der am wahren Schönen festhält. Hier — nur italienische Musik, oder was sich an diesen Genre lehnt. Beethoven kennt man gar nicht mehr. So lange ich hier bin, waren ausser zwei Oratorien: Paulus und Elias — zwei Concerts spirituels, in denen eine Beethovensche Symphonie zur Anhörung gebracht wurde, und ich bin nun $1^1/_2$ Jahre in Wien! — Das kleine Leipzig giebt in jedem Winter 24 grosse Konzerte, überhaupt geht Leipzig in diesem Betracht allen grossen Städten als Muster voran. Von Spohr und Marschner weiss man hier fast nichts, und tauchen sie ja auf, so schläft das Publiknm dabei ein. Dagegen aber ist Balfe der Mann des Tages, seine Haimonskinder haben über 80 Vorstellungen erlebt. Auch der grosse Verdi steht bei den Wienern sehr hoch, und in der Neuzeit ein Engländer Namens Wallace, welcher aber italienisch componirt und mit einer Oper »Maritana« die Herzen der Wiener erobert hat. O! O! O! Die Italiener und — Strauss haben hier viel auf dem Gewissen! — Meine Wenigkeit — dass ich so bescheiden bin, auch von mir zu reden — ist hier ganz verschollen. Ausser »Zar und Zimmermann« hat keine meiner Opern hier viel gemacht. Die Darsteller für meine Opern sind überhaupt schwer zn finden, und in Oesterreich existiren sie nun schon gar nicht. Meine »Undine« fand nur bei einem kleinen Theile des Publikums Anklang, und das ist sehr erklärlich; denn wenn man der Oper auch alles Mögliche aufbürdet, so wird man ihr wenigstens keinen italienischen Schlendrian nachsagen, und dieser Kram, wie oben erwähnt, macht hier nur Glück. O, mein lieber Freund! Der arme Componist, der auf den Ertrag seiner Werke angewiesen ist, wird irre, er weiss nicht mehr, wie er s anfangen soll. Bei meinen letzten Opern — die »Undine« ausgenommen — wirft man mir Seichtheit, Flüchtigkeit, Gewöhnliches vor, die »Undine«, die man musikalisch höher stellt, ist ihnen langweilig und weiss Gott was noch alles. Ich wollte, Du hättest die hiesigen Blätter gelesen, wie die über das arme Wasserfräulein hergefallen sind! — nein, es ist besser, dass Du sie nicht gelesen; ich bin so eitel, zu glauben, dass Du Dich geärgert hättest. Hier in Wien hat nämlich Jeder, der mit irgend etwas vor die Oeffentlichkeit tritt, einen Kerl an der Hand, der für ihn schreibt, den er dafür bezahlt, traktirt, kleidet etc. Unter allen diesen bezahlten oder sich honoriren lassenden Lumpenhunden steht Herr Saphir obenan. Dieser brave Mann hat nämlich einen Specialhass auf meinen Director und reisst systematisch Alles herunter, was am Theater an der Wien geschieht. Da ich nun mit Recensenten nie kommerschirt, sie nie honorirt, auch ihre Blätter nie gehalten habe, so ist es sehr natürlich, dass ich — hier wenigstens — ganz unbeachtet bleibe, denn — ehrlich gesprochen — hier ist das Terrain nicht, mich hervorzuthun, ich müsste denn mein ganzes Naturell umkehren, und von auswärts wird aus oben angeführten Gründen nichts citirt, wenn es nicht direct eingesendet wird.«

ANHANG III.

VERZEICHNISS DER WERKE ALBERT LORTZINGS.

Lieder für eine Singstimme mit Klavierbegleitung.

Die Bürgschaft, von Schiller (als Knabe componirt).
»In der Väter Hallen ruhte«, Romanze von Stolberg.
»Meine Haare«, von Gaudy.
»Lied und Liebe«, von Vogl.
»Abschied«, von Vogl.
»Mein Wunsch«, von Vincke (Gedruckt im »Figaro«, Heft III, Verlag von J. Wunder, Leipzig).

»Seemanns Grab«, von Vogl, »Mein Rock«, nach Béranger von Gaudy, »Die Sterne leuchten durch die Nacht«, von Apel, »Der deutschen Jugend gilt mein Lied«, von Mödinger,	Verlag von Breitkopf & Härtel.

»Die Post«. Verlag von Müller, Wien.
»Lieb und Leben«. Verlag von Ad. Fürstner, Berlin.
»Ständchen«. Verlag von J. Schuberth, Leipzig.
Vier Lieder. Verlag von Whistling.

Mehrstimmige Vocal-Musik.

Das Mädchen aus der Fremde, von Schiller, für gemischten Chor (Verlag von Haslinger, Wien).
Lied an die Freude, von Schiller, nach Schulz für gem. Chor und Orchester.
Elisabethen-Walzer, nach Strauss, mit Text von Lortzing, für gem. Chor. (Verlag von F. Hofmeister, Leipzig).

Männerchöre:

»Ahnungsvoll, hoffnungsvoll, glaubensvoll«, Logenlied. Jubelcantate zur Säcularfeier der Loge Minerva und drei Palmen in Leipzig.
Cantate: »Sel'ger Verklärter dort über den Sternen«.
Trauergesang, von Friedr. Kaiser: »Herr der Welt, ein frommer Pilger« (für Herlosssohns Begräbniss componirt und auch bei Lortzings Leichenfeier gesungen).
Trauerchor, von C. Haffner.
Albumblatt: »Lebe froh und zufrieden«, Canon für 4 Stimmen.
Tunnellied: »Die Frauen und Mädchen«, für Tenorsolo, Männerchor und Orchester.
Würde der Frauen, von Schiller.

An den Frühling, von Schiller. Du mit dem Frühlingsangesichte, von Bürger. Des Hauptmanns Wunsch, von Vincke. Walzerlied, von Vogl.	Verlag von C. A. Klemm, Leipzig.

Das hab' ich, von Enck von der Burg.
Gratulation, von O. v. Teubern.
Den Neuvermählten, von Sydow.
Toast den Damen, von Neuendorff.
Die verlorene Rippe, von Neuendorff.
} Verlag von C. A. Klemm, Leipzig.

Morgen wieder, von Vogl.
Scheiden, Leiden, von Geibel.
Spielmannslied, von Geibel.
Sieg der Freiheit oder Tod, von Herlosssohn. Verlag von Koffka, Leipzig.

Neues Osterlied, von Carl Rick (mit Orchester).
Deutsches Studentenlied, von A. Fischer.
Das waren die braven Studenten, von A. Buchhaim.
Das Lied vom deutschen Kaiser, von Dr. Jurende.
} Verlag von Haslinger, Wien.

Das neunte Regiment, von Dr. Strass, für Bass-Solo, Chor und Orchester (Lortzings letzte Composition). Verlag der Allgem. Deutschen Verlags-Anstalt, Berlin.

Geistliche Werke.

Für Soli, Chor und Orchester.

Hymne: »Dich preist, Allmächtiger«.
Die Himmelfahrt Jesu Christi, Oratorium in zwei Theilen.

Dramatische Werke.

Ali Pascha von Janina. Oper in 1 Act.
Die Hochfeuer, oder: Die Veteranen. Lyrisches Spiel in 1 Act von Dr. Sachs.
Don Juan und Faust. Tragödie in 4 Acten von Chr. D. Grabbe.
Die Jagd. Komische Oper in 3 Acten von Weisse. Musik von Hiller. Neubearbeitet von Lortzing.
Yelva. Schauspiel in 2 Acten nach Scribe von Hell.
Der Pole und sein Kind. Liederspiel in 1 Act.
Der Weihnachtsabend. Scene aus dem Familienleben in 1 Act.
Andreas Hofer. Singspiel in 1 Act.
Scenen aus Mozarts Leben. Singspiel in 1 Act.
Die beiden Schützen. Komische Oper in 3 Acten nach einem Lustspiel von G. Cords.
Zar und Zimmermann. Komische Oper in 3 Acten nach Duveyrier (Mélesville) von G. Römer.
Die Schatzkammer des Inka. Oper von R. Blum.
Caramo. Komische Oper in 3 Acten nach dem Französischen des St. Hilaire und Duport.
Hans Sachs. Oper in 3 Acten nach Deinhardstein von Ph. Reger.
Casanova. Komische Oper in 3 Acten nach einem Lustspiel von C. Lebrun.
Uranias Festmorgen. Festspiel von H. Smidt.
Der Wildschütz. Komische Oper in 3 Acten nach einem Lustspiel von Kotzebue.
Undine. Romantische Zauberoper in 4 Acten nach Fouqués Erzählung.
Der Waffenschmied. Komische Oper in 3 Acten nach einem Lustspiel von Ziegler.
Zum Grossadmiral. Komische Oper in 3 Acten nach einem Lustspiel A. Duvals von Iffland.
Regina. Romantische Oper in 3 Acten.
Rolands Knappen. Komisch-romantische Zauberoper in 3 Acten nach dem Märchen von Musäus von G. M.
Vier Wochen in Ischl. Posse in 3 Acten von Böhm.
Die drei Edelsteine. Märchen in 3 Acten von R. Benedix.
Cagliostro. Komische Oper in 3 Acten nach dem Französischen. (Nur Textbuch vorhanden.)
Die Opernprobe. Komische Oper in 1 Act nach Poisson von C. F. Jünger.
Eine Berliner Grisette. Posse in 1 Act von O. Stotz.
Ein Nachmittag in Moabit. Posse in 1 Act.
Ferdinand von Schill. Vaterländisches Drama in 5 Acten von Gottschall.

Theater-Gesänge.

Chor der Himmlischen Heerschaar, }
Thürmerlied, } aus Goethes Faust, II. Theil.

Italienische Ariette.

Lied des Serini aus »Viola«.

Zwei komische Quodlibets. Verlag von C. A. Klemm, Leipzig.

»Figaro«. Sammlung launiger und scherzhafter Gesänge, herausgegeben von Lortzing. Darin enthalten:

a) III. Quodlibet.

b) Einlage zu »Lumpacivagabundus«: Lied »Süsse Erinn'rung«.

c) Einlage zu »Zu eb'ner Erde und im ersten Stock«: Lied »Es kommt auf die Art und Weise an«.

d) Einlage zu »Der reisende Student«. Duett für Mauser und Margarethe.

Quodlibet zu »Einen Jux will er sich machen«.

Quodlibet zu »Der verkaufte Schlaf«.

»Alles will jetzt grösser sein«, Lied von Drobisch. (»Komus«, Verlag von Schlesinger, Berlin.)

Der Rothkopf. Launiges Gedicht von Reger. Einlage zur Posse: »Der Talisman«, ges. von Berthold. (Verlag von Siegel, Leipzig.)

Bescheidene Fragen. Einlage zur Posse: »Staberls Reiseabenteuer«, ges. von Franz Wallner. (5. Beilage zur »Theaterlocomotive«.)

»Zwar hat die Schönheit«. Einlage zu Halévys Oper: »Die Dreizehn«. (Verlag von Breitkopf & Härtel, Leipzig.)

»'s kommt Alles im Leben auf Grundsätze an«, ursprünglich im »Wildschütz« enthalten. (Verlag von J. Koffka, Leipzig.)

»Jokaste, Theben und Oedip'«. Einlage zum »Wildschütz«.

»Ich werde bald zu nichts mehr taugen«. Einlage zu »Die beiden Schützen«.

Orchesterwerke.

Andante maestoso con Variazioni (für Horn).

Ouverture alla Turca.

Ouverture in G-dur.

Ouverture in Es-dur.

Polacca.

Potpourri für Klappenhorn.

Warme weeche Bretzel-Walzer.

Jubel-Ouverture über den Dessauer Marsch.

Fest-Ouverture zur Eröffnung des Friedrich-Wilhelmstädtischen Theaters. (Verlag von Philipp, Berlin.)

INHALTS-VERZEICHNISS.